论衡

流风回雪

六朝名士的庙堂与山林

李磊 著

上海人民出版社

图书在版编目(CIP)数据

流风回雪:六朝名士的庙堂与山林/李磊著. —
上海:上海人民出版社,2024
(论衡)
ISBN 978 - 7 - 208 - 18632 - 3

Ⅰ.①流… Ⅱ.①李… Ⅲ.①文化史-研究-中国-
魏晋南北朝时代 Ⅳ.①K235.03

中国国家版本馆 CIP 数据核字(2023)第 207166 号

责任编辑 杨 清
封面设计 赤 徉

论衡

流风回雪:六朝名士的庙堂与山林

李 磊 著

出 版 上海人民出版社
(201101 上海市闵行区号景路 159 弄 C 座)
发 行 上海人民出版社发行中心
印 刷 上海盛通时代印刷有限公司
开 本 890×1240 1/32
印 张 9.75
插 页 8
字 数 212,000
版 次 2024 年 3 月第 1 版
印 次 2024 年 11 月第 4 次印刷
ISBN 978 - 7 - 208 - 18632 - 3/K · 3338
定 价 68.00 元

《扶醉图》，（元）钱选，张大千旧藏王季迁藏

《七贤图》，（元）钱选，现藏于台北"故宫博物院"

《兰亭修禊图》，（明）钱穀，现藏于美国大都会艺术博物馆

《秋林高士图》，（元）盛懋，现藏于台北"故宫博物院"

目　录

插图目录

绪　论

　　"玄虚""放诞""风流""浮华"这类词通常被用来描述六朝名士。虽然这些词语的词义具有相当的模糊性，而且褒贬色彩也不一，但还是能较为传神地表现出这个时代的名士风貌。这样的名士风流既不见于前史，也不同于后世，只在这个时代唯一存在。那么，六朝名士风流究竟是如何形成的，它有哪些方面的表现，具有怎样的历史内涵，又有怎样的历史归宿。对这些问题的研究，已经有了十分丰厚的学术积累。

　　20世纪中国近代学术体系建立后，形成的学术范式有两种：其一，将思想放在思想者的历史处境中加以阐释，注重思想与社会的联系；其二，把思想从具体人事中剥离出来，抽象为一种纯粹思维形式，研究其本身的特质，以冯友兰《中国哲学史》（商务印书馆1934年版）和汤用彤《魏晋玄学论稿》（人民出版社1957年版）为代表。虽然后者有助于深入理解时人的精神世界，但前者显然与本书的关联更大。

　　前一种范式又分为两种，一种是从个体的微观处境来解释，这种方式古已有之。容肇祖所著的《魏晋的自然主义》（商务印书馆 1935 年版）便是循此思路解释诸玄学家的思想取向，方立天、于首奎主编的《中国古代著名哲学家评传》第二卷（齐鲁书社 1980 年版）及其《续编》第二卷（齐鲁书社 1982 年版）、皮元珍的《嵇康论》（湖南人民出版社 2000 年版）、韩传达的《阮籍评传》（北京大学出版社 1997 年版）以及由匡亚明主编、南京大学出版的中国思想家评传丛书的有关论著，这些从微观角度阐析个体心态的著作对于完善和深入描述名士的精神风貌很有帮助。

另一种是从时代背景和阶层（或集团）的处境及其相关立场来研究思想。20 世纪 30 年代刘大杰在《魏晋思想论》（中华书局 1939 年版）中采用丹纳的艺术史观从思想的环境入手。同时代鲁迅先生的名篇《魏晋风度及文章与药及酒之关系》（《而已集》，载《鲁迅选集》第二卷，人民出版社 1983 年版）从时代背景及名士的不同生存环境入手，对名士的心态作了阐释，并勾勒出一个名士谱系。如认为东汉人偏执；曹氏父子尚通脱；正始名士服药；竹林名士因为太相信礼教精神而反对虚伪的礼教形式，所以表现出放达的风貌，晋朝名士不得其神，仅效其貌；陶渊明也未能完全超脱于世等等，成为后来研究者不可不读的经典。其后，用历史学的眼光作学术研究的是陈寅恪先生和贺昌群先生。陈先生的《陶渊明之思想与清谈之关系》（1945 年在成都出版单行本，后收入《金明馆丛稿初编》，上海古籍出版社 1980 年版），从集团、文化和政治立场相关的观点出发，认为嵇、阮的尚自然思想及其表现是对司马氏统治的反抗，他将尚自然的思想和放达的行为视为士阶层中一个特定集团的政治姿态。贺昌群的《魏晋清谈思想初论》(商务印书馆1947年版)也采用了同样的思路，他始终抓住名士的政治处境来阐释思想的变化。这一思路影响至深，20世纪下半叶出版的《剑桥秦汉史》(剑桥大学出版社1986年版)和吉川忠夫的《六朝精神史研究》(日本同朋社1984年版)仍将思想变动看作是政治立场的表达，将这一研究思路拓展到从更深层次的社会变迁来理解时代思潮的是唐长孺先生，在20世纪50年代出版的《魏晋南北朝史论丛》(三联书店1955年版)所收《魏晋才性论的政治意义》《魏晋玄学形成及其发展》《读抱朴子推论南北学风的异同》三篇文章，从政治思想史的层面阐释作为士族之理想人格的社会背景和政治含义。汤用彤、任继愈的《魏晋玄学中的社会政治思想略论》(上海人民出版社1956年版)，侯外庐的《中国思想通史》第二卷、第三卷(人民出版社1957年版)，则把思想看作是有阶级属性的，以阶级(阶层)关系的变动来解释思想的发展。徐复观的《两汉思想史》(华东师范大学出版社2001年版)，把思想放在周秦汉政治社会结构中展开。对于本书而言，逻辑思路正好与这些思想史著作相反，我们要借助已被揭示的思想轨迹和揭示过程中所展现的思想与社会政治的互动关系来探究士风演进的具体状况。

　　虽然士风研究不等于门阀士族研究，但门阀士族研究是士风研究得以深入的基础与前提。陈寅恪先生《书世说新语文学类钟会撰四本论始毕条后》《述东晋王导之功业》《魏书司马睿传江东民族条释证及推论》《隋唐制度渊源略论稿》《唐代政治史述论稿》等著作描述了汉末至唐代统治集团的兴衰分化。唐长孺先生所论门阀士族的农村结构根源、门阀升降与国家政权的关系，集中收录在《魏晋南北朝史论丛》《魏晋南北朝史论续编》《魏晋南北朝史论拾遗》三部论著中。陈、唐二位先生的研究为本书的研究提供了重要的社会政治背景。此外，田余庆所著的《东晋门阀政治》(北京大学出版社 1989 年版)认为在两晋之际士族能否由儒入玄决定其社会地位与政治地位的升降。周一良先生在《两晋南朝的清议》(载《魏晋南北朝史论集续编》，北京大学出版社 1991 年版)中阐释了两晋南朝清议作为士林舆论与政治权力在权威上的对立消长关系。宫崎市定《汉末风俗》《清谈》等文，将选举看作影响士风变化的直接起因，这虽然也是从政治与社会的关系来立论，但其侧重点是政治制度对社会风气的引导。谷川道雄《中国中世社会与共同体》(中华书局 2002 年版)与《隋唐帝国形成史论》(上海古籍出版社 2005 年版)则十分看重士大夫伦理构造地方社会、组织国家政权的作用。

欧美及港台学者借助政治学、社会学以及人类文化学的理论、方法来阐释士大夫问题。如伊佩霞(Patricia Buckley Ebrey)的《早期中华帝国的贵族家庭》对北朝隋朝大族博陵崔氏作了个案研究。许倬云的《西汉政权与社会势力的交互作用》(载台湾"中央研究院"《历史语言研究所集刊》第三十五本，1964 年9 月)开创了一个新的研究范式，他运用西方社会权威与政治权威二元分立的理论体系来理解士大夫，认为是士大夫官僚与社会领袖的双重身份连接了政权与社会势力。毛汉光《中国中古社会史论》(上海书店出版社 2002 年版)、《中国中古政治史论》(上海书店出版社 2002 年版)探寻汉唐间每个政权的社会基础，并

按照参与政权的程度对社会势力进行划分。毛汉光的这一区分有
助于我们加深了解士风背后的阶层分野。陈启云的《荀悦与中古
儒学》(辽宁大学出版社 2000 年版)探讨了汉魏之际地方社会势
力在中央政权瓦解与重建中的作用。余英时的《士与中国文化》
(上海人民出版社 1987 年版)则是把文化权威与政治权威二分,
这一思路影响甚大。阎步克的《士大夫政治演生史稿》(北京大
学出版社 1996 年版)在同样的思路下展开,他探讨的是汉代士
大夫"吏""师"合一的形态是如何成型的。陈明的《儒学的历
史文化功能——士族:特殊形态的知识分子研究》(学林出版社
1997 年版),也强调士族作为文化权威与政治权威起到保存和发
展传统的作用,他认为士族的这一形态的形成与儒学密不可分。
这些研究有助于我们从士大夫的社会性、文化性、政治性以及相
互关联中探讨士风问题,但是将其简单地划分为社会权威、文化
权威与政治权威,甚至将它们看作对立的关系,往往与历史不甚
契合。

　　直接研究士人问题的是余英时所著的《士与中国文化》(上
海人民出版社 1987 年版)。《汉晋之际士之新自觉与新思潮》一
文沿袭钱穆先生在《国史大纲》(商务印书馆 1947 年版)中已显
露的思想,进一步从士人之自觉来解释汉末至晋的思想变迁,从
政治、经济、社会各方面的变动来加以说明。其论述特点是将士
人内心的种种变化从"群体自觉"与"个体自觉"两个层面来阐
释。续编《名教思想与魏晋士风的演变》认为魏晋时期因士人觉
醒而使其内心与社会固有规范发生激烈冲突,从君臣关系到家族
伦理都发生危机,所以士人在思想上由儒学而老庄,行为由执礼

而任诞。余英时的这两篇文章充分总结前人研究成果，主要从人的内心与外在世界之间的互动关系来解释士风的演变。李泽厚的《美的历程》（文物出版社 1981 年版）第六章《魏晋风度》从美学的角度，从整体上把握时代精神，提出人的觉醒的论题，他就是从个体自我实现的层面来谈论汉晋士人精神风貌的变化。罗宗强的《玄学与魏晋士人心态》（南开大学出版社 2003 年版）借助玄学来说明魏晋士人的心态。马良怀的《崩溃与重建中的困惑：魏晋风度研究》（中国社会科学出版社 1993 年版），宁稼雨的《魏晋风度——中古文人生活行为的文化意蕴》（东方出版社 1992 年版）、《魏晋士人人格精神：〈世说新语〉的士人精神史研究》（南开大学出版社 2003 年版），范子烨的《中古文人生活研究》（山东教育出版社 2001 年版）等研究都聚焦在士人的精神生活领域。

于迎春《秦汉士史》（北京大学出版社 2000 年版）提出许多带有启发性的问题。王晓毅的《中国文化的清流》（中国社会科学出版社 1991 年版）以及《论曹魏太和"浮华案"》（《史学月刊》1996 年第 2 期），《汉魏之际士族文化性格的双重裂变》（《史学月刊》1994 年第 6 期）等文章围绕汉魏之际士大夫的文化性格展开。王永平的《论北魏后期的奢侈风气——从一个侧面看北魏衰亡的原因》（《学术月刊》1996 年第 6 期），《南朝人士之北奔与江左文化之北传》（《南京师范专科学校学报》2000 年第 1 期），以及他对六朝江东士族家风家学的系列研究都对本书深入理解当时士风有着重要帮助。同样对六朝江东士族家风进行系统研究的还有吴正岚的《六朝江东士族的家学门风》（南京大学出版社 2003 年版)。此外，蓝旭的《东汉士风与文学》(人民文学出版社 2004 年版)，查屏球的《从游士到儒士——汉唐士风与文风论稿》(复旦大学出版社 2005 年版)，着重探讨了士风与文学的关系。

钱锺书先生的《管锥编》(中华书局 1979 年版)，一〇九《全晋文》卷三三"晋人任诞"和一一一《全晋文》卷三七"千古名士之恨"及一五五《全晋文》卷一三七"两戴逵——'名教'"等条，辑录大量前人与此相关的议论，他本人的论述言简意赅，与本书论题有关联。周一良《魏晋南北朝史札记》(中华书局 1985 年版)《〈晋书〉札记》"名教自然'将无同'思想之演变"等条，亦对本书写作多有启发。

第一编

惊弦

汉魏易代与名士的

精神革命

第一章　东汉末年士大夫匡复之志的破灭

一、荀彧之死及其身后的论议

建安十七年（212 年），被曹操誉为有"巍巍之勋"的荀彧离世。关于他的死，袁宏《后汉纪》卷三十、陈寿《三国志》本传称其"以忧薨"，而裴注引《魏氏春秋》则记为"太祖馈彧食，发之乃空器也，于是饮药而卒"，范晔《后汉书·荀彧传》所载与《魏氏春秋》略同。尽管诸史对荀彧之死的记载非一，然而不论是认为他死于"忧"抑或是死于"药"，均是将荀彧之死看作他反对曹操晋爵魏公、加九锡的后果。[①]荀彧自初平二年（191

---

① 关于荀彧之死自古以来论者甚多，此不一一列举。新近研究还可参见郭硕：《"汉臣"抑或"魏臣"：史家笔下荀彧身份的流变》，《安徽师范大学学报（人文社会科学版）》2016 年第 1 期。洪卫中：《汉末魏晋之际颍川士人的政治取舍与得失》，《郑州大学学报（哲学社会科学版）》2018 年第 2 期。宋雪瑶：《荀彧死因探析》，《重庆第二师范学院学报》2020 年第 1 期。

年）背弃袁绍而投奔曹操，二十年间为曹操统一天下不遗余力，兄弟子侄皆仕曹氏，又与曹操结为儿女亲家①，可以说早已与曹操共荣共损，且深知曹操为人，何以在曹操即将走上人生顶峰、踌躇满志之时坚决反对，从而自陷于死地呢？

袁晔《献帝春秋》记载了荀彧死讯在吴、蜀的流传，从中可见时人对荀彧之死的看法。兹引于下：

> （荀）彧卒于寿春，寿春亡者告孙权，言太祖使（荀）彧杀伏后，彧不从，故自杀。（孙）权以露布于蜀，刘备闻之，曰："老贼不死，祸乱未已。"②

袁晔为孙吴名士袁迪之孙③。据《三国志·陆瑁传》，袁迪与孙吴丞相陆逊之弟陆瑁相游处。故可推知，袁晔所载荀彧死讯流传吴、蜀之事或有所本，应非杜撰。《献帝春秋》一书见于《隋书·经籍志二》④，与荀悦《汉纪》、袁宏《后汉纪》等同列。从上引可知，寿春逃亡者误传了荀彧死因，可见其并非曹方高层。但非高层者关注荀彧、并将荀彧之死当作抗命曹操的结果（不肯杀献帝皇后伏后），可知荀彧在曹操统治区具有忠于汉室的形象。误传的消息无疑为孙权方所接受，才会继而"露布于蜀"。刘备之语表明他认可荀彧对汉室的忠心。寿春逃亡

---

① （西晋）陈寿著，（南朝宋）裴松之注：《三国志》卷10《荀彧传》，荀彧长子荀恽娶曹操之女（后称安阳公主），中华书局1982年版，第316页。

② 《三国志》卷10《荀彧传》注引《献帝春秋》，第318页。

③ 《三国志》卷57《陆瑁传》注，第1337页。

④ （唐）魏徵等：《隋书》卷33《经籍志》，中华书局1973年版，第957页。

者、孙权、刘备分别代表了割据的三方。荀彧虽为曹操谋主，忠心汉室的形象却得到三方的一致认同，并被认为这是他致死的原因。

荀彧死后汉献帝的表现佐证了这种看法。据《后汉书·荀彧传》载，"帝哀惜之，祖日为之废宴乐，谥曰敬侯"。祖日为祭祖神之日，应有宴乐 [1]，汉献帝因荀彧之死而"废宴乐"，足见其对荀彧的"哀惜"之情。无论是《三国志》还是《后汉书》，均在荀彧死后表述"明年，（曹）操遂称魏公云" [2]，意在突显荀彧给曹操晋爵魏公所带来的阻力，——只有荀彧死去，曹操才能如愿晋爵。

后世关于荀彧之死的论议，大多承认荀彧忠心于汉室。然而令论者难解的是，荀彧既忠心于汉，又何必辅佐曹操，这岂非自相矛盾吗？这引发了历代论者长时间的讨论。《三国志·荀彧传》裴注记载了所谓"世论"：

> 世之论者，多讥彧协规魏氏，以倾汉祚；君臣易位，实彧之由。虽晚节立异，无救运移；功既违义，识亦疚焉。 [3]

"世之论者"对荀彧之死持以"讥"的态度，认为荀彧一生分为前后两期，前期为曹操倾汉，后期才转为维护汉朝，但

---

[1] （南朝宋）范晔著，（唐）李贤等注：《后汉书》卷70《荀彧传》注，中华书局1965年版，第2291页。

[2] 《后汉书》卷70《荀彧传》，第2290页。《三国志》卷10《荀彧传》作："明年，太祖遂为魏公矣。"第317页。

[3] 《三国志》卷10《荀彧传》注，第332页。

无济于事，其晚年改节忠汉，盖出于愧疚之心。裴松之为晋宋之际人①，距荀彧之死已近二百年，所谓"世之论者"当指这一时期的议论者。魏晋南朝士族一脉相承，祖宗人物之论与家族地位甚为相关，尤其是在门第升降之时更是如此。颇疑此"世论"与晋宋之际的特殊政局有关。当时门阀政治面临危机，旧有的家族格局处于变动之中②，荀彧后裔荀伯子③多次上表追讼魏晋封爵排位旧事，"凡所奏劾，莫不深相谤毁，或延及祖祢"，还"常自衿荫籍之美"，对琅邪王弘说："天下膏粱，唯使君与下官耳。宣明之徒，不足数也。"④"宣明"即时为执政的陈郡谢晦。对于荀伯子的做法，"世人以此非之"⑤。对荀彧之"讥"，或许便是时人对荀伯子"深相谤毁，或延及祖祢"的以牙还牙。

与上述观点不同，有一类看法认为荀彧始终秉持匡复汉室的政治理想，并非是晚年立节。袁宏《后汉纪》称荀彧"始图一匡"。不过袁宏认为荀彧协助曹操是因为没有看到曹氏"勋隆"便会"移汉"，故而他的死不过是识见不智的结果，——"终与势

① 据（南朝梁）沈约：《宋书》卷64《裴松之传》，裴松之死于刘宋文帝元嘉二十八年（451年），年80岁，则生于东晋咸安二年（372年），20岁时起家为东晋殿中将军。中华书局1974年版，第1698页。
② 祝总斌：《晋恭帝之死和刘裕的顾命大臣》，《北京大学学报》1986年第2期。陈群：《刘宋建立与士族文人的分化》，《中国史研究》2002年第3期。
③ 《宋书》卷60《荀伯子传》，荀伯子为荀羡之孙，第1627页。据（唐）房玄龄等：《晋书》卷75《荀羡传》，荀羡为荀彧六世孙，中华书局1974年版，第1975页。
④ 《宋书》卷60《荀伯子传》，第1628页。
⑤ 同上书，第1629页。

乖，情见事屈，容身无所"①。

《后汉书·荀彧传》则认为，荀彧不仅志向明确（"诚仁为己任，期纾民于仓卒也"），而且对时局有着清醒的认识（"方时运之屯邅，非雄才无以济其溺"），他是主动借助曹操的力量来实现自己的理想②。裴松之将荀彧这一政治抉择称赞为"用能动于险中，至于大亨"③。司马光讲到了荀彧不得已的一面："四海荡覆，尺土一民，皆非汉有""然则荀彧舍魏武将谁事哉"④。清人赵翼说，"且是时操亦未遽有觊觎神器之心也"⑤。

以上诸家都把荀彧仕操看作是他面对乱世时不得已的选择，而且无论对"苍生"还是对"汉室"，均为一种相对有利的选择。与第一类看法相比，第二类看法带有"理解之同情"的色彩，也更显深刻。其实，无论是前一类看法，还是后一类看法，均聚焦于荀彧个人的心境、志向、谋略，如此讨论，只会将荀彧之死的意义局限在他个体生命的维度上。荀彧之死并非孤立的现象，它在当时、乃至后世引发持续而广泛的关注，就说明具有典型意义，可以说是时代境遇的表现。对荀彧之死的理解，必须放在汉末士大夫之整体动向这样一个大的语境中，如此方能看到其时代隐喻。

---

① （东晋）袁宏著，张烈点校：《后汉纪》卷30《孝献皇帝纪》，中华书局2002年版，第581—582页。
② 《后汉书》卷70《荀彧传论》，第2291—2292页。
③ 《三国志》卷10《荀彧传》注，第332页。
④ （北宋）司马光编著，（元）胡三省音注：《资治通鉴》卷66《汉纪五十八》献帝建安十七年条，中华书局1956年版，第2116页。
⑤ （清）赵翼著，王树民校证：《廿二史札记校证》卷6第91条"《荀彧传》"，中华书局1984年版，第130页。

二、汉末士大夫的匡复之志

东汉朝廷在经历了黄巾起义与董卓之乱后已名存实亡，然人心仍系于此。袁宏说：

> 汉自桓、灵，君失其柄，陵迟不振，乱殄海内，以弱致弊，虐不及民，刘氏之泽未尽，天下之望未改，故征伐者奉汉，拜爵赏者称帝，名器之重，未尝一日非汉。[①]

虽然袁宏以"虐不及民"解释人心归汉尚待商榷，但他敏锐地看到了士大夫阶层仍旧希望在汉朝的名义下恢复统治秩序。黄巾起义被镇压后，阎忠曾劝执掌大权的皇甫嵩行不臣之事，皇甫嵩回以"委忠本朝，守其臣节"[②]。董卓乱政后，袁绍等关东诸将因不知献帝存否而推刘虞为主，刘虞表示"宜共勠力，尽心王室"[③]。即使是到了群雄并起的时代，代汉之举常遭反对，而且反对声往往来自其亲友或僚属。如袁术在给旧友陈珪信中显不臣之意，陈珪即答："今虽季世，未有亡秦苛暴之乱也，……以为足

---

① 《后汉纪》卷30《孝献皇帝纪》，第581页。
② 《后汉书》卷71《皇甫嵩传》，第2302—2303页。《三国志》卷10注引《九州春秋》，第326—327页。
③ 《后汉书》卷73《刘虞传》，第2355页。

下当勠力同心，匡翼汉室，而阴谋不轨，以身试祸，岂不痛哉！
若迷而知反，尚可以免。"①待袁术欲称帝，其僚属"莫敢对"，
以消极的态度表明反对的立场，主簿阎象更直接言明"汉室虽
微，未至殷纣之敝"，进行劝阻②。时为袁术下属的孙策，已据有
江东，亦写信劝谏袁术忠心于汉室：

> 今主上非有恶于天下，徒以幼小胁于强臣，异于汤武之
> 时也。又闻幼主明智聪敏，有凤成之德，天下虽未被其恩，
> 咸归心焉。若辅而兴之，则旦、奭之美，率土所望也。使君
> 五世相承，为汉宰辅，荣宠之盛，莫与为比，宜效忠守节，
> 以报王室。③

袁术称帝后欲联姻吕布，陈珪以"受天下不义之名，必有累卵之
危"来恐吓吕布，于是吕布便械送袁术使者至许都④。再如袁绍
并有四州之地后也想代汉自立，借主簿耿包之言试探军府僚属。
"议者以（耿）包妖妄宜诛"，袁绍知"众情未同""不得已乃杀
（耿）包以弭其迹"⑤。

　　汝南袁氏"树恩四世，门生故吏偏于天下"⑥。东汉门生故吏

---

① 《三国志》卷6《袁术传》，第209页。
② 《后汉书》卷75《袁术传》，第2439页。《三国志》卷6《袁术传》，第209页。
③ 《后汉书》卷75《袁术传》，第2441页。
④ 《后汉书》卷75《袁术传》，第2442页。《三国志》卷7《吕布传》，第224页。
⑤ 《后汉书》卷74《袁绍传》，第2390页。
⑥ 《三国志》卷6《袁绍传》，第190页。

与师长故主的关系有如君臣①。即便如此，袁术、袁绍代汉自立
之意却屡遭僚属广泛而坚决的反对。若将荀彧劝阻曹操晋爵魏公
之事与上述诸事作一比较，便会发现其间的相似性：一方面作
为僚属，能够忠心于府主，如荀彧为曹操僚属②，屡次挽救曹操
集团，用曹操的话说是"以亡为存，以祸致福"③，另一方面，当
府主显露不臣之心时，又坚决反对，甚至是不惜生命。这种相似
性表明荀彧之所作所为实乃当日士大夫之普遍选择，绝非立异
之举。

我们还可以比较他们在劝阻府主时的言辞。荀彧所言为：

> 曹公本兴义兵，以匡振汉朝，虽勋庸崇者，犹秉忠贞之
> 节。君子爱人以德，不宜如此。④

---

① 钱穆：《国史大纲》上册第四编第十二章"二重的君主观念"条，商务印书
馆1994年版，第217—218页。吕思勉：《秦汉史》第十四章第四节《秦汉
时君臣之义》，上海古籍出版社1983年版，第523—527页。还可参见孙生：
《门生举主之关系与汉室覆亡》，《西北民族学院学报》1999年第4期。伊沛
霞：《东汉庇护者与托庇者关系考论》，《社会科学战线》2013年第1期。徐
冲：《汉唐间的君臣关系与"臣某"形式》，《中古时代的历史书写与皇帝权
力起源》，上海古籍出版社2017年版，第270—294页。

② 初平二年（191年），荀彧投奔曹操，为奋武司马，时曹操行奋武将军。初
平三年（192年）为曹操镇东司马。皆为曹操官府僚属。建安年间，荀彧为
侍中、守尚书令，为朝官，与曹操为同僚关系。荀彧虽在名义上与曹操无僚
属关系，但"操每征伐在外，其军国之事，皆与彧筹焉"，实为曹操集团之
核心成员。见《后汉书》卷70《荀彧传》，第2281—2290页。

③ 曹操上汉献帝表，表述荀彧之功，请增荀彧户邑。见《三国志》卷10《荀彧
传》注引《彧别传》，第317页。

④ 《后汉书》卷70《荀彧传》，第2290页。在《三国志》卷10《荀彧传》，陈
寿概括为"彧以为太祖本兴义兵以匡朝宁国，秉忠贞之诚，守退让之实；君
子爱人以德，不宜如此。"第317页。

此语将曹操所获权力的合法性限定在"匡振汉朝"上，再责以"忠贞之节"，其逻辑正与陈珪从反面警告袁术不要"阴谋不轨，以身试祸"、孙策从正面奉劝袁术要"效忠守节，以报王室"相同。"匡振汉朝"在当时语境中是不可动摇的政治正确性。

正是基于这种政治正确性的语境，曹操才能"挟天子以令诸侯"。如袁绍要南攻曹操，沮授认为"曹操奉迎天子，建宫许都，今举师南向，于义则违"①。当曹操将征袁氏所据之冀州，张承认为"汉德虽衰，天命未改，今曹公挟天子以令天下，虽敌百万之众可也。"②可见汉朝在时人心目中地位之重。诚如袁宏所言，"人怀匡复之志，故助汉者协从，背刘者众乖，此盖民未忘义，异乎秦、汉之势。魏之讨乱，实因斯资"③。

三、"择所归附，待时而动"

摆在志在匡复的士大夫眼前的问题是，东汉已然瓦解，他们所习惯的、适应于统一政权的政治观念失去了依托之所。如果没有认识到时局的变化，坚持以传统的方式维护汉天子的权威，往往会产生南辕北辙的效果。

董卓乱政，忌惮握有兵权且甚有威望的皇甫嵩，于是以朝廷

---

① 《后汉书》卷74《袁绍传》，第2391页。
② 《三国志》卷11《张范传》，第337页。
③ 《后汉纪》卷30《孝献皇帝纪》，第590页。

名义征召皇甫嵩为城门校尉，意在解除其武装。皇甫嵩应征，遂使关中、陇右皆成董卓的势力范围①。董卓死后，汉献帝在关中被李傕所控制。陶谦等关东诸将推朱儁为太师讨李傕，李傕以朝廷名义征召朱儁。朱儁认为"以君召臣，义不俟驾，况天子诏乎"，不从陶谦而赴长安②。司徒王允与李傕相周旋，命宋翼、王宏分别任职左冯翊、右扶风，以之为援。李傕欲杀王允而先征宋翼、王宏入朝。王宏认为"以我二人在外，故未危王公，今日就征，明日俱族"，但宋翼认为"王命所不得避"，二人入朝旋即被杀③。

欲行匡复之事，须直面乱世。在当时的政局中，依托割据群雄、借助他们的力量，就成为志在匡复的士大夫唯一的选择。董卓乱政时，张承"欲合徒众与天下共诛卓"，张昭劝他说："今欲诛卓，众寡不敌，且起一朝之谋，战阡陌之民，士不素抚，兵不练习，难以成功。卓阻兵而无义，固不能久；不若择所归附，待时而动，然后可以如志。"④张昭看到了自身力量单薄"难以成功"，故而主张"择所归附"。"归附"的目的在于"待时而动"，最终仍要"如志"，即实现匡复之志。

① 《后汉书》卷71《皇甫嵩传》，第2306页。
② 《后汉书》卷71《朱儁传》，第2312—2313页。
③ 《后汉书》卷66《王允传》，第2177页。有关这一时期的献帝朝局，可参见崔建华：《河内控制权的流转与汉献帝初年的政局演变（190—199）》，《咸阳师范学院学报》2017年第3期。庞博：《从长安到许都——汉献帝朝廷的政治架构、决策过程与历史命运》，《史林》2020年第6期。章义和、韩旭：《略论长安献帝朝廷的地方控制》，《河北师范大学学报（哲学社会科学版）》2023年第2期。
④ 《三国志》卷11《张范传》，第337页。

荀彧出仕曹操当是出于同样的考虑。《后汉书·荀彧传》说他"见汉室崩乱，每怀匡佐之义""闻操有雄略，而度绍终不能定大业""乃去绍从操"。荀彧洞察时局，"择所归附"是择强而仕，目的在于实现"匡佐之义"。荀彧与曹操的结合，绝非简单的僚属与府主之间的关系，或者私人依附关系，而是政治合作。范晔论曰："察其定举措，立言策，崇明王略，以急国艰，岂云因乱假义，以就违正之谋乎。"[①] 范晔将荀彧出仕曹操看作是一种策略，并肯定这种策略的正义性。

观荀彧生平所为，"崇明王略，以急国艰"最典型地表现在他力劝曹操迎汉献帝一事上。荀彧言辞间虽以晋文公纳周襄王、刘邦为义帝缟素作比，但观其本心，实为颠沛流离的汉献帝考虑：

> 今车驾旋轸，东京榛芜，义士有存本之思，百姓感旧而增哀。诚因此时，奉主上以从民望，大顺也；秉至公以服雄杰，大略也；扶弘义以致英俊，大德也。天下虽有逆节，必不能为累，明矣。[②]

荀彧首先考虑的是存汉之本，顺民"怀汉之思"，防天下之逆节。范晔认为他并非"因乱假义""以就违正之谋"。此举也为裴松

---

① 《后汉书》卷70《荀彧传》，第2291页。
② 《三国志》卷10《荀彧传》，第310页。《后汉书》卷70《荀彧传》与之略同，第2284页。（清）赵翼著，王树民校证：《廿二史札记校证》卷6第91条"《荀彧传》"亦作此论，中华书局1984年版，第130页。

之所盛赞："苍生蒙舟航之接，刘宗延二纪之祚，岂非荀生之本图，仁恕之远致乎？"①在称赞荀彧有功于"苍生"之外，裴松之还强调荀彧使汉祚延长了二纪，并认为这是荀彧之"本图"，是"仁恕"。

与荀彧立身行事相近的还有沮授。袁绍初兴，沮授劝他"西迎大驾，即宫邺都"，以后又再次劝袁绍迎汉献帝，认为"今迎朝廷，于义为得，于时为宜"②。可见荀彧选择迂回曲折的途径来达成"匡佐"的目的，这并非是其孤立的个人行为，而是汉末乱世中士大夫的普遍动向。正如范晔所言："士虽以正立，亦以谋济。"对于怀抱匡复之志的士人而言，这种权谋是"本于忠义之诚"的权谋，最终要"归成于正"③。

四、士大夫的两难处境与荀彧之死的必然

士大夫"择所归附""待时而动""然后可以如志"，但割据群雄有自己的政治立场，未必会与怀抱匡复之志的士人同心同德，这是士大夫在"以谋济"的过程中无法掌控的。诚如范晔在《后汉书·臧洪传论》中所言："夫豪雄之所趣舍，其与守义

① 《三国志》卷10《荀彧传》注，第332页。
② 《后汉书》卷74《袁绍传》，第2382页。《三国志》卷6《袁绍传》，第192页，注引《献帝传》，第195页。
③ 《后汉书》卷66《王允传》，第2178页。

之心异乎？若乃缔谋连衡，怀诈算以相尚者，盖惟利势所在而已。"豪雄以"利势"为依归实与士大夫以"守义之心"力行"匡佐之义"有着原则上的区别。在袁绍统一河北的战争中，臧洪以孤城力抗袁绍。他在回复陈琳的劝降信中指责袁绍"抑废王命以崇承制"，他对比自己与依附袁绍的陈琳："足下徼利于境外，臧洪受命于君亲，吾子托身于盟主，臧洪策名于长安。"[①]言明袁绍之自立不臣，与士大夫忠于汉室、义存君父的立场绝不相容。

困难的是，士大夫无法主导割据势力的发展方向。袁宏、范晔、裴松之都看到了此时士大夫的两难境地。袁宏说，"荀生之谋，谋适则勋隆，勋隆则移汉"[②]；范晔说，"方时运之屯邅，非雄才无以济其溺，功高势强，则皇器自移矣。此又时之不可并也"[③]。在这样的情况下，因为荀彧的阻止使得曹操晋爵魏公、加九锡之事"遂寝"[④]，而曹操"由是心不能平"[⑤]，那么荀彧之死便是必然的了。

对于荀彧之死的意义，范晔认为"盖取其归正而已，亦杀身以成仁之义也"[⑥]，认为是对个体道德的忠实履行。裴松之则特别

---

① 《三国志》卷7《臧洪传》，第234—235页。《后汉书》卷58《臧洪传》与之略同，第1890页。

② 《后汉纪》卷30《孝献皇帝纪》，第581页。

③⑥ 《后汉书》卷70《荀彧传》，第2292页。

④ 《后汉书》卷70《荀彧传》，第2290页。

⑤ 《三国志》卷10《荀彧传》，第316页。

看重荀彧之死在"志行义立"问题上对当世与后世的教育意义："及至霸业既隆，翦汉迹著，然后亡身殉节，以申素情，全大正于当年，布诚心于百代，可谓任重道远，志行义立"①。"全大正于当年"是将荀彧之死看作是当世士人的道德宣示，"布诚心于百代"则是从道德宣教的角度赞扬荀彧之死的历史意义。

范晔、裴松之从道德的立场出发对荀彧之死给予了极高的评价。然而从事功的角度来看，正如裴松之所言，士大夫的匡复之志确实还处于"任重道远"的阶段。荀彧之死象征着士大夫阶层未能实现匡复之志，他们恢复汉朝的政治活动宣告失败。

荀彧的一生都在践行着匡复汉室的政治理想，这个理想也是汉末士大夫共同的理想。面对"四海荡覆，尺土一民，皆非汉有"的局面②，荀彧试图借助曹操的力量，曲折地实现政治抱负。荀彧所走的这条道路也是汉末怀抱匡复之志的士大夫的共同道路。当割据群雄企图代汉自立时，身为僚属、与豪雄有君臣之义的士大夫通常会维护汉祚。当曹操试图晋爵魏公、加九锡，刘氏宗社将沦的危急关头时，荀彧挺身而出使其事"遂寝"，便是汉末此类诸事中最为浓墨重彩的一笔，是荀彧以其生命绘就的。

正因生命代价之大，再加上荀彧之名高、位重、与曹操关系又异常紧密，他的死反而令论者不解，引发历代无尽的探讨。拨开这些围绕着荀彧个人心境、志向、谋略的繁复言论，将荀彧

---

① 《三国志》卷10《荀彧传》注，第332页。
② 《资治通鉴》卷66《汉纪五十八》献帝建安十七年条，第2116页。

放在当时的历史情境中，便会发现，荀彧的人生历程所展现的其实是当日士大夫群体之政治命运。所以，荀彧之死是一个政治寓言，它隐喻着汉末士大夫的政治理想——匡复之志的最终破灭。

第二章 汉魏之际节义观的变化

凡论及魏晋南北朝的节义观，通常都会举出《南齐书·褚渊传论》来说明门阀士族只知有家，不知有国。其言曰：

> 魏氏君临，年祚短促，服褐前代，宦成后朝。晋氏登庸，与之从事，名虽魏臣，实为晋有，故主位虽改，臣任如初。自是世禄之盛，习为旧准，羽仪所隆，人怀羡慕，君臣之节，徒致虚名。贵仕素资，皆由门庆，平流进取，坐至公卿，则知殉国之感无因，保家之念宜切。①

此语出自南齐皇族萧子显之口，他经历过齐梁易代，感受至深②，当为不诬。但萧子显将这种节义观的形成归因于魏晋易代

① （南朝梁）萧子显：《南齐书》卷23《褚渊传》，中华书局1972年版，第438页。
② 据（唐）姚思廉：《梁书》卷35《萧子显传》，萧子显卒于梁大同三年（537年），其年49岁，则萧子显出生在齐武帝永明七年（489年），齐亡时已有14岁。据《梁书》卷35《萧子恪传》，梁武帝代齐后，为消除萧氏兄弟对新朝的疑虑，专门与之谈话，解释改朝换代的合理性。可见，革新之际萧氏兄弟已处人疑且自疑之境地。中华书局1973年版，第507—509页。

中"名虽魏臣，实为晋有，故主位虽改，臣任如初"的特殊局面，未免过于从外缘求之。如果联系顾炎武对东汉节义观的高度赞扬，认为"至其（东汉）末造"，士大夫"依仁蹈义，舍命不渝"，以使"三代以下风俗之美无尚于东京者"①，两相对照，便会发现在汉魏之际七八十年间的三代人时间里②，士大夫节义观发生了重要变化。探究汉魏之际士大夫的心路历程，首先得从东汉政权瓦解之时开始追溯。

一、达节与守节

据袁宏《后汉纪》卷二十九《孝献皇帝纪》记载，天下大乱之前，袁涣察觉到形势的危机，他慨然叹曰："汉室陵迟，乱无日矣。苟天下不靖，逃将安之？若天将丧道，民以义存，唯强而有礼，可以庇身乎！"袁涣认为只有依附割据群雄才能保身全家。袁徽则说："古人有言：'知机其神乎！'见机而作，君子所以元吉也。天理盛衰，汉其已矣。夫有大功必有大事，此又君子之所

---

① （清）顾炎武著，（清）黄汝成集释，栾保群、吕宗力点校：《日知录集释》卷13《两汉风俗》，花山文艺出版社1990年版，第587页。
② 东汉中平六年（189年），灵帝死，袁绍诛宦官，董卓入洛，关东兵起，帝祚两变，年号三改，东汉政权开始进入崩溃期。曹魏咸熙二年（265年），司马炎继皇帝位，西晋建立。从中平六年（189年）东汉瓦解至咸熙二年（265年）魏晋易代，凡77年。

深识，退藏于密者也。且兵革之兴，外患众矣，徽将远蹈山海以求免身乎！"袁徽认为只有隐居才能逃避世乱。

东汉瓦解后群雄割据，士大夫身处混乱时局不外乎依附群雄与隐居避世这两条出路。对于名士而言，即便隐身也难以隐名，还是无法避免与割据群雄发生联系。如诸葛亮"躬耕于南阳，苟全性命于乱世，不求闻达于诸侯"①，仍被司马德操所赏识，并以"卧龙"显名于世②。

范晔在《后汉书·臧洪传》中论述了士大夫与割据群雄的差异与矛盾，他说："夫豪雄之所趣舍，其与守义之心异乎？若乃缔谋连衡，怀诈算以相尚者，盖惟利势所在而已。"范晔认为汉末乘乱而起的群雄以"利势"为趣舍，这与士大夫秉持"守义之心"有别。正因如此，二者立场往往不相兼容。如袁术称帝后，欲结吕布为援，遣使求婚，陈珪"恐术、布成婚，则徐、扬合从，将为国难"③，说服吕布拒婚。陈珪并非是为吕布打算，而是考虑阻止"国难"。袁宏说："人怀匡复之志，故助汉者协从，背刘者众乖，此盖民未忘义，异乎秦、汉之势，魏之讨乱，实因斯资。"④他认为"人怀匡复之志"的立场深刻地影响到汉末群雄的兴衰成败。

① 《三国志》卷 35《诸葛亮传》，第 920 页。
② （南朝宋）刘义庆著，（南朝梁）刘孝标注，余嘉锡笺疏，周祖谟等整理：《世说新语笺疏》卷上之上《言语》"南郡庞士元闻司马德操在颍川"条注引《襄阳记》，中华书局 2007 年版，第 79 页。牟发松：《略论诸葛亮的名士风范》，《社会科学战线》2011 年第 1 期。
③ 《三国志》卷 7《吕布传》，第 224 页。
④ 《后汉纪》卷 30《孝献皇帝纪》，第 590 页。

029

　　尽管士大夫对汉朝具有"守义之心"，但按照东汉时的观念，掾吏与府主之间有如君臣①，士大夫还须对所依附的群雄守节尽义。在当时的守节名士中，王脩以勇于赴难闻名，陈寿评价他"忠贞，足以矫俗"②。王脩为北海相孔融主簿，每逢孔融有难，他必定赶到，所以孔融说："能冒难来，唯王脩耳！"其后，王脩又被袁谭所辟。在袁谭战败的危难关头，王脩勇率吏民予以救援，被袁谭称为"成吾军者，王别驾也"③。袁谭为曹操所杀后，曹操下令："敢哭之者戮及妻子。"王脩说："生受辟命，亡而不哭，非义也。畏死忘义，何以立世？"于是违背曹操之令，"造其（袁谭）首而哭之，哀动三军"。王脩此举不但没有受到惩处，反而还被曹操称为"义士"④。王脩出仕曹操后，在担任魏国大司农郎中令时，遇到严才造反，闻变，"召车马未至，便将官属步至宫门"，曹操遥见之，在辨认不清的情况下，断定"彼来者必王叔治也"⑤。

　　王脩的忠贞先后被孔融、袁谭、曹操所赞誉，然而他对待故主却大违臣节。孔融为袁谭所败，王脩却应袁谭之辟；袁谭为曹操所杀，他口称"受袁氏厚恩"，却投降曹操，甚至充当说客去说服拒不降曹的管统。按东汉风俗，门生故吏须守君臣

---

① （清）赵翼著，王树民校证：《廿二史札记校证》卷5《后汉书》第74条"东汉尚名节"，中华书局1984年版，第102页。
② 《三国志》卷11《王脩传》，第366页。
③ 同上书，第345—346页。
④ 《三国志》卷11《王脩传》注引《傅子》，第347页。
⑤ 《三国志》卷11《王脩传》，第347页。

之义①。如桓、灵时兖州刺史第五种遭中常侍单超陷害而被流放，故吏孙斌率侠客追赶，"遮险格杀送吏"，并在逃亡途中，将马让于第五种，自己徒步随行②。王脩是这样解释自己勇于赴难的举动的："食其禄，焉避其难？"③ 既然"食其禄"是"不避其难"的前提，那么一旦"食其禄"的关系不存在了，相应的义务就会解除。故而当故君败亡以后，他便无须固守臣节。王脩的节义观得到曹操的赞许，称其"澡身浴德，流声本州，忠能成绩，为世美谈，名实相副，过人甚远"④。与王脩秉持相同节义观的还有刘表阵营中的韩嵩。他在接受出使曹操的任务时，对刘表阐明了他对政治道德的理解：

> 圣达节，次守节。嵩，守节者也。夫事君为君，君臣名定，以死守之；今策名委质，唯将军所命，虽赴汤蹈火，死无辞也。
>
> 嵩使京师，天子假嵩一官，则天子之臣，而将军之故吏耳，在君为君，则嵩守天子之命，义不得复为将军死也。⑤

韩嵩区分了达节与守节。达节者对节义有自己的理解，守节

---

① 钱穆：《国史大纲》上册第四编第十二章"二重的君主观念"条，商务印书馆 1994 年版，第 217—218 页。吕思勉：《秦汉史》第十四章第四节《秦汉时君臣之义》，上海古籍出版社 1983 年版，第 523—527 页。
② 《后汉书》卷 41《第五种传》，第 1404 页。
③ 《三国志》卷 11《王脩传》，第 347 页。
④ 《三国志》卷 11《王脩传》注引《魏略》载曹操与王脩书，第 347—348 页。
⑤ 《三国志》卷 6《刘表传》注引《傅子》，第 213 页。

者谨守约定俗成的节义观。在韩嵩看来，与刘表"君臣名定"，便须"以死守之"，但当天子授官后，他仅为刘表故吏，不再需要为其守节。王脩在北、韩嵩在南，所持节义观相近，可见南、北均发生了相同的变化。

当时还有一种观念认为，即使是在君臣关系的存续期内，也应当与所依附的豪雄保持距离，要优先考虑自己的利益。曹丕曾在宴会上提问："君父各有笃疾，有药一丸，可救一人，当救君邪，父邪？"当时众议纷纭，或父或君，曹丕征求邴原的意见，邴原悖然对曰："父也。"[1]

从"众议纷纭""或父或君"可见，有相当部分的士人认为忠孝之间，孝先于忠，邴原悖然之语更表明他将父先君后看作是不容怀疑的原则[2]。邴原甚至不愿与曹操走得过近，"虽在（曹操）军历署，常以病疾，高枕里巷，终不当事，又希会见"。又有张范，"名公之子也，其志行有与原符，甚相亲敬"。曹操对此十分关注，他说："邴原名高德大，清规邈世，魁然而峙，不为孤用。闻张子颇欲学之，吾恐造之者富，随之者贫也。"[3]曹操敏锐地发现邴原"清规邈世""不为孤用"的处世风范受到士大夫的尊崇、仿学，已成风气。

---

① 《三国志》卷11《邴原传》注引《原别传》，第353—354页。

② 唐长孺先生在《魏晋南朝的君父先后论》中认为孝道是建立在汉末的社会基础上的。门阀业已形成，家族的联系极为密切，个人与乡里与家族不可分割。在忠孝孰先的问题上，汉末三国时期的人似乎有选择的自由。但唐先生又举例说明即使是尽忠为先者，也与汉人有别，他们不是出于道德指令，而是有成败利害的考虑在内。见《魏晋南北朝史论拾遗》，中华书局1983年版，第233—248页。

③ 《三国志》卷11《邴原传》注引《原别传》，第353页。

在这样的观念指导下，只要有利于己，士大夫可以主动解除与群雄的君臣关系。中原战乱基本结束后，管宁决定离开辽东，临走时他将"前后所资遗""尽封还之（公孙恭）"[①]，意在解除与公孙氏的关系，——不食其禄，则避其难。这与王脩"食其禄，焉避其难"的节义观相同。

汉末节义观的变化主要体现在对忠君观的再定义，这种主动性表明士大夫的立场转向了维护自身利益，而非如此前那般"凡可以得名者，必全力赴之""好为苟难，遂成风俗"[②]。王脩、韩嵩不为故主死节是有选择地"忠贞"[③]，为今主死节则是基于"食其禄"的现实关系而已。邴原主张"父先君后""不为所用"更是基于自身的立场对节义观进行了全新的解释。

二、汉魏嬗代中士大夫的精神困境

割据群雄以"利势"为趣舍，士大夫持"守义之心"与之不相兼容，这是士大夫不再拘泥于传统名节的重要原因。随着局势的变化，尤其是建安十三年（208年）曹操平定华北、奠定霸业

① 《三国志》卷11《管宁传》，第356页。
② （清）赵翼著，王树民校证：《廿二史札记校证》卷5《后汉书》第74条"东汉尚名节"，中华书局1984年版，第102页。
③ 王夫之称韩嵩"智而狡者也"，认为韩嵩声明不为故主死节，是"先为自免之计，以玩弄（刘）表于股掌之上"。参见（清）王夫之著，舒士彦点校：《读通鉴论》卷9《献帝》，中华书局1975年版，第247页。

之后①，汉室变得越来越不可匡复，士大夫的"守义之心"失去了依托之所。党锢之祸中，名士张俭逃亡，"望门投止，莫不重其名行，破家相容""其所经历，伏重诛者以十数，宗亲并皆殄灭，郡县为之残破"。各地舍命相护张俭，乃因其勇于举劾宦官侯览及其母之罪。可是到了建安后期，张俭"见曹氏世德已萌，乃阖门悬车，不豫政事"②，在政治上转为消极。再如杨彪被称誉为"四世清德，海内所瞻"，他曾揭发宦官之奸、力抗董卓迁都，"尽节为主"而使曹操颇为忌惮，欲置之死地而后快③，但到建安十一年（208年），杨彪见到"诸以恩泽为侯者皆夺封"，认为"汉祚将终""遂称脚挛不复行，积十年"④。钱穆先生将汉末以来士大夫的思想倾向归纳为"国家观念之淡薄，逐次代之以家庭，君臣观念之淡薄，逐次代之以朋友"⑤，士大夫在汉魏嬗代中的无力感，将这一倾向推进得更加显著。

　　此外，顾炎武认为曹操平定冀州后"崇奖跅弛之士"改变了

---

① 建安十二年（207年）曹操"大封功臣二十余人，皆为列侯，其余各以次受封，及复死事之孤，轻重各有差"。建安十三年（208年），"汉罢三公官，置丞相、御史大夫"，其年六月，曹操出任丞相。见《三国志》卷1《武帝纪》，第28—30页。卫广来认为曹操集团也是在建安十三年（208年）最终形成，见氏著《求才令与汉魏嬗代》，《历史研究》2001年第5期。

② 《后汉书》卷67《党锢列传》，第2210—2211页。

③ 《后汉书》卷54《杨彪传》："建安元年，从东都许。时天子新迁，大会公卿，兖州刺史曹操上殿，见（杨）彪色不悦，恐于此图之，未得宴设，托疾如厕，因出还营。（杨）彪以疾罢。时袁术僭乱，（曹）操托（杨）彪与（袁）术婚姻，诬以欲图废置，奏收下狱，劾以大逆。"第1788页。

④ 《后汉书》卷54《杨彪传》，第1789页。

⑤ 钱穆：《国史大纲》，商务印书馆1994年版，第218页。

舆论导向，促使风俗进一步滑向"以趋势求利为先"①。曹操求才三令分别颁布于建安十五年（210年）、建安十九年（214年）与建安二十二年（217年）②，均在其霸业奠定之后。曹植《释愁文》不为隐讳地直称当世为"末季"③，认为"大道既隐"，士大夫"沉溺流俗，眩惑名位，濯缨弹冠，咨诹荣贵""所鬻者名，所拘者利，良由华薄，凋损正气"④。曹植所言正是对"以趋势求利为先"之风的实录。

对于"以趋势求利为先"，当时是不乏批判声音的。比如被孔融称作"忠果正直、志怀霜雪"的祢衡⑤，便将陈群、司马朗比作"屠沽儿辈"⑥，讽刺他们与曹操以利势相合。祢衡在众人前号咷大哭，称"行尸枢之间，能不悲乎"⑦，暗讽士人志行之亡失。祢衡"恃才傲逸，臧否过差，见不如己者不与语"，认为曹操治下只有孔融、杨脩可以相交⑧。

孔融、祢衡、边让都以辱慢曹操著称。孔融在曹丕纳袁熙

① （清）顾炎武著，（清）黄汝成集释，栾保群、吕宗力点校：《日知录集释》卷13《两汉风俗》，花山文艺出版社1990年版，第588页。

② 曹操唯才是举的求才三令，分别是建安十五年（210年）《求贤令》、建安十九年（214年）《敕有司取士勿废偏短令》、建安二十二年（217年）《举贤勿拘品行令》。

③ 赵幼文将《释愁文》系年于太和年间（227—233年），见氏著《曹植集校注》，人民文学出版社1984年版，第8页。曹植生于东汉初平三年（192年），曹操建安中霸业建立时正值少年，故其文虽作于太和，但曹植对"末季"的认识却是其来有自，故文章之所描述实可看作汉魏易代以来的一般状况。

④ （曹魏）曹植著，赵幼文校注：《曹植集校注》卷3《释愁文》，人民文学出版社1984年版，第468页。

⑤ 《后汉书》卷80《文苑传》，第2653页。

⑥⑦⑧ 《三国志》卷10《荀彧传》注引《平原祢衡传》，第311页。

妻、曹操征乌桓时发言嘲讽，又反对曹操的制酒令，"多侮慢之辞"①；祢衡自称狂病不肯见曹操，数有恣言，又有裸体击鼓而颜色不怍、坐营门骂曹等行为②；边让"恃才气，不屈曹操，多轻侮之言"③。东汉桓、灵之间的"匹夫抗愤、处士横议"，以"品核公卿，裁量执政"与"激扬名声，互相题拂"为主要内容④，孔融、祢衡等人批评曹操与题拂士人，正是对党锢名士传统的继承。在他们眼中，敢于"裁量执政"是与流俗划清界限、彰显道义立场的重要标志。除去孔融的嘲讽是针对具体的政事之外，祢衡与边让都只是在抽象的层面上辱骂曹操。这也说明大部分士人均以现实主义的态度调整了立场，祢衡等人的恃才傲物除了表达弃世愤俗的情绪以外，就只剩下对现实的无奈了，而且这种理想主义的人生态度最终使他们不容于世。

还有一类士人以自绝于人世来表达不愿同于流俗的态度，著名者有扈累、寒贫、焦先等。他们的行为包括不着衣服、不居室宅、不交亲戚、不妄受人惠、不与人言。对于这些行为，当时人并不能完全理解。贬之者如傅玄认为焦先是"性同禽兽"，褒之者如耿黼以之为"仙人"⑤。皇甫谧从玄学观念出发，赞誉焦先得

① 《后汉书》卷70《孔融传》，第2271—2272页。讽刺曹丕纳袁熙妻事有见《三国志》卷12《崔琰传》注引《魏氏春秋》，第372页。反对制酒令又见同卷注引张璠《汉纪》，第372页。
② 《三国志》卷10《荀彧传》注引张衡《文士传》，第312页。
③ 《后汉书》卷80《文苑传》，第2647页。
④ 《后汉书》卷67《党锢列传序》，第2185页。
⑤ 《三国志》卷11《管宁传》注引《魏氏春秋》，第365页。

道而忘形骸①。焦先自己的解释则是"草茅之人，与狐兔同群"，有隔绝人世之意。据《高士传》记载，"（焦先）见汉室衰，乃自绝不言，及魏受禅，常结草为庐于河之湄，独止其中。"②焦先离弃世俗的程度是随着汉魏易代的进程而逐步加深的，由"不言"发展到"独止"。王夫之对此进行了阐发："世之乱也，权诈兴于上，偷薄染于下，君不可事，民不能使，而君子仁天下之道几穷。穷于时，因穷于心，则将视天下无一可为善之人，而拒绝唯恐不夙，此焦先、孙登、朱桃椎之类，所以道穷而仁亦穷也。"③焦先等人离弃俗世、同于禽兽的行为其实是针对汉魏禅代中人心之不古，是为了表达对士流"无一可为善之人"的抗议。

祢衡、焦先等人是站在时局之外对士风进行贬斥，其实时局中人亦承受着精神上的压力。《三国志·何夔传》载："太祖（曹操）性严，掾属公事，往往加杖；夔常畜毒药，誓死无辱。"赵翼认为曹操在霸业奠定后显露出"雄猜之性"："及其（曹操）削平群雄，势位已定，则孔融、许攸、娄圭等，皆以嫌忌杀之，荀或素为操谋主，亦以其阻九锡而胁之死。甚至杨修素为操所赏拔者，以厚陈思王而杀之，崔琰素为操所倚信者，亦以疑似之言

---

① 《三国志》卷11《管宁传》注引皇甫谧《高士传》称焦先"旷然以天地为栋宇，闇然合至道之前，出群形之表，入玄寂之幽，一世之人不足以挂其意，四海之广不能以回其顾，妙乎与夫三皇之先者同矣。"第365页。

② 《三国志》卷11《管宁传》注引《高士传》，第364页。

③ （清）王夫之著，舒士彦点校：《读通鉴论》卷10《三国》第28条，中华书局1975年版，第286页。

杀之。"①建安二十一年（216 年），掌选多年的崔琰受冤被罚为徒隶，当曹操使人探视时，崔琰"辞色不挠"，结果被曹操以心怀怨恨为名处死②。毛玠因对此事有看法，于是也被曹操收入狱中③。后来陈群与崔琰从弟崔林谈论冀州人士，以"智不存身"来贬低崔琰，崔林辩解说："大丈夫为有邂逅耳。"④崔林的辩辞透露出对自身命运无从把握的无奈。再如，田畴拒绝曹操的封赏，被有司弹劾为"狷介违道，苟立小节，宜免官加刑"，还被"下世子及大臣博议"⑤。

在曹操的政治压力之下，士人多有曲意迎逢之举。建安十三年（208 年），曹操北伐辽东后回归邺城，估计留守"诸君必将来迎""其不来者，独有邴祭酒（邴原）耳"，未料"言讫未久，而（邴）原先至"⑥。杨训以"清贞守道"著称，但在曹操进爵魏王时"发表称赞功伐，褒述盛德"，故被嘲笑为"希世浮伪"⑦。联系荀彧因劝阻曹操晋爵及加九锡而死，可以想见"希世浮伪"实为时势所迫。

---

① （清）赵翼著，王树民校证：《廿二史札记校证》卷 7《后汉书》第 98 条"三国之主用人各不同"，中华书局 1984 年版，第 141 页。还可参见陈启云、祝捷：《曹操政治秩序观》，《历史教学》2012 年第 24 期。
② 《三国志》卷 12《崔琰传》载曹操杀崔琰的罪名："琰虽见刑，而通宾客，门若市人，对宾客虬须直视，若有所瞋。"第 369 页。
③ 《三国志》卷 12《毛玠传》，第 376 页。参见柳春新：《崔琰之死与毛玠之废》，《武汉大学学报》1997 年第 2 期。
④ 《三国志》卷 12《崔琰传》注引《魏略》，第 370 页。虽论在明帝之时，但所论之事却在汉魏之际，且二人都经历了汉末大乱，所持的观点当根基于当日士人的处境。
⑤ 《三国志》卷 11《田畴传》，第 343 页。
⑥ 《三国志》卷 11《邴原传》注引《原别传》，第 353 页。
⑦ 《三国志》卷 12《崔琰传》，第 369 页。

三、从"国身通一"到"至要在我"

　　陈寅恪先生说，官渡之战后士大夫"不得不隐忍屈辱，暂与曹氏合作，但乘机恢复之念，未始或忘也"①。"国身通一"的精神世界虽在汉魏嬗代的历程中被摧毁，但仍留有重生之机，这种恢复首先是从精神上的安身立命开始。仲长统言"百虑何为，至要在我"，将一切忧虑看作是心志活动的结果。如果"我"能认识到"名不常存，人生易灭"，即如"至人能变，达士拔俗"，自然会"任意无非，适物无可""寄愁天上，埋忧地下"，做到"六合之内，恣心所欲"②。

　　再如张阁，"视之似鄙朴人，然其心中不知天地间何者为美，何者为好，敦然似如与阴阳合德者"。杜恕《家诫》评价说："作人如此，自可不富贵，然而患祸当何从而来？"杜恕还指出"世有高亮如子台（张阁）者，皆多力慕。"③可见这种超凡脱俗的处世态度为当日士大夫所企慕效法。

　　东汉末年形成的以内在超越来摆脱精神困境的思想路径，至曹魏时已成康衢。正始年间玄风大盛，正是筑基于个体心灵与天

---

① 陈寅恪：《书〈世说新语〉文学类钟会撰四本论始毕条后》，载《金明馆丛稿初编》，生活·读书·新知三联书店 2001 年版，第 48—49 页。
② 《后汉书》卷 49《仲长统传》，第 1644—1646 页。
③ 《三国志》卷 11《邴原传》注引杜恕《家诫》，第 354 页。

道之往来。顾炎武将其归纳为：思想上"弃经典而尚老庄"；行为上"蔑礼法而崇放达"；表现在节义观上便是"视其主之颠危若路人然"。顾炎武认为正是以此为开端，"自此以后，竞相祖述"，渐次成为魏晋南北朝士大夫因袭之风俗 ①。尽管顾炎武以群体纲纪为念对此多有非议，但这一路向确立了士大夫不依赖于外在事功的独立自存，这恰恰是门阀士族存在的价值根据。

---

① （清）顾炎武著，（清）黄汝成集释，栾保群、吕宗力点校：《日知录集释》卷13《正始》，花山文艺出版社1990年版，第589页。

第二编

养物

魏晋名士的
志趣

第三章　魏晋人物品题及其精神内涵

一、"达"：魏晋人物品鉴的新题目

在魏晋的人物品鉴中，"达"是重要的题目。《世说新语·言语》：

> 顾司空未知名，诣王丞相。丞相小极，对之疲睡。顾思所以叩会之，因谓同坐曰："昔每闻元公道公协赞中宗，保全江表，体小不安，令人喘息。"丞相因觉，谓顾曰："此子圭璋特达，机警有锋。"①

《世说新语》成书于刘宋元嘉时期，陈寅恪先生称之为"清

---

① （南朝宋）刘义庆著，（南朝梁）刘孝标注，余嘉锡笺疏，周祖谟等整理：《世说新语笺疏》卷上之上《言语》，中华书局2007年版，第113页。

谈之全集"①。故其中许多语汇可以视作当时语汇，而非编纂者所加。尤其是人物品题，在九品中正制之下是具有制度意义的，王导对顾和的品状当为原文。"特达"一词出自《礼记·聘义》，"圭、璋特达，德也。"原谓行聘时唯圭、璋能独行通达，不加余币。郑玄注引申为"惟有德者无所不达，不有须而成也。"②王导是以郑玄义来赞赏顾和。顾和虽"未知名"但有"德"，故能为丞相王导所赏识。因此，"圭、璋特达"又含有明德之义，在两晋时人的语境中常在德性立场上描述理解能力。西晋江统上书愍怀太子有"伏惟殿下天授逸才，聪鉴特达"之赞，晋明帝对温峤册书中有"惟公明鉴特达，识心经远"之评，皆持此义③。

事实上，在认识能力、理解能力方面以"达"来论人，渊源甚远。西汉初年贾谊《治安策》中有"以陛下之明达，因使少知治体者得佐下风"之语④。"明""达"往往连称。《晋诸公赞》称贾充"有才识，明达治体"⑤。唐初所修《晋书》使用该词更多，如《武帝本纪》有"明达善谋"，《苻生载记》有"才识明达"等。"明达"被褒义地用来赞赏某人对事物透彻的了解。当"明达"在句中充作动词时，这层含义更容易显现出来。《晋书·傅

---

① 陈寅恪：《陶渊明之思想与清谈之关系》，载《金明馆丛稿初编》，生活·读书·新知三联书店 2001 年版，第 217 页。

② （清）孙希旦著，沈啸寰、王星贤点校：《礼记集解》，中华书局 1989 年版，第 1466 页。

③ 《晋书》卷 56《江统传》，第 1536 页；卷 67《温峤传》，第 1795 页。

④ （西汉）贾谊：《贾谊集》，上海人民出版社 1976 年版，第 186 页。

⑤ （南朝宋）刘义庆著，（南朝梁）刘孝标注，余嘉锡笺疏，周祖谟等整理：《世说新语笺疏》，卷上之下《政事》，中华书局 2007 年版，第 201 页。

玄传附祗传》："祗明达国体"，《甘卓传》："明达政体"，《儒林传·儒林·续咸传》："明达刑书"等①。

与"明达"含义相同的语汇还有"聪达"。《汉书·淮阳宪王刘钦传》："聪达有材，帝甚爱之。"②东汉末王符《潜夫论·赞学》："及使从师就学，按经而行，聪达之明，德义之理，亦庶矣。"③王符将"聪达"与"德义"并举，将"明"与"理"对称。可见作为一种理解能力的"达"，指向的是德义之理，而非知识信息。西晋太康中诏："勖明哲聪达，经识天序，有佐命之功，兼博洽之才。"④东晋初年葛洪《抱朴子外篇·酒戒》："于公聪达，明于听断，小大以情，不失枉直。"⑤东晋中书郎徐藐言："世祖聪达，负愧齐王。"⑥

"敏"在《论语·公冶长》中被作为一项德目提出，"达"又与"敏"连称。《诗·皇皇者华序疏》："以礼乐相将，既能有礼敏达，则能心和乐易。"⑦《汉书·京房传》载张博言："淮阳王上亲弟，敏达好政，欲为国忠。"⑧晋人王育幼时孤贫，因学书而失主人家羊，欲卖己以偿之。同郡许子章不但为之偿羊，还供给衣

---

① 《晋书》，第 80、2875、1332、1862、2355 页。
② （东汉）班固著，（唐）颜师古注：《汉书》，中华书局 1962 年版，第 3311 页。
③ （东汉）王符著，（清）汪继培笺，彭铎校正：《潜夫论笺校正》，中华书局 1985 年版，第 17 页。
④ 《晋书》卷 39《荀勖传》，第 1156 页。
⑤ （东晋）葛洪著，杨明照校笺：《抱朴子外篇校笺》上册卷 24《酒戒》，中华书局 1991 年版，第 595 页。
⑥ 《晋书》卷 64《简文三子传》，第 1735 页。
⑦ 《毛诗正义》，载李学勤主编《十三经注疏》，北京大学出版社 1999 年版，第 564 页。
⑧ 《汉书》卷 75《京房传》，第 3166 页。

食，使得上学，被称为敏达之士①。

"英""雄"是刘劭《人物志》的重要题目。在魏晋的人物品题中，常以"英达"誉卓识远见者。《江表传》："有周瑜者，与策同年，亦英达夙成。"②《晋书·石勒载记》："（石勒）尝使人读《汉书》，闻郦食其劝立六国后，大惊曰：'此法当失，何得遂成天下？'至留侯谏，乃曰：'赖有此耳。'其天资英达如此。"③被称为英达者多是身居要位，对时局有明晰判断和重大影响者。

二、"达"与"德义之理"

"达"直接指向的是"德义之理"，对于达者而言，礼制与经学只是通往德义之理的途径，而非目的。"达"的引申义为不拘礼制而达于礼意。在葛洪的叙述中，东汉人戴良被视作达者典范④。范晔亦称戴良"才既高达，而论议尚奇，多骇流俗"⑤。戴良"骇流俗"的论议是："礼所以制情佚也，情苟不佚，何礼之论！"即从"情"的角度对"礼制情佚"进行逆向思考，强调自然之情

① 《晋书》卷89《忠义传》，第2309页。
② 《三国志》卷46《孙策传》注引《江表传》，第1101页。
③ 《晋书》卷105《石勒载记》，第2741页。
④ （东晋）葛洪著，杨明照校笺：《抱朴子外篇校笺》下册卷27《刺骄》，中华书局1997年版，第29页。
⑤ 《后汉书》卷83《逸民传》，第2773页。

优先于人为之礼。基于这一思想，戴良在母亲过世时不尊丧礼，"食肉饮酒，哀至乃哭"，以情的自然性为第一要义①。东晋玄学家戴逵描述了这一问题提出的思想背景：

> 儒家尚誉者，本以兴贤也，既失其本，则有色取之行。怀情丧真，以容貌相欺，其弊必至于末伪。②

这一解释路径为宋儒所继承，《河南程氏遗书》卷四：

> 天下之习，皆缘世变。秦以弃儒术，而亡不旋踵，故汉兴，颇知尊显经术，而天下厌之，故有东晋之放旷。③

戴逵、二程注意到经术"失本""丧真"。李泽厚、余英时等在现代学术话语下，将经学及所依托的礼制视作对人性的束缚，由此阐发"高达"的解放意义。④ 在此叙述模式中，"礼意"与

① 《后汉书》卷 83《逸民传》，第 2773 页。这甚至被学者称作"激诡之行"，参见王永平：《魏晋风度的前奏——论东汉后期士人的"激诡之行"及其影响》，《浙江社会科学》2008 年第 11 期。

② 《晋书》卷 94《隐逸传》，第 2458 页。参见卞东波：《东晋隐士戴逵及其〈放达为非道论〉与晋宋风气之转变》，《古典文学知识》2011 年第 6 期。

③ （北宋）程颢、程颐著，王孝鱼点校：《二程集》，中华书局 1981 年版，第 70 页。

④ 详见李泽厚：《美的历程》第五章《魏晋风度》，文物出版社 1981 年版，第 85—101 页。余英时：《士与中国文化》第七篇《汉晋之际士之新自觉与新思潮》，上海人民出版社 1987 年版，第 287—400 页。李泽厚认为社会动荡动摇了传统的权威性，使个人存在的意义和价值凸显出来；余英时的分析更为详尽，结合政治、社会以及思想和学术的发展大势来论述这一过程。

"礼制"被阐发为对立关系，对二者的不同持守成为人群精神分野的标志，即"高达"与"礼俗"之别。

"高达"之"高"，指达者具有不同于常人的视点。更高的视点能看到事物的全貌及动向，反诸己身则能作出明智的判断。这是达者自认为得"本""真"的理据所在。"本""真"问题是性命问题。达本真，即达命。《晋书·魏舒传》载，周震每被公府辟为掾属，府主立死，故有"杀公掾"之恶名，魏舒不顾忌讳仍然辟命之，有识之士称魏舒为"达命"[1]。《世说新语·德行》载，"庾公乘马有的卢，或语令卖去。庾云：'卖之必有买者，即当害其主。宁可不安己而移于他人哉？昔孙叔敖杀两头蛇以为后人，古之美谈，效之，不亦达乎？'"[2]魏舒、庾亮并非无忌，只是认为与其执着于生死，莫若顺性命之自然。《吕氏春秋·知分》："达士者，达乎死生之分。"[3]

按戴逵所言，"失本""丧真"的表现是"有色取之行""以容貌相欺"，此即《后汉书》所描述的东汉儒家之"刻情修容"[4]。"达命"，须以"刻情修容"为超越对象，因而礼容成为最重要的问题。被东汉大将军称为"绝高士"的赵仲让，"高"的表现便是解衣裸形，"冬月坐庭中，向日解衣裴捕虱已，因倾卧，厥

① 《晋书》卷41《魏舒》传，第1187页。
② （南朝宋）刘义庆著，（南朝梁）刘孝标注，余嘉锡笺疏，周祖谟等整理：《世说新语笺疏》卷上之上《德行》，中华书局2007年版，第39—40页。
③ （秦）吕不韦编，许维遹集释，梁运华整理：《吕氏春秋集释》，中华书局2009年版，第552页。
④ 《后汉书》卷82上《方术传》，第2724页。

形悉表露"①。竹林名士刘伶,"恒纵酒放达,或脱衣裸形在屋中,人见讥之。伶曰:'我以天地为栋宇,屋室为裈衣,诸君何为入我裈中?'"②刘伶裸形旨在重新界定"容止",并以"衣"为讨论范围。《世说新语·简傲》载王澄出任荆州刺史时贤送行,他却在众目睽睽之下脱衣上树取鹊而神色自若。《晋书·光逸传》更载谢鲲等过江后累日散发裸裎、闭室畅饮。凡此种种不胜枚举。

江惇《通道崇检论》云:"若乃放达不羁,以肆纵为贵者,非但动违礼法,亦道之所弃也。"③江惇看到,"放达不羁"不止于动违礼法,而且已经离开儒家所提倡之"道"。

两汉以经学为宗,流于烦琐,皓首穷经作一字之解,而不能在义理上有所发明,这种情况直至汉末也未尝变化。徐幹说:"鄙儒之博学也,务于物名,详于器械,矜于训诂,摘其章句,而不能统其大义之所极,以获先王之心",他认为"凡学者大义为先,物名为后,大义举而物名从之"④。汉末以降的学术趋势是"大义为先"。儒学于东汉后期虽有马融、郑玄和荆州学派之删繁

① (东汉)应劭撰,吴树平校释:《风俗通义校释》,天津人民出版社1980年版,第159页。

② (南朝宋)刘义庆著,(南朝梁)刘孝标注,余嘉锡笺疏,周祖谟等整理:《世说新语笺疏》卷下之上《任诞》,中华书局2007年版,第858页。宁稼雨:《魏晋名士服饰新风(下):意境深远的裸袒行为——〈世说新语〉之十九》,《古典文学知识》2022年第3期。

③ 《晋书》卷56《江统传附子惇传》,第1539页。

④ (曹魏)徐幹撰,孙启治解诂:《中论解诂》卷上《治学第一》,中华书局2014年版,第14页。

就简，却仍不出章句训诂。儒学之重心在人伦日用，形上本体非其所重，汉末经学的简化运动虽阐明群经大义，但却并不能满足魏晋士人的形上追求。《世说新语·言语》篇载："刘尹与桓宣武共听讲《礼记》。桓云：'时有入心处，便觉咫尺玄门'。刘曰：'此未关至极，自是金华殿之语。'"①此虽东晋事，却反映魏晋士人对儒学的一般心理，《礼记》所讲为人事，故"未关至极"，未达统摄万物之理。于是，群经之中《易》更受偏重，如汉末马融、郑玄、荀爽都注《易》，并且他们皆主"训故举大谊"的《费氏易》②，而不是主阴阳术数灾异说的《京氏易》，"自是费氏兴而京氏遂衰"③，后继者有王肃、虞翻、董遇、李譔、钟繇等。与此同时，儒经之外的《老子》也开始受到重视。《老子》之有注始于马融④，其后又有虞翻、董遇、张揖、张嗣、蜀才、钟会、何晏等注。此学风至正始时蔚成大观，王弼并释易、老，重义理轻象数，始建本体之学⑤，"贤者恃以成德，不肖恃以免身"⑥。

---

① （南朝宋）刘义庆著，（南朝梁）刘孝标注，余嘉锡笺疏，周祖谟等整理：《世说新语笺疏》卷上之上《言语》，中华书局 2007 年版，第 146 页。
② 《汉书》卷 88《丁宽传》，第 3598 页。参见李才朝：《费氏易史献考实》，《周易研究》2016 年第 5 期。李小成：《马融与费氏〈易〉的传承》，《古籍整理研究学刊》2019 年第 6 期。
③ 《后汉书》卷 79《孙期传》，第 2554 页。
④ 《后汉书》卷 60 上《马融传》，第 1972 页。
⑤ 汤用彤：《王弼之〈周易〉、〈论语〉新义》，载《魏晋玄学论稿》，上海古籍出版社 2001 年版，第 76—93 页。参见吕相国：《易学思想的不同表述：象数义理之争》，《船山学刊》2019 年第 4 期。董春：《王弼易学的经学前见与义理新意》，《周易研究》2019 年第 5 期。刘雅萌：《从汉易义理说传统到王弼注义理的生成》，《周易研究》2020 年第 5 期。
⑥ 《晋书》卷 43《王衍传》，第 1236 页。

　　正始名士关心是如何矫正曹魏名法之弊，故而更重易老之学。但自东晋开始，王弼、何晏被视为儒学中衰的责任人。范宁认为"浮虚相扇，儒雅日替""其源始于王弼、何晏，二人之罪，深于桀纣"①。《晋书·儒林传》序："有晋始自中朝，迄于江左，莫不崇饰华竞，祖述虚玄，摈阙里之典经，习正始之余论。指礼法为流俗，目纵诞以清高，遂使宪章弛废，名教颓毁。"②明清之际的思想家区分了正始名士与竹林名士的差别。顾炎武认为"国亡于上，教沦于下，羌戎互僭，君臣屡易，非林下诸贤之咎而谁咎哉"③。钱大昕亦认为，"然以是咎嵇、阮可，以是罪王、何不可"④。王、何虽对玄学有开创性贡献，但却少有放达之举。至典午之世，"天下多故，名士少有全者"，士人多愿安时处顺，既要明哲保身，又不责己于君臣节气，故纷纷转向与易老仅一墙之隔的《庄子》，庄学始蔚为大观，《世说新语·文学》篇载时注《庄子》的有数十家⑤。影响最大的是竹林名士这个群体，《晋阳秋》载他们集于竹林之时，很快便"风誉扇于海内"⑥，可见由易老入庄正是时风所趋。

---

① 《晋书》卷75《范宁传》，第1984页。参见闫春新：《范宁崇儒抑俗考辨》，《中国哲学史》2019年第1期。

② 《晋书》卷91《儒林传》，第2346页。

③ （清）顾炎武著，（清）黄汝成集释，栾保群、吕宗力点校：《日知录集释》卷13《正始》，花山文艺出版社1990年版，第589页。参见卫绍生：《竹林七贤与魏晋玄学》，《中州学刊》2014年第10期。

④ （清）钱大昕著，吕友仁标校：《潜研堂集》卷2《何晏论》，上海古籍出版社1989年版，第29页。

⑤ （南朝宋）刘义庆著，（南朝梁）刘孝标注，余嘉锡笺疏，周祖谟等整理：《世说新语笺疏》卷上之下《文学》，中华书局2007年版，第243页。

⑥ （南朝宋）刘义庆著，（南朝梁）刘孝标注，余嘉锡笺疏，周祖谟等整理：《世说新语笺疏》卷下之上《任诞》，中华书局2007年版，第854页。

三、阮籍之"达庄"

阮籍字嗣宗，陈留尉氏人，为竹林名士的领军人物，他与嵇康、向秀、刘伶的庄学研究开启了魏晋玄学的新阶段，使《庄子》受到普遍重视，与《易》《老》并立为"三玄"。阮籍的庄学思想主要保存在《达庄论》与《大人先生传》中。

丁冠之认为《达庄论》与《大人先生传》作于正始（240—249年）后[1]，刘汝霖考订《大人先生传》作于甘露二年（257年）[2]，高晨阳根据《达庄论》与《大人先生传》的内在联系，认为《达庄论》作于《大人先生传》前，在嘉平五年（253年）[3]。阮籍死于景元四年（263年），终年54岁，此二文可看作他晚年思想的结晶。对比他早年著作《乐论》《通易论》《通老论》，阮籍晚年的思想转向了庄学。这次转型发生在正始十年（249年）以后。此时正是司马氏篡魏的关键时刻，历代研究者都从政治角

---

① 丁冠之：《阮籍》，《中国古代著名哲学家评传续编二》，齐鲁书社1982年版，第105页。王利锁认为《达庄论》作于景元元年（260年），参氏作《〈达庄论〉与阮籍后期的人生态度》，《史学月刊》2012年第3期。王晓毅认为《达庄论》作于正始八至九年（247—248），参氏作《阮籍〈达庄论〉与汉魏之际庄学》，《史学月刊》2004年第2期。

② 刘汝霖：《汉晋学术编年》，中华书局1987年版，第28—29页。

③ 高晨阳：《阮籍评传》，南京大学出版社1995年版，第75页。

度解释阮籍思想转型的原因①，这无疑是正确的。然而两汉以来，处于政治险境的士人颇多，却没有对庄学发生过兴趣，故而政治原因只是思想转向的充分条件，若以思想史线索求之，实与正始年间的学术转向有关。

正始名士重易老之学时，阮籍正值中年。虽不见他与正始名士相交往的记载，但其作《通老论》《通易论》，亦当为时风所染。观其大意，旨在融合儒道二家、设计外在于个体心灵的客观理想世界、以天道规范人事。阮籍晚年转向庄学，不仅出于学术上的兴趣，也在于以此指导人生。嵇康说"老子、庄周，吾之师也"，又说"又读《老》《庄》，重增其放"②。一个"放"字，表明竹林名士重视的是对庄子思想的身体力行，这也就决定了阮籍解庄的途径不是注疏，而是举其大义以附一己之立身处世③。

---

① 余嘉锡认为阮籍在曹魏与司马氏之间首鼠两端，见《世说新语笺疏·任诞》"阮籍遭母丧"条注，第854—857页。陈寅恪从社会集团的政治立场考察，认为司马氏为高门大族集团，以名教相标榜。阮籍为全身避祸而举止放达，以示对政治现实的不满，见《陶渊明之思想与清谈之关系》，载《金明馆丛稿初编》，上海古籍出版社1980年版，第180—205页。汤用彤、任继愈从统治集团的阶层性考察，认为阮籍、嵇康代表中小地主利益，他们出于关心本阶级的长远利益和自身的安全，用放达的行为曲折地表达了对改朝换代的不满，见《魏晋玄学中的社会政治思想略论》，上海人民出版社1956年版，第26—35页。周一良：《魏晋南北朝史札记·晋书札记》"名教自然'将无同'思想之演变"条，中华书局1985年版，第54页。相关研究可参见罗宗强：《论阮籍的心态》，《社会科学战线》1990年第4期。孙明君：《阮籍与司马氏集团之关系辨析》，《北京大学学报（哲学社会科学版）》2002年第1期。
② 《晋书》卷49《嵇康传》，第1371页。
③ 冯友兰：《中国哲学史新编》第4册，人民出版社1984年版，第75—77页。
梁满仓：《阮籍由儒入玄的思想历程及践履》，《船山学刊》2022年第4期。

从《达庄论》《大人先生传》二文来看，阮籍解读《庄子》的兴趣主要集中在《齐物论》，就连作文的法度都有很重的模仿痕迹。这二文无一例外地使用了主客问答的形式，《达庄论》中阮籍开篇就描写了一位"恍然而止""忽然而休"的"先生""隐几而弹琴"，与《齐物论》中"隐几而坐，仰天而嘘"的南郭子綦相似。接下来便是"缙绅好事之徒"对"先生"提出疑问，引出"先生"的看法，又与颜成子游的作用相仿。《大人先生传》亦是如此，先是交代大人先生的来历，再是士君子、隐者、柴夫等与大人先生的问难，将大人先生的思想一层层地揭示出来。

就思想主旨而言，阮籍的基本命题是"万物一体"，这个观点出自《齐物论》。《庄子》思想绝非"万物一体"所能涵盖，阮籍"达庄"为径取所需。在阮籍的理解中，"万物一体"首先是宇宙论意义上的。从宇宙构成来看，万物是由同一种物质即气构成的："自然一体，则万物经其常，入谓之幽，出谓之章，一气盛衰，变化而不伤。"[1]气本是人无法看见的，气聚则形显为物。气在永恒运动着，宇宙万物的变化其实都是"气"的变化。气又分阴阳，"升谓之阳，降谓之阴"，阴阳是气的两种不同性质，标志气的不同运动方向，造成不同性质的事物，"蒸谓之雨，散谓之风，炎谓之火，凝谓之冰"，这就形成万物表面上的差异性和多样性，"在地谓之理，在天谓之文"。那么气又是从哪里来的呢？他说："天地生于自然，万物生于天地"[2]，意即构成万

---

[1][2]　（曹魏）阮籍著，陈伯君校注：《阮籍集校注》卷上《达庄论》，中华书局1987年版，第138—139页。

物（天地）的"气"是自然的，自己如此的，倘若问"气"是从哪里来的，那便是否定了"气"的自然性，以外在因素来解释"气"的存在了。从阮籍的这些思想来看，他是用汉代气化论，从物质世界的统一性来谈"万物一体"这个问题。从哲学史来讲，阮籍并没有开创新的思路①，但他借汉代气化论来理解庄子"以天地为一物，万物为一指"的命题倒是在魏晋时期开了先河。

阮籍并没有局限在宇宙论上，他还使用了辨名析理的方法，试图从人的认识上来证明"万物一体"。他说："自然者无外，故天地名焉，天地者有内，故万物生焉。"②"天地"是万物的总名，是一个集合概念。正因为它是总名，故而"当其无外，谁谓异乎"；正因为它是集合概念，故而"当其有内，谁谓殊乎"③。从这个概念出发，任何事物都只不过是"天地"的一部分，所谓同异不过是看的角度不同，"大而临之，则至极无外；小而理之，则物有其制"④。这就好比须与眉的关系，虽然名称大不相同，但都是人的一部分，"别而言之，则须眉异名；合而说之，则体之一毛也"⑤，"故曰：自其异者视之，则肝胆楚越也；自其同者视之，则万物一体也"⑥。这段话几乎源自《庄子·德充符》的原

---

① 汤用彤：《王弼大衍义略释》，载《魏晋玄学论稿》，上海古籍出版社2001年版，第64页。相关研究可参见王晓毅：《"天地""阴阳"易位与汉代气化宇宙论的发展》，《孔子研究》2003年第4期。

②③⑥ （曹魏）阮籍著，陈伯君校注：《阮籍集校注》卷上《达庄论》，中华书局1987年版，第138—139页。

④⑤ 同上书，第142页。

文①。阮籍由此证明人与万物一体，不该抱有绝对的"我"的观念。他说倘若如"好异者不顾其本，各言我而已矣"，则是"残生害性，还为仇敌"，必将导致"祸乱作则万物残"的恶劣后果②。

从宇宙运行来看，万物也是一体的。在天地运行中，万物互相生成、互相影响、互为因果，使得彼此间原本就相对的界限变得更加不明，"故至道之极，混一不分，同为一体，得失无闻"③。阮籍从万物的相互关系来说明天地的部分与部分之间没有严格意义上的界限，这是用了思辨的方法。但他又从宇宙论的思路来说明万物之间的关系，所以他的论述始终带有内在的矛盾。阮籍将人事与万物混同，以论证万物同一的方法来论证人事的无善恶是非。无善恶是非的思想来源于《庄子·秋水》篇："知是非之不可为分"④，"以趣观之，因其所然而然之，则万物莫不然；因其所非而非之，则万物莫不非。"⑤庄子是从评判者视角的相对性来论证事物是非的相对性，阮籍将是非这一对相反的价值判断看成是与万物一样的实体，从万物运行的角度来讲善恶是非

---

① （清）郭庆藩著，王孝鱼点校：《庄子集释》卷1下《齐物论》："天下莫大于秋毫之末，而大山为小；莫寿于殇子，而彭祖为夭。"中华书局1961年版，第79页。

② （曹魏）阮籍著，陈伯君校注：《阮籍集校注》卷上《达庄论》，中华书局1987年版，第142页。

③ 同上书，第150页。

④ （清）郭庆藩著，王孝鱼点校：《庄子集释》卷6下《秋水》，中华书局1961年版，第574页。

⑤ 同上书，第578页。

之间界限的模糊性，以此将二者混同为一物，所以他说"善恶莫之分，是非无所争"①。人之有善恶是非之心，是因为没有看到善恶实为一体，如果能透彻地看到这一点，就会相应地"无是非之别，无善恶之异"②，故就其思想主体而言仍囿于气化论的实体思维。

阮籍在此隐而不发的观点是：人在天地运行面前微不足道。首先，万物及其变化根本无法为人所尽知。"大道之所存，莫畅其究，谁晓其根"③，"天不若道，道不若神。神者，自然之根也"④。天地运行出自自然，本来这就是道，但阮籍为了强调这种出于自然或处于自然的状态是以人之认知能力无法来解释的，故提出了"神"的范畴，并把它置于"道"之上，作为自然之终极根据，就这一点来看，他与庄子的思想已有不同。阮籍认为倘若自以为是而对万物强加干涉，就会残害物性，所以要"大均淳固，不贰其纪，清净寂寞，空豁以俟"，以无为来应待万物的变化，使"万物反其所而得其情也"⑤。其次，天地运动既不以人为目的，又不为人所测，故不会为人所用。"故求得者丧，争明者失，无欲者自足，空虚者受实"⑥，人之为得而求而争，终不会

---

① ⑤　（曹魏）阮籍著，陈伯君校注：《阮籍集校注》卷上《达庄论》，中华书局
　　　1987 年版，第 150 页。
②　（曹魏）阮籍著，陈伯君校注：《阮籍集校注》卷上《大人先生传》，中华书
　　　局 1987 年版，第 173 页。
③　同上书，第 188 页。
④　同上书，第 185 页。
⑥　（曹魏）阮籍著，陈伯君校注：《阮籍集校注》卷上《达庄论》，中华书局
　　　1987 年版，第 145 页。

得，所以要弃一己之私、之欲、之谋，要空虚，"夫山静而谷深者，自然之道也；得之道而正者，君子之实也"①。

天地万物运行有其固有方式，并不以人的意志为转移。"月弦则满，日朝则袭咸池，不留阳谷之上，而悬车之后将入也。"②对于人来讲这些是必然的，只能接受。以人之生死为例，"人生天地之中，体自然之形"，由气构成，"身者，阴阳之积气也"③。人之生死是气运动的结果，气聚为生，气散为死。气本身是不会消亡的，它的运动也不会停止。散而复聚，聚而复散，此之死不过意味着彼之生，死朝向生，生朝向死，"无穷之死犹一朝之生"④。生死都是气在运行的不同阶段中表现出来的暂时面貌，不具有永恒性和终极性。

既然生死不是绝对的，又不可避免，所以对待生死应该达观。阮籍似乎不满意仅用元气来解释人之生死，他继续用思辨的方法在认识层面来解决这个问题。他说："以生言之，则物无不寿，推之以死，则物无不夭。"⑤从不同的视角、不同的标准来看，事物之生死会呈现出的不同状况，既然如此，生死就不是绝对的了，"殇子为寿，彭祖为夭；秋毫为大，泰山为小。故以死生为一贯"⑥。阮籍的观点源自《庄子·齐物论》，甚至是照抄原文⑦。

---

① ② （曹魏）阮籍著，陈伯君校注：《阮籍集校注》卷上《达庄论》，中华书局1987年版，第145页。

③ ⑤ ⑥ 同上书，第140页。

④ （曹魏）阮籍著，陈伯君校注：《阮籍集校注》卷上《大人先生传》，中华书局1987年版，第176页。

⑦ （清）郭庆藩著，王孝鱼点校：《庄子集释》卷1下《齐物论》："天下莫大于秋毫之末，而大山为小；莫寿于殇子，而彭祖为夭。"中华书局1961年版，第79页。

生死既是相对的，就不应该固执于生或固执于死，"至人者，恬于生而静于死。生恬，则情不惑；死静，则神不离。故能与阴阳化而不易，从天地变而不移。生究其寿，死循其宜，心气平治，消息不亏"①，这才是得自然之理。阮籍这种对待死生的态度源于《庄子·刻意》，其言："圣人之生也天行，其死也物化。静而与阴同德，动而与阳同波。"②述而广之，在"至道之极，混一不分"的世界中，人绝对的自我观念，是非之心，和基于此二者的目的性行为，其实是无自知之明：既不明自己之为天地之一部分，又不明万物一体、混一不分的事实。其行为对自己及万物之性都是一种残害。人不仅不具有实现目的的充足行为能力——因为天地并非围绕着人的目的而运行，而且人行为的一切结果也只是天地运行的结果。人必然受到天地约束：人之生死如此，人之得失也如此。阮籍认为正确的人生态度是"至德之要，无外而已"③，也就是要"忽焉自已"④，在意识上将自己与天地等同，"故至人无宅，天地为客；至人无主，天地为所；至人无事，天地为故"⑤。这样，对于万物就会"不避物而处，所睹则宁；不以物

---

① （曹魏）阮籍著，陈伯君校注：《阮籍集校注》卷上《达庄论》，中华书局1987年版，第144页。
② （清）郭庆藩著，王孝鱼点校：《庄子集释》卷6上《刻意》，中华书局1961年版，第539页。
③ （曹魏）阮籍著，陈伯君校注：《阮籍集校注》卷上《达庄论》，中华书局1987年版，第150页。
④ 同上书，第152页。
⑤ （曹魏）阮籍著，陈伯君校注：《阮籍集校注》卷上《大人先生传》，中华书局1987年版，第173页。

为累，所遇则成"①，对于人也会"善接人者，导焉而已，无所逆之""清其质而浊其文"②，真正做到"与造物同体，天地并生，逍遥浮世，与道俱成，变化散聚，不常其形"③。"至人者，不知乃贵，不见乃神，神贵之道存乎内，而万物运于外矣。"④

阮籍将人生导入了绝对的无为，诚然，在诸如生死这样人无法控制的问题上，人应该认识到必然的约束，从而达观。但人之智谋的有限（不能完全掌握万物之性及其变化）和行为能力的有限（目的与结果往往不一致）并不能证明人必须无为。如果将人与万物放在同一层次上，人之有为也是万物之性的一种，人的活动与万物的运动一起呈现出更高一层次的整体性之天地的运行面貌。阮籍要求人无为正是过于看重人，把人放在高于万物足以影响天地运行的层面上。若以自然的观点，万物之变化、争斗亦为自然，又何必责人之有为。这些都是阮籍理论中的内在矛盾。

阮籍的庄学思想主要来自《庄子·齐物论》。他试图寻找一种合适的处世方式来超越现实的矛盾，进入逍遥自由的"达"的境界，所以他服膺庄子齐物的思想，把包括人在内的宇宙万物理解成一个混沌的整体，并以此否认自我观念、是非观念和有目的的作为。阮籍所理解的整体更多是宇宙论意义上的，即他所认为

---

① （曹魏）阮籍著，陈伯君校注：《阮籍集校注》卷上《大人先生传》，中华书局1987年版，第173页。
② （曹魏）阮籍著，陈伯君校注：《阮籍集校注》卷上《达庄论》，中华书局1987年版，第152页。
③ （曹魏）阮籍著，陈伯君校注：《阮籍集校注》卷上《大人先生传》，中华书局1987年版，第165页。
④ 同上书，第172页。

的客观实在，从思维方式上讲仍未脱离汉代气化论。但阮籍又用当时流行的辨名析理的玄学方法解读《庄子》，这就使他在论述同一问题时常常混合了对事实的描述和对事理的思辨，两者并没有好好地整合，这是阮籍思想的内在矛盾之处。从哲学史来看，阮籍的思维水平不及同时代的王弼，在创造性地理解《庄子》上他不如同为竹林名士的向秀。这是因为阮籍关注的是对庄学思想的身体力行，而非思想上的创新。故而，阮籍对庄学的贡献主要在于实践和传播庄子思想，开启了一种新士风，推动了庄学与易老并立为显学。

四、"释私"与"忽焉自已"：嵇康、阮籍之异同论

与阮籍不同，嵇康采用了心物二元论的论述方式。嵇康《释私论》提出了"心"的概念：

> 夫称君子者，心无措乎是非，而行不违乎道者也。
>
> 夫气静神虚者，心不存于矜尚；体亮心达者，情不系于所欲。矜尚不违乎心，故能越名教而任自然；情不系于所欲，故能审贵贱而通物情。①

---

① （曹魏）嵇康著，戴明扬校注：《嵇康集校注》卷6《释私论》，中华书局2014年版，第402页。

　　嵇康所论之心，有官能之心（"心无措乎是非"），亦有本体之心（"矜尚不违乎心"）。官能之心的运思方向是保存本体之心。本体之心，即自然之心。嵇康的自然，并非指"系于所欲"的个体本能，而是指向道。

　　"气静神虚"是嵇康"心"论的起点。语出《庄子·人间世》，"气也者，虚而待物者也，唯道集虚，虚者心斋也"①。意思是放弃各种感官与既存的观念，不感到自身的存在，这时内心的虚寂会与道合一。《大宗师》："堕肢体，黜聪明，离形去知，同于大通，此谓坐忘"②。"大通"之通，不仅仅是了解"道"、顺"道"而行，更是道我同体，随道俱往。嵇康借庄子的心斋、坐忘推导出"心不存于矜尚"，再推导出"越名教而任自然"，其内在逻辑皆以体道为中心。然而，嵇康不止于论证"任自然"的应然性，更在倡导实现"任自然"的方法。由此，"气静神虚""心不存于矜尚"便具有了工夫论意义，官能之心的作用亦被突显出来。心的运思方向将决定"任自然"的实现与否。

　　嵇康的这一论述在事实上承认了心的选择能力。《释私论》言："君子既有其质，又睹其鉴，贵夫亮达，希而存之，恶夫矜吝，弃而远之。"③嵇康将"亮达"与"矜吝"对举，并在二者间作出明确的好恶判断。"亮达"，即"体亮心达"。之所以"贵夫

①（清）郭庆藩著，王孝鱼点校：《庄子集释》卷2中《人间世》，中华书局1961年版，第147页。
②（清）郭庆藩著，王孝鱼点校：《庄子集释》卷3上《大宗师》，中华书局1961年版，第284页。
③（曹魏）嵇康著，戴明扬校注：《嵇康集校注》卷6《释私论》，中华书局2014年版，第405页。

亮达"而"恶夫矜吝",乃是因为前者是"审贵贱而通物情"的前提。嵇康以认识能力为标准裁断心之选择的优劣。

在嵇康的论述中,"亮达"与"矜吝"是非此即彼的关系。去"矜吝"则"释私","释私"即《庄子·逍遥游》所谓"至人无己"①。"释私"方可"不违乎道"。嵇康《卜疑(集)》言:"有宏达先生者,恢廓其度,寂寥疏阔,方而不制,廉而不割。"② 嵇康所言之"宏达",其实便是《齐物论》中的"天地与我并生,而万物与我为一"③。嵇康承认心的主动性,从心物对立开始,借由心的主动选择("释私")超越物我对立、与道合一。《晋阳秋》云山涛"雅素恢达,度量弘远,心存事外,而与时俯仰"④。"心存事外"之义正与嵇康"释私"相同。

在阮籍的论述中,官能之心基本不用("清净寂寞,空豁以俟"),以此为方法"忽焉自已",达到与嵇康"释私"相似的结果。竹林名士中,与阮籍思想接近的是刘伶,他在所著《酒德颂》中说:

> 有大人先生者,以天地为一朝,万期为须臾,日月为户

---

① (清)郭庆藩著,王孝鱼点校:《庄子集释》卷1上《逍遥游》,中华书局1961年版,第17页。

② (曹魏)嵇康著,戴明扬校注:《嵇康集校注》卷3《卜疑》,中华书局2014年版,第235页。

③ (清)郭庆藩著,王孝鱼点校:《庄子集释》卷1下《齐物论》,中华书局1961年版,第79页。

④ (南朝宋)刘义庆著,(南朝梁)刘孝标注,余嘉锡笺疏,周祖谟等整理:《世说新语笺疏》卷下之上《贤媛》"山公与嵇、阮一面"条刘注引《晋阳秋》,中华书局2007年版,第799页。

髃，八荒为庭衢。行无辙迹，居无室庐，幕天席地，纵意
所如。①

这一论述亦本于《庄子·齐物论》："天地与我并生，而万物
与我为一"②刘伶要突破时空的羁绊，与天地万物同体，在精神
境界上获得超越现实的自由（"幕天席地，纵意所如"）。《名士传》
还载刘伶：

> 常乘鹿车，携一壶酒，使人荷锸随之，云："死便掘地
> 以埋。"土木形骸，遨游一世。③

虽然嵇康、阮籍有关"心"的理解不同，修心的途径有异，
但二者对道我合一的追求则是一致的。这成为魏晋风度的重要理
论根基。

---

①③ （南朝宋）刘义庆著，（南朝梁）刘孝标注，余嘉锡笺疏，周祖谟等整理：
《世说新语笺疏》卷上之下《文学》"刘伶著《酒德颂》"条注引《竹林七
贤论》，《名士传》，中华书局 2007 年版，第 296 页。
② （清）郭庆藩著，王孝鱼点校：《庄子集释》卷 1 下《齐物论》，中华书局
1961 年版，第 79 页。

第四章　名士风度的传承与流变

一、阮籍：魏晋风度之启

阮籍思想已然逸出儒家范围，其《达庄论》《大人先生传》均是对庄学思想的继承与发展，故其被看作是标志性人物。虞预"其论阮籍裸袒，比之伊川被发，所以胡虏遍于中国，以为过衰周之时"①。《文选》卷四十九干宝《晋纪总论》说两晋"风俗淫僻，耻尚失所，学者以老庄为宗，而黜六经；谈者以虚薄为辩，而贱名俭；行身者以放浊为通，而狭节信"，又说"观阮籍之行，而觉礼教崩弛之所由"②，是将两晋宗老庄、尚通达之风俗归因于阮籍之影响。③《晋书·裴秀附子颁传》载阮籍"素有高名

① 《晋书》卷82《虞预传》，第2147页。
② （南朝梁）萧统编、（唐）李善注：《文选》，中华书局1977年版，第692—693页。
③ 相关研究可参见王晓毅：《阮籍〈达庄论〉与汉魏之际庄学》，《史学月刊》2004年第2期。尚建飞：《自然与任自然——阮籍、嵇康对老庄德论的诠释》，《中国哲学史》2019年第5期。

于世"①，成书于两晋之际的《抱朴子外篇·刺骄》也称"世人闻戴叔鸾、阮嗣宗傲俗自放，见谓大度。而不量其材力，非傲生之匹而慕学之"②，足见阮籍对于时俗之影响。《世说新语·德行》篇"王平子、胡毋彦国诸人"条刘注引王隐《晋书》载：

> 魏末阮籍嗜酒荒放，露头散发，裸袒箕踞。其后贵游子弟阮瞻、王澄、谢鲲、胡毋辅之之徒，皆祖述于籍，谓得大道之本。故去巾帻，脱衣服，露丑恶，同禽兽。甚者名之为通，次者名之为达也。③

谢鲲等脱衣裸形之行为又见《晋书·光逸传》：谢鲲、胡毋辅之等八人"散发裸裎，闭室酣饮""不舍昼夜"，被时人称为"八达"④。王澄、谢鲲等为元康名士，但"逮晋之初"就"竞以裸裎为高"了⑤。他们将裸裎的行为自觉地追宗于阮籍，认为是"得大道之本"。所谓"得大道之本"，当是出于阮籍《大人先生传》中"至人无宅，天地为客；至人无主，天地为所；至人无事，天地为故"的思想⑥。

---

① 《晋书》卷35《裴秀附子頠传》，第1044页。
② （东晋）葛洪著，杨明照校笺：《抱朴子外篇校笺》下册卷27《刺骄》，中华书局1997年版，第29页。
③ （南朝宋）刘义庆著，（南朝梁）刘孝标注，余嘉锡笺疏，周祖谟等整理：《世说新语笺疏》卷1《德行》，中华书局2007年版，第29—30页。
④ 《晋书》卷49《光逸传》，第1385页。
⑤ 《晋书》卷91《儒林传》，第2360页。
⑥ （曹魏）阮籍著，陈伯君校注：《阮籍集校注》卷上《大人先生传》，中华书局1987年版，第173页。

阮籍的事迹主要保存在《世说新语》和《晋书》本传中，其中有关他生死态度的记载，多数是在他母亲去世时的废礼行为。

> 籍母将死，与人围棋如故，对者求止，籍不肯，留与决赌。既而饮酒三斗，举声一号，呕血数升，废顿久之。[①]
>
> 阮籍遭母丧，在晋文王坐进酒肉。[②]
>
> 阮籍当葬母，蒸一肥豚，饮酒二斗，然后临诀。直言"穷矣"！都得一号，因吐血，废顿良久。[③]
>
> 阮步兵丧母，裴令公（刘注："楷也。"）往吊之，阮方醉，散发坐床，箕踞不哭。[④]

从阮籍母将死到归葬丧礼，阮籍都极力想学庄子鼓盆而歌，不以死生为累，表现出对生死的达观，所以他"与人围棋如故""进酒肉""蒸一肥豚，饮酒二斗""方醉，散发坐床，箕踞不哭"。在"以名教治天下"的社会里，这引起了很大的争议，何曾认为应该将阮籍"流之海外，以正风教"[⑤]。

---

① （南朝宋）刘义庆著，（南朝梁）刘孝标注，余嘉锡笺疏，周祖谟等整理：《世说新语笺疏》卷23《任诞》注引邓粲《晋纪》，中华书局2007年版，第859页。

② 同上书，第854页。

③ 同上书，第859页。

④ 同上书，第862页。

⑤ 同上书，第855页。相关研究可参见徐国荣：《六朝名士的情礼之争》，《文史哲》2000年第3期。邓名瑛：《感性追求与特立独行——魏晋南北朝的士风》，《伦理学研究》2008年第6期。张旭华：《两晋时期的丧礼实践与中正清议》，《史学月刊》2011年第12期。

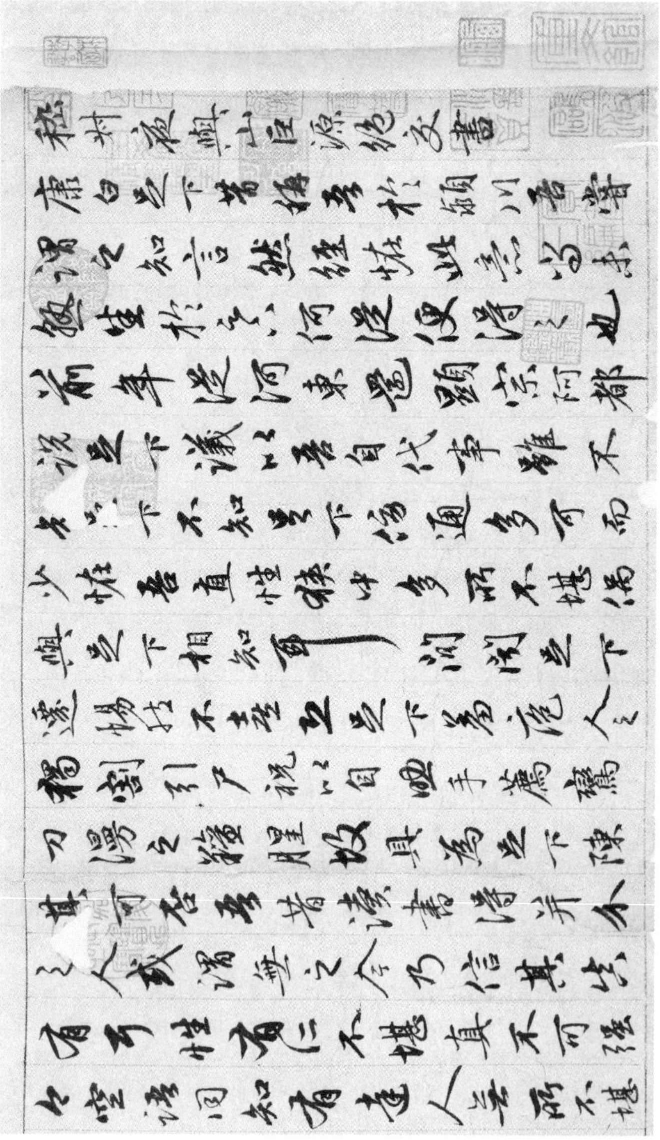

图1 《嵇叔夜与山巨源绝交书》，（元）赵孟頫，现藏于台北"故宫博物院"

嵇康在《与山巨源绝交书》中云："阮嗣宗口不论人过。"①
司马昭也称："阮嗣宗至慎，每与之言，言皆玄远，未尝臧否人
物"②。可见阮籍尽量做到"无是非之别，无善恶之异"。同样，
对社会所强加的是非观念，阮籍向来也是嗤之以鼻。

> 阮籍嫂尝还家，籍见与别。或讥之（刘孝标注：《曲礼》：
> "嫂叔不通问。"故讥之。），籍曰："礼岂为我辈设也？"③
> 阮公邻家妇有美色，当垆酤酒。阮与王安丰尝从妇饮
> 酒，阮醉，便眠其妇侧。夫始殊疑之，伺察，终无他意。④

《晋书》本传由此评价说："其外坦荡而内淳至"⑤。这种处世
方式也体现在他的政治态度上，丝毫不以臣道为是。

> 晋文王功德盛大，坐席严敬，拟于王者。唯阮籍在坐，
> 箕踞啸歌，酣放自若。⑥
> 步兵校尉缺，厨中有贮酒数百斛，阮籍乃求为步兵校尉。⑦
> （阮）籍放诞有傲世情，不乐仕宦。晋文帝亲爱籍，恒

---

① 《晋书》卷49《嵇康传》，第1371页。
② （南朝宋）刘义庆著，（南朝梁）刘孝标注，余嘉锡笺疏，周祖谟等整理：
　《世说新语笺疏》卷1《德行》，中华书局2007年版，第21页。
③④ （南朝宋）刘义庆著，（南朝梁）刘孝标注，余嘉锡笺疏，周祖谟等整理：
　《世说新语笺疏》卷23《任诞》，中华书局2007年版，第859页。
⑤ 《晋书》卷49《阮籍传》，第1361页。
⑥ （南朝宋）刘义庆著，（南朝梁）刘孝标注，余嘉锡笺疏，周祖谟等整理：
　《世说新语笺疏》卷24《简傲》，中华书局2007年版，第899页。
⑦ （南朝宋）刘义庆著，（南朝梁）刘孝标注，余嘉锡笺疏，周祖谟等整理：
　《世说新语笺疏》卷23《任诞》，中华书局2007年版，第858页。

与谈戏，任其所欲，不迫以职事。籍尝从容曰："平生曾游东平，乐其土风，愿得为东平太守。"文帝说，从其意。籍便骑驴径到郡，皆坏府舍诸壁障，使内外相望，然后教令清宁。十余日，便复骑驴去。①

阮籍为官的动机超越了心存是非之有为，既能为"贮酒数百斛"，又能为"乐其风土"。他还将无是非之心贯彻到行政原则中去，"坏府舍诸壁障"，又"教令清宁"。

诸阮皆能饮酒，仲容至宗人间共集，不复用常杯斟酌，以大瓮盛酒，围坐，相向大酌。时有群猪来饮，直接去上，便共饮之。②

阮咸诸人与猪共饮，当是接受阮籍"不避物而处，所睹则宁；不以物为累，所遇则成"的处世态度。与阮籍思想接近的还有刘昶。

刘公荣与人饮酒，杂秽非类，人或讥之。答曰："盛公荣者，不可不与饮；不如公荣者，亦不可不与饮；是公荣辈

---

① （南朝宋）刘义庆著，（南朝梁）刘孝标注，余嘉锡笺疏，周祖谟等整理：《世说新语笺疏》卷23《任诞》注引《文士传》，中华书局2007年版，第858页。
② （南朝宋）刘义庆著，（南朝梁）刘孝标注，余嘉锡笺疏，周祖谟等整理：《世说新语笺疏》卷23《任诞》，中华书局2007年版，第863页。

者，又不可不与饮。”①

刘昶做到了“善接人者，道焉而已，无所逆之”。《世说新语》该条刘注引《晋阳秋》称“昶为人通达”。《庄子·让王》篇有："君子通于道之谓通。"②《秋水》篇："知道者必达于理，达于理者必明于权，明于权者不以物害己。"③“通”“达”都是针对道而言的。只有“与道具成，变化散聚，不常其形”，才能真正通达，也就“忽焉自已”，做到“至人无宅，天地为客；至人无主，天地为所；至人无事，天地为故”。

与阮籍同为竹林名士的刘伶，也服膺庄子，《世说新语·文学》“刘伶著《酒德颂》”条注引《名士传》称其“肆意放荡，以宇宙为狭”。

> 刘伶恒纵酒放达，或脱衣裸形在屋中，人见讥之。伶曰："我以天地为栋宇，屋室为裈衣，诸君何为入我裈中？"④

如同阮籍要“廓无外以为宅，周宇宙以为庐”，刘伶也要突

---

① （南朝宋）刘义庆著，（南朝梁）刘孝标注，余嘉锡笺疏，周祖谟等整理：《世说新语笺疏》卷23《任诞》，中华书局2007年版，第857页。

② （清）郭庆藩著，王孝鱼点校：《庄子集释》卷9下《让王》，中华书局1961年版，第982页。

③ （清）郭庆藩著，王孝鱼点校：《庄子集释》卷6下《秋水》，中华书局1961年版，第588页。

④ （南朝宋）刘义庆著，（南朝梁）刘孝标注，余嘉锡笺疏，周祖谟等整理：《世说新语笺疏》卷23《任诞》，中华书局2007年版，第858页。

破时空的羁绊，与天地万物同体，在精神境界上获得超越现实的自由，即"幕天席地，纵意所如"。刘伶裸体，正是体现了这样一种精神境界，因此他反诘那些讥讽他的守礼"诸君"为什么要钻进他意念中的裤裆。①

然而，《庄子》描述的只是一种理想的境界，阮籍虽然希望通达生死，但他仍"举声一号，呕血数升，废顿久之""直言'穷矣'！都得一号，因吐血，废顿良久"，可见并未忘情于生死。

> 籍邻家处子有才色，未嫁而卒。籍与无亲，生不相识，往哭，尽哀而去。②

这更可说明了阮籍对于生命的留念。他虽然"口不论人过""未尝臧否人物"，"见凡俗之士"却"以白眼对之"，仍有是非之别。

> 嵇喜字公穆，历扬州刺史，康兄也。阮籍遭丧，往吊之。籍能为青白眼，见凡俗之士，以白眼对之。及喜往，籍不哭，见其白眼，喜不怿而退。康闻之，乃赍酒挟琴而造

① 相关研究可参见谭荣培：《论魏晋时期自然审美思想》，《湖南师范大学社会科学学报》1999年第1期。王婉婉、郭其智：《魏晋士人的时间生命意识与艺术选择》，《求索》2011年第2期。刘康德：《"浑沌"三性——庄子"浑沌"说》，《清华大学学报（哲学社会科学版）》2014年第2期。
② （南朝宋）刘义庆著，（南朝梁）刘孝标注，余嘉锡笺疏，周祖谟等整理：《世说新语笺疏》卷23《任诞》注引王隐《晋书》，中华书局2007年版，第859页。

之，遂相与善。①

　　尝登广武，观楚汉战处，叹曰："时无英雄，使竖子成名！"登武牢山，望京邑而叹，于是赋《豪杰诗》。②

　　《晋书》本传说："籍本有济世志，属魏晋之际，天下多故，名士少有全者，籍由是不与世事，遂酣饮为常。"③阮籍仍有有为之心，他企羡庄子是因为无法在现实中实现理想，但庄子的境界又难以达到，所以只有更加痛苦。④

　　时率意独驾，不由径路，车迹所穷，辄恸哭而反。⑤

　　阮籍信奉《庄子》，却又说"庄周之书何足道哉"⑥，可见庄子在他心中只是一个虚幻的避难所。尽管如此，阮籍对庄子思想的实践还是起到了开启魏晋新士风的作用，这是魏晋时人"皆祖述于籍"的缘由所在。

───────────────

① （南朝宋）刘义庆著，（南朝梁）刘孝标注，余嘉锡笺疏，周祖谟等整理：《世说新语笺疏》卷24《简傲》注引《晋百官名》，中华书局2007年版，第903页。
② 《晋书》卷49《阮籍传》，第1361页。
③ 同上书，第1360页。
④ 相关研究可参见郑晓江：《保身全生　养亲尽年——阮嗣宗生死智慧探微》，《中州学刊》2007年第1期。时代变局下相似的士人处境还可见之于李密，参见张海明：《李密〈陈情表〉别解》，《求是学刊》2009年第5期。
⑤ 《晋书》卷49《阮籍传》，第1361页。
⑥ （曹魏）阮籍著，陈伯君校注：《阮籍集校注》卷上《达庄论》，中华书局1987年版，第36页。

二、元康"任情极性"论

王隐《晋书》以阮籍为西晋名士所祖述之人，这一记述是基于对魏晋历史的通观性理解。著名隐士戴逵则强调阮籍与祖述他的晋人不同，并对二者作了区别：

> 若元康之人，可谓好循迹而不求其本，故有捐本循末之弊，舍实逐声之行，是犹美西施而学其矉眉，慕有道而折其巾角，所以为慕者，非其所以为美，徒贵貌似而已矣。夫紫之乱朱，以其似朱也。故乡原似中和，所以乱德，放者似达，所以乱道。然竹林之为放，有疾而为颦者也，元康之为放，无德而折巾者也，可无察乎！①

戴逵提出了"元康之人"的范畴。元康是晋惠帝年号，东晋士风乃接续元康士风而来。戴逵批判"元康之人"，隐含着针对元康以降至于东晋士风之意。对"元康之人"的批判，始于东晋初年，应詹曾上疏云：

> 元康以来，贱经尚道，以玄虚宏放为夷达，以儒术清俭

① 《晋书》卷 94《隐逸传》，第 2457—2458 页。

为鄙俗。永嘉之弊，未必不由此也。①

《抱朴子外篇·疾谬》亦批判时人：

> 蓬发乱鬓，横挟不带，或褒衣以接人，或裸袒而箕踞……终日无及义之言，彻夜无箴规之益。诬引老庄，贵于率任，大行不顾细体，至人不拘检括，啸傲纵逸，谓之体道。②

东晋初年的重要批评者还有卞壸，邓粲《晋纪》载：

> 咸和中，贵游子弟能谈嘲者，慕王平子、谢幼舆等为达。（卞）壸厉色于朝曰："悖礼伤教，罪莫斯甚！中朝倾覆，实由于此！欲奏治之。③

戴逵对"元康之人"持批判态度，乃东晋舆论界的惯常做法。④ 戴逵在否定"元康之为放"的同时，肯定了"竹林之

---

① 《晋书》卷70《应詹传》，第1858—1859页。

② （东晋）葛洪著，杨明照校笺：《抱朴子外篇校笺》上册卷25《疾谬》，中华书局1991年版，第631页。

③ （南朝宋）刘义庆著，（南朝梁）刘孝标注，余嘉锡笺疏，周祖谟等整理：《世说新语笺疏》卷8《赏誉》"王丞相云"条注引邓粲《晋纪》，中华书局2007年版，第537页。

④ 王永平：《东晋时期对玄化任诞风的反省与批判思潮》，《江苏大学学报（社会科学版）》2010年第6期。李济沧：《魏晋贵族体制的形成与乡论》，《江海学刊》2014年第3期。

为放"。他认为元康"放者似达，所以乱道"。在《竹林七贤论》中，戴逵进一步批评元康时人，"彼非玄心，徒利其纵恣而已"①。戴逵将有无"玄心"视作"得大道之本"的重要标准。

在戴逵看来，嵇、阮皆有"玄心"，竹林之"达"缘于体道与合道。戴逵否定元康之"达"，正是因为"彼非玄心，徒利其纵恣而已"，即停留在嵇康所批评的"心存乎矜尚""情系乎所欲"的层面。事实上，"元康之人"即便是"利其纵恣"，亦有不同于嵇、阮的理论依据。这些思想主要留存于东晋人张湛的《列子注》中。②其言曰：

> 达于理者，知万物之无常，财货之暂聚。聚之，非我之功也，且尽奉养之宜；散之，非我之施也，且明物不常聚。若斯人者，岂名誉所劝、礼法所拘哉？③

张湛主张顺应万物无常之理，不执着于物之聚散，也要以无常之身不拘名誉、礼法。"若夫刻意从俗，违性顺物，失当身之暂乐，怀长愁于一世；虽支体且存，实邻于死者"④。在张湛

---

① （南朝宋）刘义庆著，（南朝梁）刘孝标注，余嘉锡笺疏，周祖谟等整理：《世说新语笺疏》卷23《任诞》，中华书局2007年版，第863页。
② 相关研究可参见王晓毅：《张湛家世生平与所著〈列子注〉考》，《东岳论丛》2004年第6期。庄庭兰、刘晓东：《张湛〈列子注〉玄学论略》，《山东师范大学学报（人文社会科学版）》2006年第3期。王光照、卞鲁晓：《20世纪〈列子〉及张湛注研究述略》，《安徽大学学报（哲学社会科学版）》2008年第2期。
③ （东晋）张湛注，杨伯峻集释：《列子集释》，中华书局1979年版，第240页。
④ 同上书，第238页。

看来，倘若"刻意从俗""以仁义为关键，用礼教为衿带"，就是"违性顺物""是不达乎生生之极也"。他认为在无常的人生里应该珍惜每一刻，要享受"当身之暂乐"，要"肆性情之所安，耳目之所娱"，否则便是"怀长愁于一世""虽支体且存，实邻于死"①。张湛站在重生的立场，从万物无常、人生短暂中感受到享受生命的紧迫感，因极力主张"任情极性"，以"尽当生之乐"，反对"惜名拘礼"。

张湛"任情极性"论以"万物无常"为前提，而"万物无常"则是基于宇宙生成论得出的结论。张湛说：

> 夫生者一气之暂聚，一物之暂灵，暂聚者终散，暂灵者归虚。②

张湛把万物生死看作是气的运动，因气的流变性而导致万物仅具暂时性。张湛从"气"理解宇宙论问题，再由宇宙论推导出人生观。这一思考范式与阮籍相同，但张湛从宇宙生成论中发展出对生命时间的理解面向，由此倡导"任情极性"。

由此可见，元康之"达"亦有玄学学理支持，只是申发方向与嵇康、阮籍相反，在"心存乎矜尚""情系乎所欲"上推到极致而"任情极性"。如果单从形而上层面比较，二者是运思方向的不同，但从伦理角度切入，二者则截然相背。嵇康通向"审贵贱而通物情"，阮籍通向"万物反其所而得其情"，在物我关系上追求对物的成全。元康之人则缺乏这一面向。

---

①② （东晋）张湛注，杨伯峻集释：《列子集释》，中华书局 1979 年版，第 227 页。

三、名士风度中的物我关系

与嵇康关注心的认识能力及选择能力不同，阮籍的关注点在于性的至淳。《世说新语·任诞》篇记载阮籍醉卧于"当垆酤酒"邻家美妇旁，已见前引。《晋书》本传在采信该轶事之后称"籍既不自嫌，其夫察之，亦不疑也……（籍）其外坦荡而内淳至，皆此类也"①。"内淳至"，无他杂念，故能"外坦荡"，畅所欲为。张湛学说主张"任情极性"，在任性这一点上正是接续了阮籍。

在东晋时论中，"任情极性"被称为"任达"。② 如王徽之有著名的雪夜访戴的故事，《中兴书》评价王徽之"任性放达"。③再如谢尚被孙绰评价为"清易令达"④。《世说新语·赏誉》篇也说："世目谢尚为'令达'。阮遥集云：'清畅似达'。或云：尚自然令上。"其注引《晋阳秋》曰："尚率易挺达，超悟令上也。"⑤在诸多评价，除阮孚只承认他是"似达"外，几乎所有的评

---

① 《晋书》卷 49《阮籍传》，第 1361 页。
② 牟发松：《说"达"——以魏晋士风问题为中心》，《许昌学院学报》2003 年第 1 期。
③ （南朝宋）刘义庆著，（南朝梁）刘孝标注，余嘉锡笺疏，周祖谟等整理：《世说新语笺疏》卷 23《任诞》，中华书局 2007 年版，第 893 页。
④ （南朝宋）刘义庆著，（南朝梁）刘孝标注，余嘉锡笺疏，周祖谟等整理：《世说新语笺疏》卷 9《品藻》，中华书局 2007 年版，第 617 页。
⑤ （南朝宋）刘义庆著，（南朝梁）刘孝标注，余嘉锡笺疏，周祖谟等整理：《世说新语笺疏》卷 8《赏誉》，中华书局 2007 年版，第 566 页。

图 2　《雪夜访戴图》，（明）夏葵，现藏于美国芝加哥美术学院

价都认为是"达"，而且冠以"令"字。"令"，意为美好。《诗经·小雅·角弓》："此令兄弟，绰绰有裕；不令兄弟，交相为与愈。"郑玄笺："令，善也。"[1] 观谢尚之行，最能体现其"达"的是《世说新语·任诞》所载："王长史、谢仁祖同为王公掾。长史云：'谢掾能作异舞。'谢便起舞，神意甚暇。王公熟视，谓客曰：'使人思安丰。'"安丰指王戎。刘孝标的注解是："戎性通任，尚类之。"《语林》载谢尚所跳之舞为"洛市肆工鸲鹆舞"[2]。谢尚之舞完全出自酒酣而性之所至，既不理会场合，也不顾及身份，更不在乎舞蹈之形式及性质内容，这种"任情极性"被予以"令达"的佳评。

值得注意的是，任达是"独"的表现。《晋书·阮籍传》："籍容貌瑰杰，志气宏放，傲然独得，任性不羁。"[3] 梁祚《魏国统》描述刘伶："肆意放荡，悠焉独畅，自得一时，常以宇宙为狭。"[4]《支遁别传》："遁任心独往，风期高亮。"[5] "道"外无他，故为"独"。然而，"独"意味着并非总能与时论相合，更多情况下带来的是冲突。《世说新语·任诞》篇："阮籍遭母丧，在晋文王坐进酒肉。司隶何曾亦在座，曰：明公方以孝治天下，而阮籍

---

① 王先谦集疏：《诗三家义集疏》，中华书局 1987 年版，第 795 页。

② （南朝宋）刘义庆著，（南朝梁）刘孝标注，余嘉锡笺疏，周祖谟等整理：《世说新语笺疏》卷 23《任诞》，中华书局 2007 年版，第 878 页。

③ 《晋书》卷 49《阮籍传》，第 1359 页。

④ （南朝宋）刘义庆著，（南朝梁）刘孝标注，余嘉锡笺疏，周祖谟等整理：《世说新语笺疏》卷 14《容止》，中华书局 2007 年版，第 720 页。

⑤ （南朝宋）刘义庆著，（南朝梁）刘孝标注，余嘉锡笺疏，周祖谟等整理：《世说新语笺疏》卷 8《赏誉》，中华书局 2007 年版，第 557 页。

以重丧，显于公坐饮酒食肉，宜流之海外，以正风教。……籍饮啖不辍，神色自若。"刘注引干宝《晋纪》："何曾尝谓阮籍曰：卿恣情任性，败俗之人也。"[①] 阮籍居丧不拘礼，照常喝酒吃肉，于他而言是"傲然独得""任性不羁"，但对以孝治天下的司马氏统治是公开的挑战，所以遭到当面弹劾。

　　因此，当道成为"独"时，便会出现物我关系的紧张。除上举阮籍之例外，又如谢鲲，他被《晋书》评价为"任达不拘"[②]。《江左名士传》记载："邻家有女，尝往挑之。女方织，以梭投折其两齿。既归，傲然长啸曰：'尤不废我啸歌。'"[③] 邓粲《晋纪》说："世为谣曰：'任达不已，幼舆折齿。'"[④] 可知谢鲲"任达"是被舆论取笑的。然而，谢鲲的应对却是"傲然长啸"。《江左名士传》称谢鲲"通简有识，不修威仪，好迹逸而心整，形浊而言清"[⑤]。"心整"即"通简有识"，以此为得道，并坚持道之"独"。

　　《世说新语·任诞》：

　　　　阮步兵丧母，裴令公往吊之。阮方醉，散发坐床，箕踞不哭。裴至，下席于地，哭吊唁毕，便去。或问裴："凡吊，主人哭，客乃为礼。阮既不哭，君何为哭？"裴曰："阮方外

---

① （南朝宋）刘义庆著，（南朝梁）刘孝标注，余嘉锡笺疏，周祖谟等整理：《世说新语笺疏》卷23《任诞》，中华书局2007年版，第855页。
② 《晋书》卷49《谢鲲传》，第1377页。
③⑤ （南朝宋）刘义庆著，（南朝梁）刘孝标注，余嘉锡笺疏，周祖谟等整理：《世说新语笺疏》卷8《赏誉》，中华书局2007年版，第563页。
④ （南朝宋）刘义庆著，（南朝梁）刘孝标注，余嘉锡笺疏，周祖谟等整理：《世说新语笺疏》卷9《品藻》，中华书局2007年版，第608页。

之人，故不崇礼制；我辈俗中人，故以仪轨自居。"时人叹
为两得其中。①

《名士传》所载相同，对裴楷的评价是"其安同异如此"。戴
逵的进一步解说是："若裴公之制吊，欲冥外以护内，有达意也，
有弘防也。"② "安同异"即"两得其中"。"达意"即能"安异""冥
外"，"弘防"指"护内"，即固守本道。冥外才能护内，"内"是
"冥外"后之"内"，也就是超越物我两立而与道合一之"内"。③
如果不能"安同异"，那便是嵇康所言之"矜尚"与"有所
欲"了。

"安同异"，为物我关系提供了重要的伦理原则。阮籍《达庄
论》言："善接人者，道焉而已，无所逆之。"④ 这也被称为"调
达"。《晋书·桓伊传》：

> 帝命伊吹笛。伊神色无迕，即吹为一弄，乃放笛云："臣
> 于筝分乃不及笛，然自足以韵合歌管，请以筝歌，并请一吹笛
> 人。"帝善其调达，乃敕御妓奏笛。伊又云："御府人于臣必自
> 不合，臣有一奴，善相便串。"帝弥赏其放率，乃许召之。⑤

---

①② （南朝宋）刘义庆著，（南朝梁）刘孝标注，余嘉锡笺疏，周祖谟等整理：
《世说新语笺疏》卷23《任诞》，中华书局2007年版，第862页。

③ 周文俊认为这是"将无同"下自然与名教的各安其事，参见氏作《"将无同"
的本旨与别诠——从〈晋书〉〈世说新语〉的文本差异切入》，《哲学研究》
2021年第4期。

④ （曹魏）阮籍著，陈伯君校注：《阮籍集校注》卷上《达庄论》，中华书局
1987年版，第156页。

⑤ 《晋书》卷81《桓伊传》，第2118—2119页。

《世说新语·任诞》"王子猷出都"条注引《续晋阳秋》所记略同①。在桓伊看来，人的身份等级都不重要，重要的是音乐的和谐。在乐曲的协奏中，物我互通声息、共存共荣。

葛洪在《抱朴子外篇·疾谬》中说："才不逸伦，强为放达。"②"达"的根基是体道，表现的是与道合一的生命情态，以"独"自得，"安同异"而处人。"达"是从学问、心境出发的自我教化，需要的是知识与修养，即葛洪所言的"逸伦之才"。

在玄学家的理论体系中圆融自洽的"达"，在实践中实难以为多数人所做到。而且，"达"在批判现实的立场上具有一种先验性。从这个意义上说，以"达"来描述具体的生命情态，均为比附或神化。在社会语言中，"达"具有了话语权威，这是葛洪所言"才不逸伦，强为放达"的原因。③

以"达"自处，在精神上傲俗，被称为"傲达"。《晋书》卷四十三史臣曰："平子肆情傲物……澄之箕踞，不已甚矣。若乃解袒登枝，裸形扪鹊，以此为达，谓之高致，轻薄是效，风流讵及。"④"解袒登枝，裸形扪鹊"指上文所说《世说新语·简傲》载王澄裸形上树取鹊之事⑤，王澄自己理解为"达"，实质是为了"养望"而进行的表演。在《晋书》作者看来这是对时贤的怠慢，

---

① （南朝宋）刘义庆著，（南朝梁）刘孝标注，余嘉锡笺疏，周祖谟等整理：《世说新语笺疏》卷 23《任诞》，中华书局 2007 年版，第 894 页。

② （东晋）葛洪著，杨明照校笺：《抱朴子外篇校笺》上册卷 25《疾谬》，中华书局 1991 年版，第 619—620 页。

③ 李勇强：《葛洪对玄学的反思》，《贵州社会科学》2013 年第 6 期。

④ 《晋书》卷 43《乐广传》，第 1246 页。

⑤ （南朝宋）刘义庆著，（南朝梁）刘孝标注，余嘉锡笺疏，周祖谟等整理：《世说新语笺疏》卷 24《简傲》，中华书局 2007 年版，第 906 页。

"肆情傲物"，评价为"轻薄"。

《世说新语·品藻》载拥有"爽气西来""桓署问马"等许多著名故事的王徽之与弟献之共赏嵇康所作之《高士传》时，王献之赏"井丹高洁"，而王徽之云："未若'长卿慢世'。"刘注引《高士传》评井丹"不慕荣华""不交非类"，而评司马相如为"慢世""越礼自放"[①]。从中可见王徽之更欣赏并追求"慢世"之"达"。他公开赞誉"慢世"，更是一种傲达的表现，所以《晋书》本传在引用该条之后说"其傲达若此"[②]。《世说新语·任诞》"王子猷尝暂寄人空宅住"条引《中兴书》："徽之卓荦不羁，欲为傲达，放肆声色颇过度，时人钦其才，秽其行也。"[③]

"傲达"一词有明确所指，即以"傲"为"达"。东晋名士是有意识地以"傲"为"达"，将带贬义的"傲达"用在对自身的肯定上。"达"由此成为名士标识。嵇康"释私"、阮籍"空豁"演变为元康及东晋"任情极性"之"达"，在形式上虽有类似性，但在思想层面上却是重要的断裂。

---

① （南朝宋）刘义庆著，（南朝梁）刘孝标注，余嘉锡笺疏，周祖谟等整理：《世说新语笺疏》卷9《品藻》，中华书局 2007 年版，第 642 页。
② 《晋书》卷 80《王徽之传》，第 2103 页。
③ （南朝宋）刘义庆著，（南朝梁）刘孝标注，余嘉锡笺疏，周祖谟等整理：《世说新语笺疏》卷 23《任诞》，中华书局 2007 年版，第 893 页。

· 第三编 ·

无为

政治玄学与
门阀社会

第五章　政治玄学与无为之风

一、"太康以来，天下共尚无为"

对于晋代士风，《晋书·儒林传序》曾有这样的概括：

> 有晋始自中朝，迄于江左，莫不崇饰华竞，祖述虚玄，摈阙里之典经，习正始之余论，指礼法为流俗，目纵诞以清高，遂使宪章弛废，名教颓毁。①

在《晋书》作者看来，晋代士风"华竞"而"虚玄"的主要原因是学术风尚由儒入玄。思想上的崇玄废儒导致行为上的纵诞违礼，后果是"宪章弛废"与"名教颓毁"，即政治秩序与社会秩序的混乱。早在西晋建立之初，傅玄就对玄学思潮所可能带来的

① 《晋书》卷91《儒林传序》，第2346页。

破坏表示了深切的担忧：

> 近者魏武好法术，而天下贵刑名；魏文慕通达，而天下
> 贱守节。其后纲维不摄，而虚无放诞之论盈于朝野，使天下
> 无复清议，而亡秦之病复发于今。①

傅玄重视统治者的社会影响，他认为当时朝野上下盛行的
"虚无放诞之论"已经改变了社会舆论，导致以名教为准绳的清
议消失，其后果是动摇了统治秩序，这将使国家重蹈秦亡的覆
辙。② 傅玄所谓"虚无放诞之论"指以玄学为思想基础的各类言
论。《世说新语·言语》篇载：

> 晋武帝始登阼，探策得"一"。王者世数，系此多少。
> 帝既不说，群臣失色，莫能有言者。侍中裴楷进曰："臣闻
> 天得一以清，地得一以宁，侯王得一以为天下贞。"帝说，
> 群臣叹服。③

　　刘注引王弼《老子注》云："一者，数之始，物之极也。各
是一物，所以为主也。各以其一，致此清、宁、贞。"④
　　朝廷之上，裴楷以王弼玄学解释"探策得'一'"，使晋

---

① 《晋书》卷47《傅玄传》，第1317—1318页。
② 王永平：《西晋时期士风之任诞及其批判与反省思潮》，《徐州师范大学学报
（哲学社会科学版）》2010年第2期。
③④ （南朝宋）刘义庆著，（南朝梁）刘孝标注，余嘉锡笺疏，周祖谟等整理：
《世说新语笺疏》卷2《言语》，中华书局2007年版，第96页。

武帝转怒为喜，群臣也表示叹服，可见玄学已为朝士所广泛接受。这种思想状况或许就是傅玄所说的"虚无放诞之论盈于朝野"。

魏末晋初的"虚无放诞之论"既包括旨在维护名教的正始玄学，也包括反对名教之虚伪的竹林玄学。真正对名教构成威胁的是在野的竹林玄学，它提出了与汉儒完全不同的人生理想，并因竹林名士的身体力行造成很大的影响，"于时（竹林七贤）风誉扇于海内"[①]，其中阮籍更为晋人奉为榜样，被晋人及史家认为是晋代"达风"的始作俑者[②]，这些已在前文有所论述。即便如此，魏末晋初参预达风者仅限于竹林名士及其追随者，尚难称为普遍的社会潮流，统治者对此亦非常警惕。阮籍被何曾当面指斥为"恣情任性，败俗之人""宜流之海外，以正风教"[③]，嵇康亦在"上不臣天子，下不事王侯，轻时傲世，不为物用，无益于今，有败于俗"的罪名下被借故处死[④]。统治者已经敏锐地看到嵇、阮"败俗"的思想作风业已危害到政治统治赖以存在的名教

---

① （南朝宋）刘义庆著，（南朝梁）刘孝标注，余嘉锡笺疏，周祖谟等整理：《世说新语笺疏》卷23《任诞》"陈留阮籍"条注引《晋阳秋》，中华书局2007年版，第854页。

② 牟发松：《说"达"——以魏晋士风问题为中心》，《许昌学院学报》2003年第1期。

③ （南朝宋）刘义庆著，（南朝梁）刘孝标注，余嘉锡笺疏，周祖谟等整理：《世说新语笺疏》卷23《任诞》"阮籍遭母丧"条及注引干宝《晋纪》，中华书局2007年版，第855页。

④ （南朝宋）刘义庆著，（南朝梁）刘孝标注，余嘉锡笺疏，周祖谟等整理：《世说新语笺疏》卷6《雅量》"嵇中散临刑东市"条注引《文士传》，中华书局2007年版，第407页。

图 3 《竹林五君图》，（唐）阎立本，现藏于台北"故宫博物院"

权威，于是以国家力量加以干预，力图齐整风俗。

　　在朝廷，坚决执行这一统治路线的是一批礼法之士，他们占据着重要职务，积极制裁纵诞违礼的行为。何曾自弹劾阮籍后，"时人敬惮之"，入晋后又历任太尉、太保、司徒、太傅①。傅玄自泰始四年（268 年）始长期担任御史中丞、司隶校尉等监察之职，加上"天性峻急，不能有所容""于是贵游慑伏，台阁生风"②。与此同时，在社会上，名教清议也仍与选官体系相配合，具有对士人的制约力。《世说新语·任诞》篇"阮浑长成"条注引《竹林七贤论》称："是时竹林诸贤之风虽高，而礼教尚峻"。违反礼法者会因犯清议而被降品，遭到革除官职十余年甚至数十年的严重后果。阮咸身服重孝骑驴"自追"鲜卑婢并与之"累骑而反"，招致"世议纷然。自魏末沉沦闾巷，逮晋咸宁（275—280 年）中始登王途"。阮简也因居丧食肉"以致清议，废顿几三十年"③。

　　这种情况到了晋武帝执政后期有所改变。朝中有声威的名法之士或死或退。何曾、傅玄死于咸宁四年（278 年）④。更重要的是，玄学已不仅仅作为一种思想的存在物停留于名士的玄谈中，而是被当作一种执政路线。干宝《晋纪》："刘弘教曰：'太康以来，

① 《晋书》卷 33《何曾传》，第 996 页。
② 《晋书》卷 47《傅玄传》，第 1322—1323 页。
③ （南朝宋）刘义庆著，（南朝梁）刘孝标注，余嘉锡笺疏，周祖谟等整理：《世说新语笺疏》卷 23《任诞》"阮浑长成"条注引《竹林七贤论》，第 863—864 页。
④ 《晋书》卷 33《何曾传》，第 997 页。《晋书》卷 47《傅玄传》称傅玄死于献皇后同年，第 1323 页。《晋书》卷 31《后妃传》载景献羊皇后崩于咸宁四年（278 年），第 950 页。

天下共尚无为，贵谈庄、老，少有说事.'"① 这正是玄学政治实践的表现。在这种政治潮流中，坚持传统路线的名法之士沦为舆论嘲笑的对象。干宝《晋纪总论》说："刘颂屡言治道，傅咸每纠邪正，皆谓之俗吏"②。李善注引王隐《晋书》："傅玄曰：'论经礼者，谓之俗生，说法理者，名为俗吏'"③。名教清议也开始动摇，曾为清议所贬谪的阮咸得以在"咸宁中始登王途"。阮简"废顿几三十年"，自魏末算起，其终结也正是在武帝太康以后。武帝后期的这种变化或许与平吴以后安享太平的政治气氛有关。

《晋书·儒林传序》描述的那种典型形态，出现在晋惠帝元康年间（291—300 年）。此时政治上的"无为"被推向了极端。以名士领袖王衍、王戎为例，王衍在武帝时曾任过元城令④，虽"终日清谈，而县务亦理"⑤。此时的王戎"在职虽无殊能，而庶绩修理"⑥。元康以后则不然，《世说新语·轻诋》篇"桓公入洛"条刘注引《八王故事》："夷甫（王衍）虽居台司，不以事物自婴，当世化之，羞言名教。自台郎以下，皆雅崇拱默，以遗事为高。"⑦

---

①②③ （南朝梁）萧统编，（唐）李善注：《文选》卷 49《晋纪总论》，中华书局 1977 年版，第 692 页。

④ 《晋书》卷 43《王衍传》书王衍泰始八年（272 年）曾为卢钦所举，父义卒后数年为太子舍人迁黄门郎，出补元城令，则王衍任元城令的时间或在咸宁、太康间。第 1236 页。

⑤ 《晋书》卷 43《王衍传》，第 1236 页。

⑥ 《晋书》卷 43《王戎传》，第 1233 页。相关研究可参见王晓毅：《王戎与魏晋玄学》，《东岳论丛》2011 年第 12 期。

⑦ （南朝宋）刘义庆著，（南朝梁）刘孝标注，余嘉锡笺疏，周祖谟等整理：《世说新语笺疏》卷 26《轻诋》，中华书局 2007 年版，第 979 页。

《晋书·王戎传》载：王戎"拜司徒，虽位总鼎司，而委事僚寀。间乘小马，从便门而出游，见者不知其三公也。故吏多至大官，道路相遇辄避之。"①

《文选·史论上·晋纪总论》注引刘谦《晋纪》："应瞻表曰：'元康以来，望白署空，显以台衡之量。'"②在"薄综世之务，贱功烈之用"的舆论氛围中，只有"望白署空"才是"台衡之量"。

政治环境与文化气氛的改变使魏晋之际曾受到压制的放达作风开始在贵游子弟中流行，并成为士林时尚。戴逵说："迨元康中，遂至放荡越礼。"③应瞻也说："元康以来，贱经尚道，以玄虚宏放为夷达，以儒术清俭为鄙俗。"④《世说新语》《晋书》中对元康名士放达的言论、行为有着大量的记载。与武帝后期相比，元康士风背离传统的程度更深、所涉及的范围更广。不仅在政治上更加彻底地贯彻了玄学思想，而且在思想领域和社会生活领域都掀起了颠覆传统的风潮，从而形成了不同于以往任何时代的独特风貌。时人裴頠从三个方面总结了元康士风的特性：

> 立言藉于虚无，谓之玄妙；处官不亲所司，谓之雅远；奉身散其廉操，谓之旷达。⑤

---

① 《晋书》卷43《王戎传》，中华书局1977年版，第1234页。

② （南朝梁）萧统编，（唐）李善注：《文选》卷49《晋纪总论》，第692页。

③ （南朝宋）刘义庆著，（南朝梁）刘孝标注，余嘉锡笺疏，周祖谟等整理：《世说新语笺疏》卷23《任诞》"阮浑长成"条注引《竹林七贤论》，中华书局2007年版，第863页。

④ 《晋书》卷70《应詹传》，第1858页。

⑤ 《晋书》卷35《裴頠传》，第1045页。

西晋灭亡后，元康士风随着中朝名士渡江，又一直延续到江左。晋元帝时熊远上书说："（群官）每有会同，务在调戏酒食而已""称职以违俗见讥，虚资以从容见贵""今当官者以理事为俗吏，奉法为苛刻，尽礼为谄谀，从容为高妙，放荡为达士，骄蹇为简雅。"[①] 东晋初年干宝在《晋纪总论》中所批判的晋代风俗主要指从元康延续到两晋之际的士风。他说："风俗淫僻，耻尚失所，学者以庄老为宗，而黜六经，谈者以虚薄为辩，而贱名俭，行身者以放浊为通，而狭节信，进仕者以苟得为贵，而鄙居正，当官者以望空为高，而笑勤恪。"[②]

与裴颜相比，干宝的概括更加具体，分别言及"学者""谈者""行身者""进仕者""当官者"等诸多方面。这些方面既是群体表现，也是士人从"学者"迈向"当官者"不同经历时期的表现。

二、在朝与在野的政治玄学

门阀士风的反传统性源于玄学对政治文化秩序所作的全新理解。魏晋之际的玄学流派纷呈，这决定了士风内部的复杂性与多样性。唐长孺先生曾根据对待儒家名教的不同态度而把魏末玄学

---

① 《晋书》卷 71《熊远传》，第 1887 页。
② （南朝梁）萧统编，（唐）李善注：《文选》卷 49《史论》，中华书局 1977 年版，第 692 页。

分为正统的或在朝的玄学与别派的或在野的玄学^①，这一划分对
两晋玄学也是适用的。何晏、王弼的贵无论，裴頠的崇有论，郭
象的独化论都是站在统治者的立场，重在调整名教的作用方式，
而竹林玄学则重在批判名教的异化，虚构理想世界寻求个人精神
自由。两种玄学的作用范围是不同的。在朝的玄学侧重于统治阶
级的政治哲学，其受众为统治阶级的主体，从魏末到西晋元康年
间，逐渐由理论思潮发展成执政理念，并落实到政治实践中。既
为门阀士风创造了有利的政治环境，又成为这种士风在政治上的
重要表现。在野的玄学是魏末社会批判者的利器，它所引导的达
风仅限于竹林名士圈内，至元康时期则为贵游子弟所用，使得反
礼教行为在社会上普遍化。它的作用受制于政治环境，却在社会
生活中有着更广泛的影响。

　　在朝玄学与在野玄学的根本区别是它们对应然世界的构想不
同。似乎可以这样说，在朝玄学所持的是道家化的儒家立场，在
野玄学则是崇尚道家政治。就在朝的玄学而言，与西晋门阀统治
相适应的是郭象的独化论。郭象将宇宙万物看作是自生自化、各
足其性的，"理有至分，物有定极""小大之殊，各有定分"。君、
臣、百姓的差别既然是自然的，那么就都要安其本分，这样才能
都得逍遥而无困。^②唐先生认为郭象的理论是晓喻大家承认现有

①　唐长孺：《魏晋玄学之形成及其发展》，载《魏晋南北朝史论丛》，生活·读
　　书·新知三联书店 1955 年版，第 311—350 页。
②　相关研究可参见康中乾：《郭象"独化"范畴释义》，《哲学研究》2007 年第 11
　　期。黄圣平：《郭象"独化"论思想体系析微》，《陕西师范大学学报（哲学社
　　会科学版）》2016 年第 1 期。王晓毅：《郭象"独化于玄冥之境"的意象与意
　　义》，《清华大学学报（哲学社会科学版）》2023 年第 1 期。张云起：《冥然自
　　合：论郭象哲学中独化事物的相互关系》，《中国哲学史》2023 年第 4 期。

秩序，同时以各阶层的"无为"即不做超出本分的事来维系既存秩序。君"无为"，以放任人人"自得"；士大夫不问世事，"虽在庙堂之上，然其心无异于山林之中"，逍遥悠游、养尊处优才是他们的本分①。郭象的理论与儒家社会理想并不甚冲突，他只是采用了道家的实现途径。

与之不同，在野的玄学有着更强的社会批判性。嵇康在《太师箴》中描述他所处的社会环境：

> 季世陵迟，继体承资。凭尊恃势，不友不师。宰割天下，以奉其私。故君位益侈，臣路生心。竭智谋国，不吝灰沉。赏罚虽存，莫劝莫禁。若乃骄盈肆志，阻兵擅权。矜威纵虐，祸崇丘山。刑本惩暴，今以胁贤。昔为天下，今为一身。下疾其上，君猜其臣。丧乱弘多，国乃陨颠。②

嵇康的这些议论，所针对的并不仅仅是司马氏篡权，而是对"大道沉沦"以来所有社会历史的失望。他认为造成"季世陵迟"的根本原因在于"昔为天下，今为一身"，即"宰割天下，以奉其私"。社会之坏在于人心之私，尤其居上者人心之私。在《答难养生论》中嵇康强调：

> 圣人不得已而临天下，以万物为心，在宥群生，由身以

---

① 唐长孺：《魏晋玄学之形成及其发展》，载《魏晋南北朝史论丛》，生活·读书·新知三联书店 1955 年版，第 323—336 页。

② （曹魏）嵇康著，戴明扬校注：《嵇康集校注》，中华书局 2014 年版，第 534 页。

道，与天下同于自得。穆然以无事为业，坦尔以天下为公，虽居君位，飨万国，恬若素士接宾客也。虽建龙旗，服华衮，忽若布衣之在身。故君臣相忘于上，蒸民家足于下。岂劝百姓之尊己，割天下以自私，以富贵为崇高，心欲之而不已哉。①

在《难自然好学论》中稽康解释了人心之私的原因：

及至人不存，大道陵迟，乃始作文墨，以传其意，区别群物，使有类族，造立仁义，以婴其心，制为名分，以检其外，劝学讲文，以神其教。故六经纷错，百家繁炽，开荣利之途，故奔骛而不觉。②

社会丧乱就是由"造立仁义"引起，故稽康所作《释私论》不仅仅是以明一己立身之道，还含有破除社会既有规范、以期回归"大朴未亏"的意图在内。以人心释治乱，是稽康一贯的认识路径。在被认作是其早期作品的《声无哀乐论》中，稽康从正面阐述了他的社会理想。

古之王者，承天理物，必崇简易之教，御无为之治。君静于上，臣顺于下；玄化潜通，天人交泰。枯槁之类，浸育灵液，六合之内，沐浴鸿流，荡涤尘垢；群生安逸，自求多福；默然从道，怀忠抱义，而不觉其所以然也。……大道之

---

① （曹魏）稽康著，戴明扬校注：《稽康集校注》，中华书局 2014 年版，第 297 页。
② 同上书，第 447 页。

隆，莫盛于兹，太平之业，莫显于此。①

　　嵇康提出了"太平之业"，认为这是"大道之隆"的表现。"太平之业"包括两个层次："群生"安逸而多福，自然地表现出忠义的道德品行；统治阶层内部和谐，君臣各守其道。做到这些，便能实现"天人交泰"的最理想世界。君、臣、民三者中，民是被动的，社会好坏取决于君主能否"承天理物"。王者必须要有"承天理物"的自觉，才有可能崇简易之教，御无为之治。只有简易、无为，才能致"太平之业"。这在嵇康的政治思想中是一个理想，故被他称之为"古之王者"。言下之意，指今之王者未能达成"古之王者"的"太平之业"。

　　《难自然好学论》中也描述了一个理想蓝图："鸿荒之世，大朴未亏，君无文于上，民无竞于下，物全理顺，莫不自得"②。《太师箴》中的表述是："君道自然，必托贤明。"③《答难养生论》："故君臣相忘于上，蒸民家足于下。"④ 这些都是嵇康同一社会理想的反复表述。

　　相较于嵇康的思想连续性，阮籍政治思想的变化较大。一般认为，《乐论》《通老论》《通易论》为其前期思想，《达庄论》与《大人先生传》为其后期思想⑤。《乐论》云：

① （曹魏）嵇康著，戴明扬校注：《嵇康集校注》，中华书局2014年版，第357页。
② 同上书，第446页。
③ 同上书，第534页。
④ 同上书，第297页。
⑤ 刘汝霖：《汉晋学术编年》，中华书局1987年版，第28—29页。丁冠之：《阮籍评传》，齐鲁书社1982年版，第105页。高晨阳：《阮籍评传》，南京大学出版社1995年版，第70—75页。

昔者圣人之作乐也，将以顺天地之体，成万物之性也。故定天地八方之音，以迎阴阳八风之声，均黄钟中和之律，开群生万物之情，故律吕协则阴阳和，音声适而万物类，男女不易其所，君臣不犯其位，四海同其观，九州一其节，奏之圆丘而天神下，奏之方丘而地祇上；天地合其德则万物合其生，刑赏不用而民自安矣。[①]

阮籍的乐论其实是政论。[②] 在阮籍的叙述中，理想的社会就是万物、男女、君臣、天地等各个层次都自正其位，保持一种稳定的秩序。其中的关键在于"圣人"能否"顺天地之体，成万物之性"。在《通老论》中，阮籍说："圣人明于天人之理，达于自然之分，通于治化之体，审于大慎之训。"[③]

"圣人"，即王弼在《老子注》所言之"圣人达自然之性，畅万物之情，故因而不为，顺而不施"的圣人。在《通易论》中，阮籍又提出"先王"的概念，这可以看作是对"圣人"的同义解释。

"先王"何也？大人之功也。故"建万国，亲诸侯"，树其义也；"作乐""荐上帝"，正其命也；"省方""观民"，施其令也；"明罚敕法"，督其政也；"闭关""不行"，静乱民

---

① （曹魏）阮籍著，陈伯君校注：《阮籍集校注》卷上《乐论》，中华书局 1987 年版，第 78—79 页。

② 张汝伦：《论"乐"》，《复旦学报（社会科学版）》2018 年第 1 期。

③ （曹魏）阮籍著，陈伯君校注：《阮籍集校注》卷上《乐论》，中华书局 1987 年版，第 159 页。

也；"茂时育德"，应显其福也；"享帝立庙"，昭其禄也。称圣王所造，非承平之谓也。①

阮籍心中的"圣人""先王"按"天人之理""自然之分"设制，以达成"天地合其德""万物合其生"的目标。阮籍认为"圣人""王者"只存在于往昔。《通易论》言时局是：

> 先王既殁，德法乖易，上陵下替，君臣不制，刚柔不和，"天地不交"，是以君子一类求同，"遏恶扬善"，以致其大。"谦"而光之，"裒多益寡"，崇圣善以命，"雷出于地"，于是大人得位，明圣又兴，……于是万物服从，随而事之，子遵其父，臣承其君，临驭统一，"大观"天下。②

既然今无"圣人"，今王不若先王，"君子"责任就重大了。所谓"君子"，即阮籍自况。阮籍秉持济世理想，坚信士具有匡正时局的能力。阮籍的后期思想揭示君主与万民的对立。阮籍说君主统治的实质是"竭天地万物之至，以奉声色无穷之欲""驱天下以趣之""此非所以养百姓也"。故而，"君立而虐兴，臣设而贼生。坐制礼法，束缚下民"。这种统治实际上是靠欺骗和暴力建立和维持的，"欺愚诳拙，藏智自神，强者睽眠而凌暴，弱

---

① （曹魏）阮籍著，陈伯君校注：《阮籍集校注》卷上《乐论》，中华书局 1987年版，第 128 页。

② （曹魏）阮籍著，陈伯君校注：《阮籍集校注》卷上《通易论》，中华书局 1987年版，第 110—111 页。

者憔悴而事人"①。

在《大人先生传》中，君主由《乐论》中的"顺天地之体，成万物之性"，变成了"竭天地万物之至"。实际的政治运作更是"造音以乱声，傲色以诡形；外易其貌，内隐其情，怀欲以求多，诈伪以要名"。所谓"君子"，其实是"假廉以成贪，内险而外仁""尊贤以相高，竞能以相尚"。在廉、仁、贤、能的背后是赤裸裸的利益原则，"罪至不悔过，幸遇则自矜""争势以相君，责宠以相加"。阮籍完全颠覆了早前有关"圣人""君子"的理想，他甚至将"君子"比作虱子："汝君子之处区内，亦何异夫虱之处裈乎？"②

阮籍将对君主制的批判进一步延伸到对礼法的批判。正是基于礼法所强化的等级观念，君主"无穷之欲"才会造成"上下相残"的结果，最终会"有亡国戮君溃散之祸"。故而"君子"陶醉于对礼法的美德想象便成为了一种过错——"汝君子之礼法，诚天下残贼、乱危、死亡之术耳，而乃目以为美行不易之道，不亦过乎？"③阮籍通过揭示统治方式与统治目标之间的悖论来嘲弄君主与"君子"。

在论证君主何以不能治民的问题上，阮籍的证据是君民利益对立，以及依据礼法无法达成目的，这里隐含着阮籍的价值立场。在阮籍眼中，万物本就"各从其命，以度相守"，君主的存

---

① （曹魏）阮籍著，陈伯君校注：《阮籍集校注》卷上《大人先生传》，中华书局1987年版，第170—171页。
② 同上书，第166、170—171页。
③ 同上书，第171页。

在只会害其命，夺其度，使之不得自然。"自然"在阮籍那里是最高范畴，处于自然状态中的宇宙社会是一幅和谐景象：

> 昔者天地开辟，万物并生；大者恬其性，细者静其形；阴藏其气，阳发其精；害无所避，利无所争；放之不失，收之不盈；亡不为夭，存不为寿；福无所得，祸无所咎：各从其命，以度相守。明者不以智胜，暗者不以愚败；弱者不以迫畏，强者不以力尽。盖无君而庶物定，无臣而万事理。①

在这个世界里，君主是没有位置的。阮籍认为最好的办法是消除一切差别：

> 夫无贵则贱者不怨，无富则贫者不争，各足于身而无所求也。恩泽无所归，则死败无所仇；奇声不作则耳不易听，淫色不显则目不改视，耳目不相易改，则无以乱其神矣；此先世之所至止也。②

虽然"乱神"是针对"耳目相易改"而言的，但是一切差别的存在都会导致"乱神"，产生相敌对的心理。阮籍认为"万物一体"本无差别，差别之所以存在，乃是缘于人的认识水平。应该如"大人者""与造物同体，天地并生，逍遥浮世，与道具成，

---

① （曹魏）阮籍著，陈伯君校注：《阮籍集校注》卷上《大人先生传》，中华书局1987 年版，第 169—170 页。
② 同上书，第 170 页。

变化散聚，不常其形"①。

阮籍的后期著作不仅否认了名教秩序，而且从哲学上否认了一切差别的存在。他由此得出人间社会本为无差别社会的看法："无君而庶物定，无臣而万事理"，万物会"各从其命，以度相守"。"君""臣"都是不合理的存在，他们的出现只会带来灾难，"君立而虐兴，臣设而贼生"②。

三、政治玄学与名士风度

如前文所述，《世说新语》里面记载了阮籍的两次任职经历，一次是为"贮酒数百斛"而"求为步兵校尉"，另一次是"平生曾游东平，乐其土风"而求为东平太守③。从阮籍的求官动机可见他力图淡化官守职责的存在。阮籍在东平"坏府舍诸壁障，使内外相望，然后教令清宁"的举动或许表示他不希望政权对社会风俗有过多的干预。虽然同样是"无为"，但阮籍之"无为"不同于在朝玄学之"无为"。在阮籍无差别的应然世界中，"无为"是人的存在状态。在朝玄学之"无为"则是一种对作为范围的限

① （曹魏）阮籍著，陈伯君校注：《阮籍集校注》卷上《大人先生传》，中华书局1987年版，第165页。
② 同上书，第170页。
③ （南朝宋）刘义庆著，（南朝梁）刘孝标注，余嘉锡笺疏，周祖谟等整理：《世说新语笺疏》卷23《任诞》"步兵校尉缺"条及注引《文士传》，中华书局2007年版，第858页。

定，以期符合社会秩序。

两种玄学对差别与秩序的看法不同导致它们对待名教的态度不同。在朝的玄学并不反对名教经礼，只是反对刻意于此，认为对礼义也要因仍自然，出于"无措"而自得其当①。在野的玄学则喊出了"越名教而任自然"②的口号，阮籍更言明"礼岂为我辈设也"③。虽然这只是竹林名士为揭示名教之虚伪而提出的激进口号，未必真是他们的社会追求，然而，受这种观念指导的士风却直接在行为上违背名教规范。魏末竹林玄风如此，西晋元康玄风更是如此。《世说新语·德行》篇云："王平子、胡毋彦国诸人，皆以任放为达，或有裸体者。乐广笑曰：'名教中自有乐地，何为乃尔也！'"正是这两类玄学名教观差异的表现。

尽管在朝玄学与在野玄学有着理论上的根本差别，但在推进士风转向反传统的方向上则保持着一致性。尤其是元康时期，时人将何晏、阮籍并称，把他们共同作为效仿的榜样。《晋书·裴頠传》说：

> 頠深患时俗放荡，不尊儒术，何晏、阮籍素有高名于世，口谈浮虚，不遵礼法，尸禄耽宠，仕不事事；至王衍之

---

① 唐长孺：《魏晋玄学之形成及其发展》，载《魏晋南北朝史论丛》，生活·读书·新知三联书店 1955 年版，第 335 页。

② （南朝宋）刘义庆著，（南朝梁）刘孝标注，余嘉锡笺疏，周祖谟等整理：《世说新语笺疏》卷 1《德行》，中华书局 2007 年版，第 29—30 页。

③ （南朝宋）刘义庆著，（南朝梁）刘孝标注，余嘉锡笺疏，周祖谟等整理：《世说新语笺疏》卷 23《任诞》"阮籍嫂尝还家"条，中华书局 2007 年版，第 859 页。

徒，声誉太盛，位高势重，不以物务自婴，遂相放效，风教陵迟。①

"口谈浮虚"是何、阮共有的，"不遵礼法，尸禄耽宠，仕不事事"恐怕还主要是阮籍的行为特征。时人却对此并不加以区分，而是笼统地将二者混为一谈。至东晋时，范宁更只追究王弼、何晏的责任，认为由他们开头"蔑弃典文"和"不遵礼度"，导致"浮虚相扇，儒雅日替"②。钱大昕曾为王、何辩解，说他们未尝"蔑弃典文"，"不遵礼度"乃竹林名士所为，认为"以是咎嵇阮可，以是罪王何不可"③。然而这正说明晋人的意识，重在突出何、阮形象的反传统性，而不太关注二者的差别。对时人来讲，他们感受最强烈的是士风与传统之间的断裂，暂还无暇细分哪些行为由哪些名士所鼓动、示范。而且玄学理论的差别往往也无法体现在行动上。

就"无为"而言，虽然在朝玄学与在野玄学的哲学涵义大相径庭，但在行政表现上则很难区分开来。元康时期贵游子弟仿学阮籍使得两种"无为"有合流趋势。如以慕学阮籍而闻名的王澄在镇荆州时，"日夜纵酒，不亲庶事，虽寇戎急务，亦不以在怀"④。谢鲲"不徇功名""不屑政事""居身于可否之间"⑤。胡

---

① 《晋书》卷 34《裴颁传》，第 1044 页。
② 《晋书》卷 75《范宁传》，第 1984 页。
③ （清）钱大昕著，吕友仁标校：《潜研堂集》卷 2《何晏论》，上海古籍出版社 1989 年版，第 29 页。
④ 《晋书》卷 43《王澄传》，第 1240 页。
⑤ 《晋书》卷 49《谢鲲传》，第 1377—1378 页。

毋辅之为建武将军、乐安太守，"与郡人光逸昼夜酣饮，不视郡事"[①]。这些行为除了纵酒外，与上文所述王衍"不以事物自婴"的作风相类，而王衍是甚重王、何之学的[②]。

在对待礼法方面，在野玄学比在朝玄学取得了更大的社会影响，所以才会形成破坏礼法的社会风气，才会有那么多痛心疾首的批判声音。这既是因为在野玄学在反传统的方向上推进得更远，旗帜更鲜明，也是因为在朝玄学主张自身的缺陷，即不具有可操作性。以"无措"应对礼义终需很高的德性修养，这既难以被大多数人理解，也难以用客观标准评判，远不如无视礼法，甚或违背礼法来得更直接。更关键的是，对常人而言，不守礼度确是一种解放，如葛洪所言，理论的影响更多地取决于受众。

> 夫守礼防者苦且难，而其人多穷贱焉；恣骄放者乐且易，而为者皆速达焉。于是俗人莫不委此而就彼矣。[③]

门阀士风就是在这两种玄学的交互作用下推进的。在朝玄学首先占领思想领域，然后付诸政治实践，营造了宽松的政治、文化氛围，把士风引到了一个新方向，但很快就被元康名士借在野玄学推进得更远。

---

① 《晋书》卷49《胡毋辅之传》，第1380页。
② 《晋书》卷43《王衍传》，第1236页。
③ （东晋）葛洪著，杨明照校笺：《抱朴子外篇校笺》下册卷27《刺骄》，中华书局1997年版，第45页。

第六章　门阀体制与两晋之际的士风

一、九品中正制与门阀士风的推行

不论是玄学，还是与之相应的士风，最初都发生在名士、贵游子弟这些最上层社会精英的圈子里，那么它是如何影响整个士林以至成俗，让范宁这些社会批判者感到它的影响将是深刻而持久的呢①？

裴颜将引发"时俗放荡"的原因归结为两个方面：一是何晏、阮籍、王衍这些名士的社会名望；二是王衍这类人之"位高势重"。晋人议论大体是从这两个方面立论。虞预、干宝、范宁等人的议论集中在前一方面。就阮籍的影响而言，《世说新语·品藻》篇"明帝问谢鲲"条刘注引邓粲《晋纪》曰：

---

① 《晋书》卷75《范宁传》载宁论："王何叨海内之浮誉，资膏粱之傲诞，画螭魅以为巧，扇无检以为俗。郑声之乱乐，利口之覆邦，信矣哉！吾固以为一世之祸轻，历代之罪重，自丧之衅小，迷众之愆大也。"第1985页。

鲲与王澄之徒，慕竹林诸人，散首被发，裸袒箕踞，谓之八达。①

阮籍的名望的确为他带来追随者，这些追随者都是贵游子弟，以后成为中朝名士。王澄更是"夙有盛名""士庶莫不倾慕之"，甚至有天下第一名士之誉②。这仍只是名士圈内部的传播。对一般士人而言，可以倾慕名士领袖的风度，却不必非得与之等齐。裴頠所说的第二个方面是士风由上至下推行的直接原因。

众所周知，西晋选举兼顾德、才与家世，而德、才都是通过名声来反映的。名声的获得在初始阶段需要"乡曲之誉"，而后要经过中正的品状才能被纳入吏部选官程序。倘若其间受到四海名士的关注、题目，就会成名于天下，以至很快获得官职。如傅玄见张载之《濛汜赋》而嗟叹，"以车迎之，言谈尽日，为之延誉，遂知名，起家佐著作郎，出补肥乡令。"③四海名士的舆论权威既大于乡曲清议，又能影响中正的品状，因为中正往往是由这些四海名士担任。

随着门阀的势力发展，文化领导权与选举权逐渐落到他们手中。④孙楚"爽迈不群，多所陵傲，缺乡曲之誉"，但与王济友

---

① （南朝宋）刘义庆著，（南朝梁）刘孝标注，余嘉锡笺疏，周祖谟等整理：《世说新语笺疏》卷9《品藻》，中华书局2007年版，第608页。

② 《晋书》卷43《王澄传》，第1241页。

③ 《晋书》卷55《张载传》，第1518页。

④ 相关问题中外学者有大量讨论，新近研究可参见李济沧：《魏晋贵族体制的形成与乡论》，《江海学刊》2014年第3期。张旭华：《魏晋时期中正品评与考察乡论再探讨》，《史学集刊》2019年第2期。李济沧：《乡品与乡里：六朝贵族制言说的展开及其新趋势》，《史学集刊》2023年第6期。

善。王济为本州大中正，访问铨邑人品状，至楚，济曰："此人非卿所能目，吾自为之。"乃状楚曰："天才英博，亮拔不群。"[1]孙楚、王济均为门阀子弟。王济凭借中正的权力，绕开乡论，给予孙楚正面评价。为乡论所非议的"陵傲"在王济的品状中成为"亮拔不群"。这既反映九品中正制下名士权威与政治权力的合一，也反映门阀与其他社会阶层的分隔开始出现在道德价值领域，甚至大中正一职的设立也是大族势力扩大的结果[2]。

到了东晋，门阀的地位进一步上升，所主导的士林舆论对选官有着更大的影响。东晋初人陈頵，说当时"有庄老之俗倾惑朝廷，养望者为弘雅，政事者为俗人""（取才）先白望而后实事，浮竞驱驰，互相贡荐，言重者先显，言轻者后叙，遂相波扇，乃至陵迟"[3]。"先白望而后实事"正表明舆论在选举中居于重要地位。

当舆论被纳入到选官体制，并发挥重要作用时，左右舆论的名士便会对一般士人形成切实的影响力。所以裴頵认为王衍能使士林"遂相放效"的原因在于其"声誉太盛"，并且"位高势重"。据《晋书·王衍传》，王衍甚重何晏、王弼"天地万物皆以无为本"的思想，其人"有盛才美貌，明悟若神，常自比子贡。兼声名藉甚，倾动当世。妙善玄言，唯谈老庄为事。""朝野翕然，谓之'一世龙门'矣。"《世说新语·品藻》"王夷甫以王东海比乐

---

[1] 《晋书》卷 56《孙楚传》，第 1539、1543 页。
[2] 唐长孺：《九品中正制度试释》，载《魏晋南北朝史论丛》，生活·读书·新知三联书店 1955 年版，第 102 页。
[3] 《晋书》卷 71《陈頵传》，第 1893 页。

令"条刘注引《江左名士传》也称王衍为"一世龙门"。龙门之
典出汉末李膺，"后进之士，有升其堂者，皆以为登龙门"①。将王
衍比作李膺是为了说明王衍在人物品题中所具有的权威地位。再
加上他"累居显职"，这就让"后进之士，莫不景慕放效。选举
登朝，皆以为称首"，于是"矜高浮诞，遂成风俗焉"②。所以说，
名士拥有的社会权威与政治权力才是士风由上至下推展的最直接
原因。

需要指出的是，在西晋与东晋早期，虽然士庶分隔的倾向越
来越明显，九品中正制也越来越为门阀服务，但士庶之间仍能沟
通，这个渠道便是相同的作风。如寒人光逸以其风度为胡毋辅之
所誉，被评论为"似奇才"。又与谈良久后，更被胡毋辅之下结
论为"果俊器"。光逸最有名的行为是"户外脱衣露头于狗窦中
窥之而大叫"，被胡毋辅之称为"他人决不能尔"，得以与王澄、
谢鲲、胡毋辅之等贵游子弟并称为"八达"③。葛洪也说：

> 所谓四通八达者，爱助附己为之，履不及纳，带不暇
> 结，携手升堂，连袂入室，出则接膝。请会则直致，所惠则
> 得多；属托则常听，所欲则必副；言论则见饶，有患则见
> 救；所论荐则蹇驴蒙龙骏之价，所中伤则孝己受商臣之谈。④

① （南朝宋）刘义庆著，（南朝梁）刘孝标注，余嘉锡笺疏，周祖谟等整理：
《世说新语笺疏》卷1《德行》，中华书局2007年版，第6页。
② 《晋书》卷43《王衍传》，第1236页。
③ 《晋书》卷49《光逸传》，第1385页。
④ （东晋）葛洪著，杨明照校笺：《抱朴子外篇校笺》下册卷27《刺骄》，中华
书局1997年版，第46页。

　　这些都表现了社会上下层因同一种文化价值而融通的情况。与门阀拥有包括门荫入仕在内的多种入仕途径相比，非门阀的进仕途径非常狭窄。若要在门阀引领的社会中取得声誉，就必须认同其价值观。倘若坚持传统名教立场而不肯预流，则会"常获憎于斯党，而见谓为野朴之人，不能随时之宜"①，"不见容与不得富贵"②。这些现实的原因促使士风向社会下层迅速地蔓延。葛洪形象地形容那种蔓延的情形："小人之赴也，若决积水于万仞之高隄，而放烈火乎云梦之枯草焉。欲望肃雍济济，后生有式，是犹炙冰使燥，积灰令炽矣。"③

二、门阀阶层的社会影响

　　终两晋之世，批判之声却不绝于耳④。既有来自名教的批判，也有来自玄学内部的批判。纵观这些议论，大多是指责门阀士族扰乱了社会秩序，进一步导致西晋的灭亡。最具代表性的无

---

① （东晋）葛洪著，杨明照校笺：《抱朴子外篇校笺》上册卷 25《疾谬》，中华书局 1991 年版，第 628 页

② （东晋）葛洪著，杨明照校笺：《抱朴子外篇校笺》下册卷 27《刺骄》，中华书局 1997 年版，第 41 页。

③ 同上书，第 46—47 页。

④ 参见钱锺书《管锥编》第三册"一〇九　全晋文卷三三　晋人任诞""一一一　全晋文卷三七　'千古名士之恨'——钱大昕论何晏、王弼——'学说杀人'"，中华书局 1986 年版，第 1127—1134 页。牟发松：《说"达"——以魏晋士风问题为中心》，《许昌学院学报》2003 年第 1 期。

疑是王衍在临死前的反省，他说："吾曹虽不如古人，向若不祖尚浮虚，勠力以匡天下，犹可不至今日。"这是全然作了自我否定。石勒也指责他"名盖四海，身居重任，少壮登朝，至于白首""破坏天下，正是君罪"①。石勒对世道有着深切的体会，他的看法可以说在一定程度上代表了非门阀的感受。西晋的灭亡有着非常深刻的社会原因与政治原因，但也表示着玄学理想在实践中的失败。

葛洪《抱朴子外篇》中《疾谬》《刺骄》等篇章为我们描述的社会情形完全不同于《晋书》《世说新语》所津津乐道的优雅、从容。现以干宝所总结的"学者""谈者""行身者"与"进仕者"四个方面来归纳葛洪的描述。至于"当官者"，距日常社会生活较远，《疾谬》《刺骄》二篇鲜有论及。

"清谈"在葛洪笔下是这样的：

清谈的内容："不闻清谈讲道之言，专以丑辞嘲弄为先。以如此者为高远，以不尔者为骇野。""或上及祖考，或下逮妇女""其有才思者之为之也，犹善于依因机会，准拟体例，引古喻今，言微理举，雅而可笑，中而不伤，不柂人之所讳，不犯人之所惜。若夫拙者之为之也，则枉曲直凑，使人愕愕然。"

清谈的影响："驰逐之庸民，偶俗之近人，慕之者犹宵虫之赴明烛，学之者犹轻毛之应飙风。"

清谈导致的争斗："往者务其必深焉，报者恐其不重焉，倡之者不虑见答之后患，和之者耻于言轻之不塞。""利口者扶强

① 《晋书》卷43《王衍传》，第1238页。

而党势，辩给者借锐以刺戫。""以不应者为拙劣，以先止者为负败。""乃有使酒之客，及于难侵之性，不能堪之，拂衣拔棘，而手足相及。丑言加于所尊，欢心变而成仇，绝交坏身，搆隙致祸。"

葛洪将之批评为"丑声宣流"[①]。葛洪并不反对有玄心、有才力的清谈，他反对的是这种既无玄心，又无才力的仿学[②]，即"庸民""近人"的表现。他认为原因在于学风不正。借玄学所倡之清通简要以自饰，实则不学无术。

"轻薄之徒""胸中无一纸之诵，所识不过酒炙之事""若问以坟、索之微言，鬼神之情状，万物之变化，殊方之奇怪，朝廷宗庙之大礼，郊祀禘祫之仪品，三正四始之原本，阴阳律历之道度，军国社稷之典式，古今因革之异同，则怳悷自失，喑呜俛仰，蒙蒙焉，莫莫焉，虽心觉面墙之困，而外护其短乏之病，不肯谧已，强张大谈曰：'杂碎故事，盖是穷巷诸生，章句之士，吟咏而向枯简，匍匐以守黄卷者所宜识，不足以问吾徒也。'"[③]

对于"行身者"，葛洪写道：

> 世故继有，礼教渐颓，敬让莫崇，傲慢成俗，俦类饮会，或蹲或踞，暑夏之月，露首袒体。[④]

---

① （东晋）葛洪著，杨明照校笺：《抱朴子外篇校笺》上册卷25《疾谬》，中华书局1991年版，第601—608页。

② 牟发松：《说"达"——以魏晋士风问题为中心》，《许昌学院学报》2003年第1期。

③ （东晋）葛洪著，杨明照校笺：《抱朴子外篇校笺》上册卷25《疾谬》，中华书局1991年版，第633—635页。

④ 同上书，第601页。

若夫贵门子孙及在位之士，不惜典刑，而皆科头袒体，踞见宾客。既辱天官，又移染庸民。①

尽管裸袒纵酒在贵游子弟看来是"得大道之本"，但葛洪认为是待人"傲慢"。傲慢无礼的风气让"庸民"沾染，带来更多的社会纠纷。

不治清德以取敬，而仗气力以求畏。其入众也，则亭立不坐，争处端上，作色谐声，逐人自安。其不得意，恚怼不退。其行出也，则逼狭之地，耻于分途，振策长驱，推人于险，有不即避，更加摅顿。②

然而庸民为之不恶，故闻其言者，犹鸱枭之来鸣也；睹其面者，若鬼魅之见形也。其所至诣，则如妖怪之集也；其在道途，则甚逢虎之群也。愚夫行之，自矜为豪；小人征之，以为横阶。③

"庸民""小人"不仅认同"仗气力以求畏"，而且还以之为豪。葛洪痛心疾首，说"乱靡有定，实此之由也"④，即认为世乱是因为有争强之民风。

---

① （东晋）葛洪著，杨明照校笺：《抱朴子外篇校笺》下册卷27《刺骄》，中华书局1997年版，第45页。
② （东晋）葛洪著，杨明照校笺：《抱朴子外篇校笺》上册卷25《疾谬》，中华书局1991年版，第610页。
③ 同上书，第612页。
④ 同上书，第601、610、612页。

"京城上国，公子王孙贵人"对男女大防的破坏也引起了"腊鼓垂无赖之子"的浓厚兴趣并进而仿学，葛洪说这在当时已经是"俗习行惯"：

> 落拓之子，无骨鲠而好随俗者，以通此者为亲密，距此者为不恭，诚为当世不可以不尔。①
>
> 而今俗妇女，休其蚕织之业，废其玄纮之务。不绩其麻，市也婆娑。②
>
> 舍中馈之事，修周旋之好。更相从诣，之适亲戚，承星举火，不已于行。多将侍从，晔晔盈路，婢使吏卒，错杂如市，寻道褒谑。③
>
> 或宿于他门，或冒夜而反。游戏佛寺，观视渔畋，登高临水，出境庆吊。开车褰帷，周章城邑，杯觞路酌，弦歌行奏。④

葛洪说这种风习在妇女之间已是"转相高尚，习非成俗"⑤。至于以前为名教道德所压制的民间习俗更得以名正言顺：

> 俗间有戏妇之法，于稠众之中，亲属之前，问以丑言，责以慢对，其为鄙黩，不可忍论。或蹙以楚挞，或系脚倒悬。酒客酗譬，不知限齐，至使有伤于流血，踒折支体者。⑥

---

① （东晋）葛洪著，杨明照校笺：《抱朴子外篇校笺》上册卷 25《疾谬》，中华书局 1991 年版，第 623 页。
②③　同上书，第 616 页。
④⑤　同上书，第 618 页。
⑥　同上书，第 628 页。

> 民间行之日久，莫觉其非，或清谈所不能禁，非峻刑不
> 能止也。①

葛洪认为士大夫"诚宜正色矫而呵之"，但他们在男女方面
的放纵无疑是"同其波流，长此弊俗"②。

关于"进仕者"，早在晋武帝太康年间，卫瓘就说当时"唯
以居位为贵，人弃德而忽道业，争多少于锥刀之末"。他认为这
种"伤损"了的风俗是由九品中正制"计资定品"，对"德"的
相对忽视造成的③。于是，人人向往的不再是士大夫安身立命的
"道业"，而是居位以求荣贵。不重德性、不重礼法，人际交往
变得扭曲。曾经受过屈辱的得位者一定要想方设法体现自己的尊
贵，才能有所心理补偿。

> 所未及者，则低眉扫地以奉望之；居其下者，作威作福
> 以控御之。④
>
> 或因变故，佻窃荣贵；或赖高援，翻飞拔萃。于是便骄矜
> 夸骜，气凌云物，步高视远，眇然自足。顾瞻否滞失群之士，
> 虽实英异，忽焉若草。或倾枕而延宾，或称疾以距客。欲令人
> 士立门以成林，车骑填噎于同巷，呼谓尊贵，不可不尔。⑤

---

① （东晋）葛洪著，杨明照校笺：《抱朴子外篇校笺》上册卷 25《疾谬》，中华
　　书局 1991 年版，第 628—629 页。
② 同上书，第 628 页。
③ 《晋书》卷 36《卫瓘传》，第 1058 页。
④ （东晋）葛洪著，杨明照校笺：《抱朴子外篇校笺》上册卷 25《疾谬》，中华
　　书局 1991 年版，第 614 页。
⑤ 同上书，第 630 页。

既然重位不重德，那么得位的方式也不必守正：

> 或假财色以交权豪，或因时运以佻荣位，或以婚姻而连贵戚，或弄毁誉以合威柄。①
>
> 荣显者有幸，而顿沦者不遇，皆不由其行也。②

葛洪感慨说，这种"衰薄之弊俗，膏肓之废疾"却为天下"共为之"，"可悲者也"③。

在无为而治下，社会并没有因其"自为"而实现名教的理想状态。这个困境是由玄学理论本身带来的。不论是在朝玄学，还是在野玄学都对社会作了简单理解，认为只要"无为"就会民风淳朴。事实上，自发的社会风俗有很多是违反道德的，如崇尚气力、强者，有侮辱人格倾向的戏妇之法等。还有一些是在阶级社会中不可避免的心态和追求，如求居位、得荣贵。这些东西原本在名教之下受到压抑，现在释放出来。社会根本不可能在真空中"自为"，而且士大夫的"无为"自身也成为一种新的行动准则，左右着社会风气。名士清谈引发"庸民""近人"效仿，贵游子弟对男女之防的破坏引起"落拓之子、无骨鲠而好随俗者"的仿学。

---

① （东晋）葛洪著，杨明照校笺：《抱朴子外篇校笺》上册卷25《疾谬》，中华书局1991年版，第613页。
② （东晋）葛洪著，杨明照校笺：《抱朴子外篇校笺》下册卷27《刺骄》，中华书局1997年版，第46页。
③ 同上书，第23页。

三、社会区隔中的文化竞争

针对"京城上国、公子王孙贵人之所共为"，葛洪曾以嘲弄的口吻说：

> 夫中州礼之所自出也，礼岂然乎？盖衰乱之所兴，非治世之旧风也。①

语气中明显区分了公子王孙贵人与其他士人，划清了京城上国、中州与其他地区之间的界限。认为其他地区、其他士人不该盲目追随洛阳贵人的潮流，而要以"礼"为本。像这样站在下层立场、站在传统名教立场上抨击上层社会风气败坏的议论还有很多，如王沈的《释时论》、蔡洪《孤奋论》、鲁褒《钱神论》等。②

除了社会风气外，引起批评的还有寒人进仕之途的狭窄化。随着门阀制度的形成与巩固，选举越来越为门阀服务，越来越封闭化，"公门有公，卿门有卿""多士丰于贵族，爵命不出闺庭"。③虽然如上文所言，西晋及东晋初期的九品中正制尚未凝

① （东晋）葛洪著，杨明照校笺：《抱朴子外篇校笺》上册卷 25《疾谬》，中华书局 1991 年版，第 625、627 页。

② 杨朝蕾：《寒素文士的"刺世愤歌"：西晋前期的疾邪论》，《唐山学院学报》2010 年第 5 期。

③ 张旭华：《试论西晋九品中正制的弊病及其作用》，《郑州大学学报（哲学社会科学版）》1999 年第 6 期。

固，上下层之间仍能沟通，然而沟通渠道却是为他们所不屑的一些价值认同。在他们看来，这正表现出门阀对政治权力与文化领导权的窃取与滥用，有违社会公正。因而，他们自觉地与门阀划分界限，反映在意识上是"富贵人之所欲，贫贱人之所恶"[①]，并以名教清流相标榜[②]。这样，社会阶层的分隔在文化上形成了鼓荡玄风与维持名教的对立。

在这些人看来，社会秩序已然混乱，朝廷也不能明辨是非，丧失了正确引导社会的能力，现在只有他们心存正义，所以他们不仅要"亢亮方棱，无党于俗"，更要"扬清波以激浊流，执劲矢以厉群枉"[③]。他们首先想到的是在社会上正本清源，驱逐门阀的不良影响。当然，这不是说他们不看重朝廷对社会的干预力量。葛洪深知倘若没有国家力量作后盾，他们也无法整顿风俗。

> 穷士虽知此风俗不足引进，而名势并乏，何以整之？每以为慨。

> 若高人以格言弹而呵之，有不畏大人而长恶不悛者，下其名品，则宜必惧然，冰泮而革面，旋而东走之迹矣。[④]

---

① 《晋书》卷 92《文苑传》，第 2382—2383 页。

② 如王沈的《释时论》抨击了选举不公，上层社会风气的败坏，表示"少长于孔颜之门，久处于清寒之路"，要"服我初素，弹琴咏典"。《晋书》卷 92《文苑传》，第 2382—2383 页。

③ （东晋）葛洪著，杨明照校笺：《抱朴子外篇校笺》下册卷 27《刺骄》，中华书局 1997 年版，第 41 页。

④ （东晋）葛洪著，杨明照校笺：《抱朴子外篇校笺》上册卷 25《疾谬》，中华书局 1991 年版，第 628、638 页。

最理想的办法还是在九品中正制的框架内恢复名教清议的舆论权威。其实，这些人还是有政治影响力的。晋武帝曾"患风流之弊，而思反纯朴，乃咨询朝众，搜求隐逸"①。元康中，诏"求廉让冲退履道寒素者，不计资，以参选叙"②，李重任吏部郎"务抑华竞，不通私谒，特留心隐逸"③，这些都表明"寒素者"的社会影响力已让朝廷不能无视他们的存在，必须在某种程度上接受他们的诉求。④

特别是在基层社会，"寒素者"仍把持着"乡曲之誉"。葛洪为我们描述了进仕者在时间上的两个阶段：成名之前"素颇力行善事，以窃虚名"；"名既初立，本情便放"，这时已是"清论所不能复制，绳墨所不能复弹"⑤。可见清论依旧在发挥作用，它对尚未取得声誉的士人还有约束力。清论在下，玄风于上，这就是当时的舆论生态。进仕者在不同的阶段不断变幻自己的面貌，以迎合不同的社会权威。

---

① 《晋书》卷 46《李重传》，第 1312 页
② 《晋书》卷 94《隐逸传》，第 2432 页。
③ 《晋书》卷 46《李重传》，第 1311 页。
④ 张辞修：《西晋后期玄学名士拔擢寒素研究》，《北京师范大学学报（社会科学版）》2022 年第 5 期。
⑤ （东晋）葛洪著，杨明照校笺：《抱朴子外篇校笺》上册卷 25《疾谬》，中华书局 1991 年版，第 613 页。

第四编

晋宋之变中的
朝堂与士林

第七章 门阀政治的危局与高门士族阶层性格的变化

　　两晋门阀拥有足够的政治权力来推行他们的理想。高门士族的权力在东晋达到顶峰，出现田余庆先生所称的"门阀政治"的局面。正如田先生所指出的，门阀政治是几个大家族的联合执政，与皇权达到平衡，但这种平衡是不稳定的。东晋末年，随着高门士族统治能力的丧失，这一局面便告终结。[①] 晋宋之际高门士族是怎样自处的呢？他们的变化又对南朝历史的走向带来怎样的影响呢？这是本章试图探究的问题。

一、刘裕的门阀政策

　　晋安帝元兴三年（404年）二月，北府将领刘裕等人在京口

[①]　田余庆：《东晋门阀政治》，北京大学出版社1989年版，第334—340、353—356页。

起事，三月攻入建康，桓玄西奔，摆在朝中大臣面前的是一个始料未及的局面：桓玄政权是在他们的支持下建立的，为了挽救日趋衰弱的门阀政治，他们不惜采用改朝换代这种非常方式①。然而，桓玄政权仅仅维系了三个月就被他们素来轻视的次门士族所推翻，而且还是在恢复晋朝的名义下推翻的。在刘裕进入建康的那一刻，高门士族不但失去了最高权力，而且丧失了道义上的号召力。《宋书·武帝纪上》：

> 高祖位微于朝，众无一旅，奋臂草莱之中，倡大义以复皇祚。由是王谧等诸人时失民望，莫不愧而惮焉。②

王谧是王导之孙，桓玄篡位时曾手解安帝玺绂，任司徒，为桓玄佐命功臣。刘裕执政后，"众并谓谧宜诛"，此时弥漫朝野的是清算历史的政治氛围。③ 于是在朝者立身谨慎，"先是朝廷承晋氏乱政，百司纵弛，桓玄虽欲厘整，而众莫从之。高祖以身范物，先以威禁内外，百官皆肃然奉职，二三日间，风俗顿改。"④桓玄不能治是因为他代表高门利益，刘裕能治，乃在于他的政治高压。此时朝野上下都疑惧不安，那些曾与桓玄关系密切者更是

---

① 祝总斌：《试论东晋后期高级士族之没落及桓玄代晋之性质》，《北京大学学报》1985 年第 3 期。

②④ 《宋书》卷 1《武帝纪》，第 9 页。

③ 王永平：《刘裕诛戮士族与晋宋社会变革》，《江海学刊》2015 年第 1 期。黄承炳：《再释南朝"素族"——以晋宋之际高门士族的变化为中心》，《魏晋南北朝隋唐史资料》(第 37 辑) 2018 年，第 55—72 页。范子烨：《易代前夜的心曲：陶渊明〈赠羊长史〉诗发覆》，《文学遗产》2019 年第 2 期。

如此。

太原王愉是桓氏婿，曾任桓玄尚书仆射，与子王绥尝轻辱刘裕，心不自安，故结司州刺史温详谋作乱，被杀[1]。这件事影响很大，琅邪王湛认为王愉父子被杀是刘裕的阴谋，其真实用意是"剪除胜己，以绝民望"，即铲除有影响力的高门士族。于是王谧惧而出奔。随后，桓玄秘书监卞承之等人役使官人为御史中丞所纠，被刘裕以"谢笺言辞怨愤"的罪责予以免官。刘裕自称此举是为了"以清风轨"[2]。王湛所言非虚，刘裕对士族一系列的打击行动绝非是忠于晋帝，而是要在他们面前树立权威，最终目的是控制和利用高门士族。

在适可而止地惩处部分不合作的高门士人后，刘裕并没有大开杀戮，为了稳定政局，他追回了逃跑的王谧，并委任他为录尚书事，扬州刺史[3]。在他担任镇军将军，控制建康的一年多时间里，先后选拔了许多高门子弟。其中入镇军府的有颍川庾悦、庾登之，琅邪王弘，陈郡谢绚、谢裕、谢瞻，陈郡袁湛，济阳江夷，泰山羊玄保等。这种举动使随桓氏逃亡的高门产生错觉，以为刘裕执政并没有改变政治性质，高门士族还能左右政局，于是殷仲文便奉安帝二后反正。殷仲文出身陈郡高门，素有名望，自视甚高，连当时最有名的谢氏子弟谢混都看不起。他归降刘裕后信心很足，"自谓必当朝政"，然而仅被任命为东阳太守，"意弥不平"。[4]

---

[1] 《晋书》卷75《王愉传》，第1970、1974页。
[2][3] 《宋书》卷1《武帝纪》，第10页。
[4] 《晋书》卷99《殷仲文传》，第2605页。

在刘裕政治高压中日益不得志者开始密谋政变。义熙三年（407 年），殷仲文与其弟殷叔文、殷道叔联合卞承之、永嘉太守骆冰与骆球父子、曹靖之、刘延祖、桓石松等人奉桓胤为主，发动政变。[1] 这些政变虽然都被镇压，但刘裕与高门士族之间的紧张关系却没有得到改善。史载桓胤死后，"声称犹全"[2]，就是高门舆论对抗刘裕的表现。

二、二刘之争中的高门士族因素

刘裕的政治姿态不仅引起高门士族的敌视，而且引起北府间的争斗。殷仲文叛乱的同年，王谧死，扬州刺史一职空缺，刘毅等人不愿意刘裕入辅，议以中领军谢混出任此职，或者让刘裕在丹徒遥领，实际事务交给孟昶处理。[3] 谢混为谢琰之子，"风华为江左第一"，时为士林领袖。此事表明，高门士族开始利用北府内部反刘裕的势力达成自己的政治目的。[4]

就私人关系而言，谢混更有理由与刘裕交好。刘裕左里之捷曾逮住出卖谢琰的张猛，交于谢混，帮他报杀父之仇。[5] 然而刘毅更能博得高门士族的好感。从气质上，他就与高门士族

---

① 《晋书》卷 99《桓玄传》，第 2603 页。《晋书》卷 99《殷仲文传》，第 2605 页。
② 《晋书》卷 75《王绥传》，第 1974 页。
③ 《宋书》卷 42《刘穆之传》，第 1304 页。
④ 陈群：《刘宋建立与士族文人的分化》，《中国史研究》2002 年第 3 期。
⑤ 《晋书》卷 79《谢琰传》，第 2079 页。

更接近，据《晋书》本传载，他尝读史籍，又能作诗，并自诩正始风流。在追剿桓玄残余势力的时候，刘毅与何无忌发生冲突，他"唯自引咎，时论韪之"，获得士林舆论的好感。更为重要的是，刘毅并没有表现出刘裕那样的控制欲望，而是对名士风流表示尊重。如对待殷仲文，刘毅就与刘裕不同，他非但没有冷落殷仲文，还"深相礼结，临当之郡，游宴弥日"①。再加上刘毅雄才大略，是仅次于刘裕的实权派人物，"为亚相，爱才好士，当世莫不辐辏"②。其中分量最重的"朝士素望者"为谢混与郗僧施。

郗僧施为高平郗超继子，少与王绥、桓胤齐名。③刘毅曾将他比作自己的孔明，声称他们的关系是鱼水之情。④刘裕也说"郗僧施、谢邵、任集之等，交构积岁，专为刘毅谋主"⑤，故而有理由相信刘毅的政治行动在某种程度上是在贯彻高门士族的政治意图。

义熙六年（410年）刘毅出兵镇压卢循起事，刘裕时征南燕，写信并遣毅从弟藩往止之，刘毅怒曰："我以一时之功相推耳，汝便谓我不及刘裕也！"⑥从军事的角度考虑，二刘联合兵力显然胜算更大，刘毅急于出兵与刘裕出兵南燕是一样的，都是为

---

① 《晋书》卷99《殷仲文传》，第2605页。
② 《宋书》卷46《张邵传》，第1393页。
③ 《晋书》卷37《郗僧施传》，第1805页。
④ 《晋书》卷85《刘毅传》，第2210页。
⑤ 《宋书》卷2《武帝纪》，第33页。相关研究可参见王永平：《晋宋之际陈郡谢氏代表人物的政治倾向及其境遇》，《青岛大学师范学院学报》2010年第2期；《刘裕、刘毅之争与晋宋变革》，《江海学刊》2012年第3期。
⑥ 《晋书》卷85《刘毅传》，第2208页。

了获得更高的威望，以便在政争中占据主动。而且这件事恐怕不会是刘毅一时冲动，很可能是他身边那些高门士族的主意，就像谢裕劝刘裕立功南燕一样。[①] 在他们看来，此时刘裕不在国内，倘若刘毅取胜，这将是一个取代刘裕的好机会。

刘毅战败后，知"物情去己"，凭他个人的威望很难再取代刘裕，于是刘毅一党的目标转向通过控制中央要职与重要方镇来牵制刘裕。刘裕讨伐卢循，留刘毅在建康"知内外留事"[②]，疑孟昶死后谢混被委任为尚书左仆射，即为刘毅的有意安插。次年郗僧施又被任命为丹阳尹。[③] 在地方上，刘毅展开对江州的争夺，以"江州内地，治民为职，不宜置军府"为由解除庾悦都督，将其"文武三千悉数吞并"[④]。随后刘毅与刘道规换镇，移镇荆州，同时将江州兵与豫州西府文武万余悉数带到江陵。[⑤] 完成了对中央与方镇的布置。

刘毅这种布局来自东晋权臣居上流影响朝政的历史经验，也是东晋荆扬之争的延续，不过这次的主角由高门变成刘裕与刘毅。刘毅的这个布局很可能也是由谢混、郗僧施等人谋划的，因为刘裕说谢混"扇动内外，连谋万里"[⑥]，十年后谢晦、徐羡之等人也是企图通过同时控制中枢与荆州来求得自保。可见，东晋

---

① 《宋书》卷 52《谢裕传》，第 1494 页。
② 《晋书》卷 85《刘毅传》，第 2208 页。
③ 万斯同：《东晋将相大臣年表》，《二十五史补编》第三册，中华书局 1955 年版，第 3353 页。
④ 《宋书》卷 52《庾悦传》，第 1491 页。
⑤ 《晋书》卷 85《刘毅传》，第 2209 页。
⑥ 同上书，第 2210 页。

门阀政治的格局对高门子弟影响甚深，他们一再试图复现这种格局。

对于高门士族而言，即使不能推翻刘裕，在二刘的荆扬之争中，他们也能获得更大的回旋余地，甚至也可将刘裕这些权臣改造为新的门阀，这就能延续门阀政治。

三、高门士族与刘裕的合作

义熙八年（412年），刘裕先后诛杀谢混、郗僧施、刘藩、刘毅、诸葛长民等人，基本掌控政局。虽然士林舆论对刘毅等持同情态度，[①] 但高门士族也清楚地认识到这是一个历史的转折时刻，旧有的家族格局将不复存在。义熙九年（413年），颍川荀伯子上表称："今王道惟新，岂可不大判臧否？"他多次上表追讼魏晋封爵排位旧事，"凡所奏劾，莫不深相谤毁，或延及祖祢"，还"常自矜荫籍之美"，对王弘说："天下膏粱，唯使君与下官耳。宣明之徒，不足数也。"[②] 颍川荀氏为魏晋望族，东晋已经衰弱，荀伯子试图抓住晋宋禅代的时机，利用舆论翻旧案，重新排定士族，恢复荀氏的族望。然而晋宋之际士族地位的升降并不取

① 《宋书》卷2《武帝纪中》载司马休之上表："故卫将军刘毅、右将军刘藩、前将军诸葛长民、尚书仆射谢混、南蛮校尉郗僧施，或盛勋德胤，令望在身，皆社稷辅弼，协赞所寄，无罪无辜，一旦夷灭。"第32页。

② 《宋书》卷60《荀伯子传》，第1629页。

决于政治影响力日趋衰微的士林舆论，而是取决于参与建造新政权的贡献程度。

早在刘裕执政之初，就有一些高门士族投靠刘裕，那时的归附更多是在乱政中的一种投机行为，其目的在于依靠政治强人分享政治权力。如吴郡张邵是最早投靠刘裕的南方士族之一，有人对他不交结刘毅的举动感到奇怪，他说："主公（刘裕）命世人杰，何烦多问。"①又如会稽孔季恭，早在刘裕东征时就"曲意礼接，赡给甚厚"，又为刘裕起事出谋划策。②南方士族在东晋门阀政治中并不得意，这或许是南方士族利用晋末乱局投机刘裕，以提升家门地位的一次尝试。③至于颍川庾悦则是与刘毅有宿怨，结刘裕以自保。④此外还有琅邪王诞、陈郡谢裕，他们与刘裕有故旧之情，所以为刘裕所委仗。⑤对刘裕最为忠心的是河南褚氏，褚秀之、褚淡之、褚叔度兄弟，"虽晋氏姻戚，而尽心于高祖""恭帝每生男，辄令方便杀焉，或诱赂内人，或密加毒害，前后非一"，后来更参与杀害晋恭帝。刘裕"以其名家，而能竭尽心力，甚嘉之"⑥。像褚氏兄弟这样忠心于刘裕的高门士族并不

---

① 《宋书》卷 46《张邵传》，第 1393 页。
② 《宋书》卷 54《孔季恭传》，第 1531 页。
③ 陈群：《刘宋建立与士族文人的分化》，《中国史研究》2002 年第 3 期。
④ 《宋书》卷 52《庾悦传》，第 1490 页。《晋书》卷 85《刘毅传》，第 2211 页。
⑤ 《宋书》卷 52《王诞传》，王诞自称"素为刘镇军所识，情味不浅，若得北归，必蒙任寄"。后对刘裕"尽心归奉，日夜不解"，参与策划讨伐刘毅、诸葛长民。第 1492 页。《宋书》卷 52《谢裕传》记载桓玄执政时，谢裕曾礼遇刘裕，刘裕攻破建康后，当众称之"名公孙"，义熙五年（409 年），谢裕力劝刘裕征南燕立功，同时留任大司马府左司马，专总府任，其实是监视朝廷。第 1494 页。
⑥ 《宋书》卷 52《褚叔度传》，第 1504—1505 页。

多，所以才能被刘裕特别看重。①

义熙八年（412 年），刘毅被诛杀后，原先与刘裕保持距离或敌对的高门士族纷纷倒向刘裕。《宋书·谢方明传》载："丹阳尹刘穆之权重当时，朝野辐辏，不与穆之相识者，唯有（谢）混、（谢）方明、郗僧施、蔡廓四人而已，穆之甚以为恨。方明、廓后往造之，大悦，白高祖曰：'谢方明可谓名家驹。直置便自是台鼎人，无论复有才用。'"②据《宋书·刘穆之传》，刘穆之任丹阳尹为义熙八年（412 年），谢混、刘毅相继死于其年九月、十月，谢方明造访刘穆之当在谢混、刘毅被诛杀后，这是他审时度势向刘裕示好。谢方明与谢混同为陈郡谢氏的名士，他能在谢混死后屈身刘裕权臣刘穆之，无疑对高门士族的政治选择产生极大的影响，所以刘穆之不仅大喜，还要说服刘裕委任谢方明为台鼎之职。《宋书·刘穆之传》载此后刘穆之"宾客辐辏，求诉百端"③，说明刘裕的权威已经得到了广泛的认同。这件事情的象征意义在于高门大族经过八九年恢复门阀政治的努力，终于向由次门士族建立的新政治秩序妥协。以前站在刘裕敌对方的士人也加入了刘裕的阵营。如谢纯为刘毅僚佐，其弟谢述随在江陵，城破之日，谢纯为刘毅死节，谢述在奉纯丧还都后，却又出仕刘裕。④又如谢灵运时为刘毅卫军从事中郎，为谢混所青睐，谢混、刘毅死后，他继续担任刘裕太尉参军。⑤

---

① 祝总斌：《晋恭帝之死和刘裕的顾命大臣》，《北京大学学报》1986 年第 2 期。
② 《宋书》卷 53《谢方明传》，第 1523 页。
③ 《宋书》卷 42《刘穆之传》，第 1306 页。
④ 《宋书》卷 52《谢述传》，第 1495 页。
⑤ 《宋书》卷 67《谢灵运传》，第 1743 页。

随之而来的变化是一些高门士人由骄矜变为谄媚①。如何承天与刘穆之结为姻亲②。最为典型的是谢晦，他"美风姿，善言笑，眉目分明，鬓发如点漆。涉猎文义，朗赡多通"③，名士风度为从叔谢混所赏④，但他却对刘裕极尽谄媚。"从征司马休之。时徐逵之战败见杀，高祖怒，将自被甲登岸，诸将谏，不从，怒愈甚。晦前抱高祖，高祖曰：'我斩卿！'晦曰：'天下可无晦，不可无公，晦死何有！'"⑤刘裕北伐，于彭城大会赋诗，"晦恐帝有失，起谏帝，即代作"⑥。谢晦之所以放下高门士族的骄矜，乃在于他对权力有着深切的渴望⑦，而且认识到了只有向刘裕表示忠心，才能获得权力。

对此，谢晦之兄谢瞻很不以为然。他认为"吾家以素退为业，不干预时事，交游不过亲朋"，谢晦"势倾朝野"，并不是"门户之福"，"福过灾生，其应无远"⑧。谢瞻的观念或许是受谢澹对谢混看法的影响，"混与刘毅昵，澹常以为忧，渐疏混，每谓弟璞、从子瞻曰：'益寿此性，终当破家。'混寻见诛。"⑨其实

---

① 陈群：《刘宋建立与士族文人的分化》，《中国史研究》2002 年第 3 期。

② 《宋书》卷 81《刘秀之传》，第 2073 页。

③ 《宋书》卷 44《谢晦传》，第 1348 页。

④ 《宋书》卷 58《谢弘微传》，第 1591 页。

⑤ 《宋书》卷 44《谢晦传》，第 1347 页。

⑥ （唐）李延寿：《南史》卷 19《谢晦传》，中华书局 1975 年版，第 522 页。

⑦ 《宋书》卷 44《谢晦传》："刘穆之遣使陈事，晦往往措异同，穆之怒曰：'公复有还时否？'高祖欲以为从事中郎，以访穆之，坚持不与。终穆之世不迁。穆之丧问至，高祖哭之甚恸。晦时正直，喜甚，自入阁参审穆之死问。"第 1348 页。

⑧ 《宋书》卷 56《谢瞻传》，第 1557 页。

⑨ 《南史》卷 19《谢澹传》，第 528 页。

谢混原本也是"风格高峻，少所交纳，唯与族子灵运、瞻、曜、弘微并以文义赏会""其外虽复高流时誉，莫敢造门"①。在谢澹、谢瞻看来，正确的处世态度应该是不预世事，继续凭借门资取得清显之职。当时确实也有人如此。琅邪王景文曾目睹刘裕与刘穆之密谋讨伐刘毅，但超然事外，不置议论，被刘裕称为"高简"②。然而这种观念要么是没有认识到高门士族地位的变化，以为还能坐取公卿，要么是消极地保家全身。事实上，在晋宋易代之时，只有放下高门的架子，才能分享统治权力，也只有积极参与政治才能确保家业之不堕。济阳蔡廓"年位并轻，而为时流所推重，每至岁时，皆束带到门"，他不结交刘穆之，在高门士族看来是"素退"，在刘裕看来则是"方鲠闲素"③，其实就是以高门自矜，不与刘裕合作，所以"后会稽郡缺，朝议欲用蔡廓，高祖曰：'彼自是蔡家佳儿，何关人事。'"转以此职授予投靠刘裕的另一高门褚淡之。

在这方面，年轻的高门子弟显示出强烈的进取心。殷景仁"有当世之志"④，刘湛"弱年便有宰世情，常自比管夷吾、诸葛亮"⑤，孔宁子与王华"并有富贵之愿"⑥。这种进取心与义熙八年（412 年）以前相比，前者是追求高门士族全体利益，而后者是追求家族甚至是个人利益，这就更进一步削弱了高门士族整体的

---

① 《宋书》卷 58《谢弘微传》，第 1590—1591 页。
② 《宋书》卷 85《王景文传》，第 2178 页。
③ 《宋书》卷 57《蔡廓传》，第 1570、1573 页。
④ 《宋书》卷 63《殷景仁传》，第 1681 页。
⑤ 《宋书》卷 69《刘湛传》，第 1815 页。
⑥ 《宋书》卷 63《王华传》，第 1675 页。

政治影响力。

与此同时，刘裕也在适应与高门士族相处。一方面是因为高门士族与刘毅的联合确实给他带来了麻烦，让他看到这个阶层的能量，另一方面是因为随着北府集团的瓦解，刘裕也需要重构统治集团。刘裕留心书法，担心其拙劣的书法"宣彼四远"，为士族所耻笑。又学高门士族品题人物，闻张敷之美，召而奇之，曰："真千里驹也"[1]，评论刘义庆："此我家丰城也"[2]，又说："见王智，使人思仲祖"[3]。刘裕遵从世论，希望参与士林交游。义熙中，刘裕对郑鲜之说："羊徽一时美器，世论犹在兄后，恨不识之。"[4] 刘裕还"颇慕风流，时或言论"，希望参与清谈。[5]

更重要的是，他及时调整政策，延揽士族。义熙六年（410年），孟昶死后，刘裕将孟昶参佐可用之人转入自己府中。谢晦就是由刘穆之推荐而被任命为太尉参军的[6]。诛杀刘毅后，刘裕采纳毅府咨议参军申永的建议，对荆州采取"除其宿忧，倍其惠泽，贯叙门次，显擢才能"的政策[7]，遵循门第选拔人才。对于士族人才，他展现出求才的姿态。王华因其父下落不明而布衣蔬食不交游十余年，刘裕欲收其才用为华父发丧[8]。刘裕还对青年

---

① 《宋书》卷46《张邵传》，第1395页。
② 《宋书》卷51《刘义庆传》，第1475页。
③ 《宋书》卷85《王景文传》，第2177页。
④ 《宋书》卷62《羊欣传》，第1662页。
⑤ 《宋书》卷64《郑鲜之传》，第1696页。
⑥ 《宋书》卷44《谢晦传》，第1347页。
⑦ 《宋书》卷93《隐逸·宗炳传》，第2278页。
⑧ 《宋书》卷63《王华传》，第1675—1676页。

士人殷景仁、刘湛"以宰相许之"①。不仅如此，刘裕还在一定程度上遵循了高门士族的政治惯例。《宋书·王惠传》："宋国初建，当置郎中令，高祖难其人，谓傅亮曰：'今用郎中令，不可令减袁曜卿也。'既而曰：'吾得其人矣。'乃以惠居之。"王惠之"夷简"正如袁涣。刘裕对于宋国的人选是相当慎重的。考察宋国僚佐，高门士族占有相当地位：

孔季恭为尚书令，王准之为御史中丞，谢晦为右卫，王镇之为祠部尚书，何承天、谢方明为祠部尚书郎，江夷、王智为五兵尚书，王敬弘为度支尚书，王惠为郎中令，谢瞻为中书黄门侍郎，谢灵运为黄门侍郎，蔡廓、孔琳之为侍中，殷景仁为秘书郎，王球为世子中舍人，颜延之为博士。

宋国的建立在义熙十四年（418 年），从表面上看，此时刘裕与高门士族的关系完全融合在一起，然而事实并非如此。

四、高门士族的权力之争

东晋百年来的门阀政治养成了高门士族骄矜的气质，使他们不能适应趋附的角色。《宋书·王惠传》：

时会稽内史刘怀敬之郡，送者倾京师，惠亦造别，还过

---

① 《宋书》卷 63《殷景仁传》，第 1682 页。

从弟球。球问："向何所见？"惠曰："惟觉即时逢人耳。"①

据《宋书·刘怀敬传》，刘怀敬为刘裕从母弟，"涩讷无才能"，以旧恩，"累见宠授，至会稽太守"。王惠"幼而夷简"，被王诞称为"后来令秀，鄙宗之美"，原本"恬静不交游，未尝有杂事"②，他送刘怀敬，并非与之有旧，只是不得不趋时，所以他的感受是"惟觉即时逢人耳"。即便是谢晦，在刘裕受禅时，徐广哀感流涕，他为之感到紧张，赶忙提醒："徐公将无小过？"③这反映了他对新王朝也有着深深的自疑心理。

这种疑惧绝非空穴来风。在刘裕内心中，他一直警惕着高门士族，甚至是监视他们。《宋书·刘穆之传》：

> 穆之外所闻见，莫不大小必白，虽复闾里言谑，途陌细事，皆一二以闻。高祖每得民间委密消息以示聪明，皆由穆之也。又爱好宾游，坐客恒满，布耳目以为视听，故朝野同异，穆之莫不必知。虽复亲昵短长，皆陈奏无隐。④

张邵不结交刘毅就是由刘穆之报告的。在关键职位上，刘裕选人是相当谨慎的。在政乱纷争的义熙年间，典掌诏命的西省郎一职非常重要，它是刘裕控制朝廷的重要保证。义熙元年（405年）担任此职的是傅亮，后由滕演代亮，义熙七年（411年），

---

①② 《宋书》卷58《王惠传》，第1589页。
③ 《宋书》卷55《徐广传》，第1549页。
④ 《宋书》卷42《刘穆之传》，第1305页。

傅亮复代滕演①，义熙八年（412 年），羊徽直西省②，十一年后，王韶之领西省事直至晋亡。祝总斌先生认为傅亮与徐羡之一样绝非著名高门，王韶之虽然出身琅邪王氏，却没有从门阀特权中捞得好处，其实际地位与傅亮接近③。按此推测，出身泰山羊氏的羊徽也应与王韶之类同。门阀背景很淡的这些高门子弟是刘裕可以控制、可以依靠的力量。即便是这样，刘裕对他们也并不十分放心，他所信赖的是刘穆之。义熙十三年（417 年），刘裕"本欲顿驾关中，经略赵、魏。穆之既卒，京邑任虚，乃驰还彭城，以司马徐羡之代管留任，而朝廷大事常决穆之者，并悉北咨。"④

高门士族虽然对刘裕无可奈何，但他们却把斗争的矛头指向了刘裕所信任的人，希望从他们手中夺回权力，刘穆之之死就与这种斗争有关。《宋书·王弘传》载刘裕北伐：

> 前锋已平洛阳，而未遣九锡，弘衔使还京师，讽旨意朝廷。时刘穆之掌留任，而旨反从北来，穆之愧惧，发病遂卒。⑤

这种权力之争其实是一种争宠，结果是巩固了刘裕的统治，它反映了高门士族整体政治力量的衰落。高门士族在刘裕的强权下能够委身趋附，但他们却无法忍受徐羡之和傅亮这样门望较

---

① 《宋书》卷 43《傅亮传》，第 1336 页。
② 《宋书》卷 62《羊欣传》，第 1662 页。
③ 祝总斌：《晋恭帝之死和刘裕的顾命大臣》，《北京大学学报》1986 年第 2 期。
④ 《宋书》卷 42《刘穆之传》，第 1306 页。
⑤ 《宋书》卷 42《王弘传》，第 1312 页。

低的士族跃居其上，居台鼎之位。张敷永初初年为秘书郎，在省直，"中书令傅亮贵宿权要，闻其好学，过候之，敷卧不即起，亮怪而去"①，这显然是张敷藉以表达对徐羡之、傅亮的轻视。傅亮"自以文义之美，一时莫及"，颜延之仍"负其才辞，不为之下，亮甚疾焉"②。永初二年（421 年），御史中丞孔琳之弹劾徐羡之"无大臣之体"，要求免徐羡之官③。

少帝即位，徐羡之、傅亮执政，高门士族的攻击更加猛烈。④谢灵运"构扇异同，非毁执政，司徒徐羡之等患之"⑤。徐、傅委任官职，高门士族也不予合作。《宋书·王惠传》：

> 少帝即位，以蔡廓为吏部尚书，不肯拜，乃以惠代焉。惠被召即拜，未尝接客，人有与书求官者，得辄聚置阁上，及去职，印封如初时。谈者以廓之不拜，惠之即拜，虽事异而意同也。⑥

即使同为顾命大臣的谢晦也在背后拆台⑦，徐羡之、傅亮将

---

① 《宋书》卷 62《张敷传》，第 1663 页。
② 《宋书》卷 73《颜延之传》，第 1892 页。
③ 《宋书》卷 56《孔琳之传》，第 1563—1564 页。
④ 王永平：《庐陵王刘义真之死与刘宋初期之政局——从一个侧面透视晋宋之际士族与寒门的斗争》，《江苏社会科学》2009 年第 4 期。邵春驹：《论南朝刘宋景平至元嘉初政局》，《江苏第二师范学院学报（社会科学版）》2017 年第 10 期。
⑤ 《宋书》卷 67《谢灵运传》，第 1753 页。
⑥ 《宋书》卷 58《王惠传》，第 1590 页。
⑦ 祝总斌：《晋恭帝之死和刘裕的顾命大臣》，《北京大学学报》1986 年第 2 期。

颜延之出为始安太守，谢晦对颜延之说："昔荀勖忌阮咸，斥为始平郡，今卿又为始安，可谓二始。"殷景仁也说："所谓俗恶俊异，世疵文雅。"[1]挑起对徐羡之、傅亮的不满。

少帝被杀后，舆论更是汹汹。与徐羡之、傅亮素不平的范泰说："吾观今多矣，未有受遗顾托，而嗣君见杀，贤王婴戮者也。"[2]蔡廓也对傅亮说："卿诸人有弑主之名，欲立于世，将可得邪。"[3]孔宁子与王华"并有富贵之愿，自羡之等秉权，日夜构之于太祖。宁子尝东归，至金昌亭，左右欲泊船，宁子命去之，曰：'此弑君亭，不可泊也。'"王华出入逢羡之等，每切齿愤咤，叹曰："当见太平时否？"[4]怨愤之情溢于言表。

徐羡之等人被诛杀后，掌权者为王弘、王昙首、王华、殷景仁等高门士族，这本是高门士族恢复门阀政治的最好时机，那为何没有出现这种局面呢？除了众所周知的高门士族军事才能、政治才能衰弱的原因外，这与义熙年间，特别是义熙八年（412年）刘裕独掌大权以后高门士族的变化有关。

刘毅死后，高门士族最大的变化是不再追求群体的政治地位，这使得高门士族之间，甚至是同一家族之内，很难再以同一个声音说话，他们彼此间的争斗削弱了高门士族整体对政治的控制力。

（徐羡之死后，）时王弘辅政，而王华、王昙首任事居

---

[1] 《宋书》卷 73《颜延之传》，第 1892 页。
[2] 《宋书》卷 60《范泰传》，第 1620 页。
[3] 《宋书》卷 57《蔡廓传》，第 1570 页。
[4] 《宋书》卷 63《王华传》，第 1677 页。

中，（刘）湛自谓才能不后之，不愿外出，是行也（出任广州刺史），谓为弘等所斥，意甚不平，常曰："二王若非代邸之旧，无以至此，可谓遭遇风云。"①

殷景仁帮助刘湛还朝，共参政事，但"湛既入，以景仁位遇本不逾己，而一旦居前，意甚愤愤。知太祖信仗景仁，不可移夺，乃深结司徒彭城王义康，欲倚宰相之重以倾之。"②王华"性尚物，不欲人在己前"，即使王弘、王昙首兄弟同为琅邪王氏，同"为太祖所任，与华相埒，华谓己力用不尽，每叹息曰：'宰相顿有数人，天下何由得治！'"王华、刘湛二人为争权不惜攻击同列、同族，毫不掩饰其权力欲望，"不为饰让，得官即拜，以此为常"③。

如此一来，居于权力顶峰的家族往往成为众矢之的，为了家门长久就必须让出部分权力，最合适的对象是皇族。范泰对王弘说："天下务广，而权要难居，卿兄弟盛满，当深存降挹。彭城王，帝之次弟，宜征还入朝，共参朝政。"弘纳其言④。从元嘉三年（426年）正月诛徐羡之到六年正月刘义康入辅，琅邪王弘兄弟仅仅单独执政三年，这与东晋门阀执政相比，真有天渊之别。在高门士族的内争中，皇权得到了加强，上台时年仅17岁的刘义隆终于没有让东晋门阀专政的局面再现。

---

① 《宋书》卷69《刘湛传》，第1816页。
② 《宋书》卷63《殷景仁传》，第1682—1683页。
③ 《宋书》卷63《王华传》，第1677页。
④ 《宋书》卷60《范泰传》，第1622页。

　　此外，随着高门士族政治影响力的降低，名士风流不再成为参预时政的充分条件。谢灵运与隐士王弘之、孔淳之居会稽，"每有一诗至都邑，贵贱莫不竞写，宿昔之间，士宿皆遍，远近钦慕，名动京师。"诛徐羡之后，应召为秘书监，"既自以名辈，才能应参时政，初被召，便以此自许，既至，文帝唯以文义见接，每侍上宴，谈赏而已。王昙首、王华、殷景仁等名位素不逾之，并见任遇，灵运意不平，多称疾不朝直。"① 隐居、名士交游、名动京师这些都是东晋名士养望并且最终入仕的常路，谢灵运的曾祖辈谢安、父辈谢混都以此入居宰辅，谢灵运的失败除了个人性格偏狭的原因外，更多地归咎于士族意识、士林舆论左右朝廷选官能量的衰减。这种衰减既有皇权振兴的因素，也缘于士族观念的变化。②

　　刘裕看重的是统治才干③，如谢晦曾代刑狱参军，"于车中一览讯牒，催促便下。相府多事，狱系殷积，晦随问酬辩，曾无违谬。高祖奇之，即日署刑狱贼曹"④，谢晦从此进入刘裕的核心权力圈。士族子弟认识到名士风流并不能给他们带来富贵，努力的方向也就发生了改变。殷景仁"学不为文，敏有思致，口不谈义，深达理体，至于国典朝仪，旧章记注，莫不撰录，识者知其有当世之志也。高祖甚知之，迁太子中庶子。"⑤ 刘湛"少有局力，不尚浮华。博涉史传，谙前世旧典，弱年便有宰世情，常自

① 《宋书》卷 67《谢灵运传》，第 1772 页。
② 陈群:《"吏能之士"与"文义之士"：宋初的文士之争》,《清华大学学报（哲学社会科学版）》2009 年第 2 期。
③ 陈群:《刘宋建立与士族文人的分化》,《中国史研究》2002 年第 3 期。
④ 《宋书》卷 44《谢晦传》，第 1347 页。
⑤ 《宋书》卷 63《殷景仁传》，第 1681 页。

比管夷吾、诸葛亮，不为文章，不喜谈议。"①刘裕对才干的重视使殷景仁、刘湛这些"有宰世情"的青年士人不重视文章、谈议这种士族趣味，将之看作"浮华"无关之事，而这些原本是"朝望"所必需的。随着这些士人入居宰辅，政治标准也发生了变化，谢灵运擅长文义、谈论却不能参预时政，仅被定格在文义赏接上。这也是义熙十余年给高门士族带来的重大变化。

---

① 《宋书》卷69《刘湛传》，第1815页。

第八章　从玄学到文学——士林风尚之变化

一、"清远"与"辩丽"：清谈的两个维度

《南齐书》卷三十九萧子显论儒风从两汉至南齐的发展，谈到东晋与刘宋时说："晋世以玄言方道，宋氏以文章闲业，服膺典艺，斯风不纯，二代以来，为教衰矣。"

萧子显敏锐地发现士风在晋宋间发生了转移，由两晋的"玄言方道"转向刘宋的"文章闲业"。刘勰在《文心雕龙·时序》中也说："自中朝贵玄，江左称盛，因谈余气，流成文体""诗必柱下之旨归，赋乃漆园之义疏""自宋武爱文，文帝彬雅，秉文之德，孝武多才，英采云构"。

在刘勰看来，两晋文学与刘宋文学的差异是两代的不同风气使然，"文变染乎世情，兴废系乎时序"。两晋"贵玄"，故而文学成为玄学思想的表达手段；刘宋"爱文"，则文学转向了其自身的美学价值。陈寅恪先生说《世说新语》"盖起自汉末之清谈适至此

时代（刘宋初年）而消灭，是临川康王不自觉中却于此建立一划分时代之界石及编完一部清谈之全集也"①。晋宋之际最大的变化是，对玄学义理的探讨不再占据着士大夫精神生活的全部。②

《宋书·王惠传》："陈郡谢瞻才辩有风气，尝与兄弟群从造惠，谈论锋起，文史间发，惠时相酬应，言清理远，瞻等惭而退。"③

王惠、谢瞻为晋末宋初人，《宋书》将此事记于义熙年间王惠出仕之前。此段史料殊可注意者有二：一是谢瞻以文史入清谈；二是谢瞻自己认为"文史间发"不及王惠之"言清理远"。《宋书·谢弘微传》："（谢）瞻等才辞辩富，弘微每以约言服之""（谢混）谓瞻等曰：'汝诸人虽才义丰辩，未必皆惬众心，至于领会机赏，言约理要，故当我共推微子。'"

虽然早在西晋，文史已是名士清谈的内容之一，但东晋清谈的主题仍是周易、庄、老以至佛学④，而且谈论并不以言辞取胜，这是谢瞻对王惠感到自惭、谢混评价谢瞻不如谢弘微的原因。又《南齐书·张岱传》：

> （张）镜少与光禄大夫颜延之邻居，颜谈议饮酒，喧呼不绝；而镜静嘿无言声。后延之于篱边闻其与客语，取胡床

---

① 陈寅恪：《陶渊明之思想与清谈之关系》，载《金明馆丛稿初编》，生活·读书·新知三联书店 2001 年版，第 217 页。
② 陈群：《"吏能之士"与"文义之士"：宋初的文士之争》，《清华大学学报（哲学社会科学版）》2009 年第 2 期。王建国：《清谈风尚与东晋南朝文学之演进》，《江汉论坛》2014 年第 8 期。
③ 《宋书》卷 58《王惠传》，第 1589 页。
④ 唐长孺：《清谈与清议》，载《魏晋南北朝史论丛》，生活·读书·新知三联书店 1955 年版，第 295 页。

坐听，辞义清玄，延之心服，谓宾客曰："彼有人焉。"由此不复酬叫。①

据《宋书·颜延之传》，颜延之在刘劭执政时任光禄大夫，孝武帝登基后为金紫光禄大夫，此时虽距宋立国已有三十余年，但颜延之为由晋入宋之人，仍以"辞义清玄"为衡量谈议水平的标准。

这种情况历经宋齐而有所变化。《南齐书·刘绘传》：

> 永明末，京邑人士盛为文章谈义，皆凑竟陵王西邸。绘为后进领袖，机悟多能。时张融、周颙并有言工，融音旨缓韵，颙辞致绮捷，绘之言吐，又顿挫有风气。时人为之语曰："刘绘贴宅，别开一门。"言在二家之中也。②

《南史·刘绘传》：

> 时张融以言辞辩捷，周颙弥为清绮，而（刘）绘音采赡丽，雅有风则。时人为之语曰："三人共宅夹清漳，张南周北刘中央。"言其处二人间也。③

张融、周颙并为宋齐间名士。张融曾宣称"人生之口，正可论道说义，惟饮与食"④，其人近乎以谈义为业。据《南齐书》本

---

① 《南齐书》卷 32《张岱传》，第 579—580 页。
② 《南齐书》卷 48《刘绘传》，第 841 页。
③ 《南史》卷 39《刘绘传》，第 1009 页。
④ 《南齐书》卷 41《张融传》，第 729 页。

传，"融玄义无师法，而神解过人，白黑谈论，鲜能抗拒。"《南齐书·周颙传》："（颙）兼善老、易，与张融相遇，辄以玄言相滞，弥日不解。"二人实为齐永明世谈义之执牛耳者。但据前引《刘绘传》，时人对谈义之辞、韵异常关注，"后进领袖"刘绘以"音采赡丽"，"言吐"之"顿挫""风气"而为时人誉为"别开一门"，这是有异于晋宋之际的。

张融自称其"文体英绝，变而屡奇，既不能远至汉魏，故无取嗟晋宋""属辞多出，比事不羁，不阡不陌，非途非路""传音振逸，鸣节竦韵，或当未极，亦已极其所"[1]。周颙著《四声切韵》[2]，对永明体的形成有莫大的贡献[3]。据《南齐书》本传，"颙音辞辩丽，出言不穷，宫商朱紫，发口成句""每宾友会同，颙虚席晤语，辞韵如流，听者忘倦"。张、周二人之"言工"，实是自觉为之。周颙在永明年间为国子博士兼著作，"太学诸生慕其风，争事华辩"[4]。陈寅恪先生认为所谓之"辩"，是《周颙传》中"音辞辩丽，出言不穷，宫商朱紫，发口成句"，及其子舍"善读诗书，音韵清辩"之"辩"[5]。唐长孺先生认为太学生所争事之"华辩"即儒学的玄谈化[6]，由此可见"华辩"是当日玄谈的重要特征，对辞韵的关注实为时风之所趋。

---

① 《南齐书》卷 41《张融传》，第 729 页。
② 《南史》卷 34《周颙传》，第 895 页。
③ 陈寅恪：《四声三问》，载《金明馆丛稿初编》，生活·读书·新知三联书店 2001 年版，第 367—381 页。
④ 《南齐书》卷 41《周颙传》，第 732 页。
⑤ 陈寅恪：《四声三问》，载《金明馆丛稿初编》，生活·读书·新知三联书店 2001 年版，第 377 页。
⑥ 唐长孺：《魏晋南北朝隋唐史三论》，武汉大学出版社 1993 年版，第 219—221 页。

二、清谈与文学

清谈由重义理之清远向重辞韵之辩丽的变化，反映士林思想旨趣的转移。其实自东晋晚期始，士林已颇以文学论人，而不仅限于玄理清谈。《晋书·王珣传》：

> 时帝（孝武帝）雅好典籍，珣与殷仲堪、徐邈、王恭、郗恢等并以才学文章见昵于帝。[①]

殷仲文"善属文""有才藻"，以文学才华显于时[②]。义熙年间"风华为江左第一"的谢混，《晋书》本传传论也认为其"风流"是"以文词获誉""并阶时宰"。尽管谢混亦能谈玄，但他最重要的贡献却是开创南朝文学新风，其日常文化活动亦甚重文义赏会。《宋书·谢弘微传》：

> 混风格高峻，少所交纳，唯与族子灵运、瞻、曜、弘微并以文义赏会。尝共宴处，居在乌衣巷，故谓之乌衣之游，混五言诗所云"昔为乌衣游，戚戚皆亲侄"者也。其外虽复高流时誉，莫敢造门。[③]

---

① 《晋书》卷65《王珣传》，第1756页。
② 《晋书》卷99《殷仲文传》，第2604页。
③ 《宋书》卷58《谢弘微传》，第1590—1591页。

可见在这一时期，陈郡谢氏的族内教育也是以"文义"为主。在这样的社会风气中，倘若没有文学才华，是会遭到歧视的。《晋书·袁湛传》：

> 少有操植，以冲粹自立，而无文华。故不为流俗所重。时谢混为仆射，范泰赠湛及混诗云："亦有后出俊，离群颇骞翥。"湛恨而不答。[1]

范泰为王忱外兄，其年岁甚长于谢混、袁湛。据《宋书·范泰传》，"泰博览篇籍，好为文章，爱奖后生，孜孜无倦。"范泰"爱奖后生"，是以"文华"为标准的。中朝名士乐广"善于清言，而不长于手笔"，甚至其作让表都请潘岳代笔，但这并不有损他的声誉。到了晋末宋初，文华已成为名士之必备素质。

这种潮流，到了刘宋得到更进一步的发展。宋初至元嘉末年，"天下无事，士人并以文义为业"[2]，谢灵运"每有一诗至都邑，贵贱莫不竞写，宿昔之间，士庶皆遍，远近钦慕，名动京师"[3]。文学潜质也被引入对儿童的评价中。《梁书·谢朓传》：元嘉二十七年（450 年），谢朓十岁[4]，"能属文"，"（父）庄游土山赋诗，使朓命篇，朓揽笔便就。琅邪王景文谓庄曰：'贤子足称神童，复为后来特达。'庄笑，因抚朓背曰：'真吾家千金。'孝武帝游姑孰，敕庄

① 《晋书》卷 83《袁湛传》，第 2171 页。
② 《宋书》卷 76《宗悫传》，第 1971 页。
③ 《宋书》卷 67《谢灵运传》，第 1754 页。
④ 《梁书》卷 15《谢朓传》，谢朓卒于天监五年（506 年），时年 66 岁，其十岁时正为元嘉二十七年（450 年）。第 264 页。

携胐从驾，诏使为洞井赞，于坐奏之。帝曰：'虽小，奇童也。'"

　　谢胐幼时能属文，王景文据此认为他"特达"①，谢庄认为是"千金"，连孝武帝也甚为属意。范云八岁时遇殷琰，"琰异之，要就席，云风姿应对，旁若无人。琰令赋诗，操笔便就，坐者叹焉"②。除了观察"风姿应对"外，殷琰还要测试范云的文学才华，才能确定他心中的"异"童。

　　在崇尚文学的社会风气中，查《宋书》列传，凡以玄谈著称者，几乎都善文学。由晋入宋者，除前言范泰、谢瞻、谢灵运、颜延之等人外，何尚之"雅好文义，从容赏会，甚为太祖所知"③；王球"颇好文义"④。张敷为张融之从父，"好玄言"，与南阳宗少文谈周易《系》《象》而得名天下，他不仅"善属文"，而且"善持音仪，尽详缓之致，与人别，执手曰：'念相闻。'余响久之不绝。张氏后进皆慕之，其源起自敷也"⑤。沈演之日读《老子》百遍，"以义理业尚知名"，虽不见他尚文的记载，其子沈勃却"好为文章"⑥。

　　成长于刘宋的清谈名士更是多有文名。范晔"善为文章"⑦；

---

① 《宋书》卷85《王景文传》称其"美风姿、好玄理。"则王景文本人则是以玄理风度得名的。第2178页。
② 《梁书》卷13《范云传》，范云卒于天监二年（503年），时年53岁，其8岁时当为宋孝武帝大明二年（458年）。第229页。
③ 《宋书》卷66《何尚之传》，第1733页。
④ 《宋书》卷58《王球传》，第1594页。
⑤ 《宋书》卷46《张邵传》，第1395—1396页，又见卷62《张敷传》，第1663—1664页。
⑥ 《宋书》卷63《沈演之传》，第1685、1687页。
⑦ 《宋书》卷69《范晔传》，第1819页。

袁淑"好属文，辞采遒艳，纵横有才辩"[1]。何偃"素好谈玄，注《庄子逍遥篇》传于世"，与颜竣俱在孝武门下时，又"以文义赏会，相得甚欢"[2]。沈怀文"少好玄理，善为文章"[3]。袁粲、谢庄为刘宋后期清谈领袖，袁粲"善吟讽"[4]，谢庄更被袁淑誉为"江东无我，卿当独秀。我若无卿，亦一时之杰也"[5]。

文学在晋宋之际为士论所重，历经刘宋几十年的沉积熏染而成士林普遍风习，这当是宋齐间辞韵成为清谈除思想性之外的另一重要评价指标的缘由。毕竟，清谈是一种言语活动，士大夫的文学兴趣很容易在清谈中得到体现。

三、清谈与治道

王僧虔的《诫子书》曾谈到清谈之不易，已为读史者熟知，兹引于下：

> 曼倩有云："谈何容易。"见诸玄，志为之逸，肠为之抽，专一书，转诵数十家注，自少至老，手不释卷，尚未敢轻言。[6]

---

[1] 《宋书》卷 70《袁淑传》，第 1835 页。
[2] 《宋书》卷 59《何偃传》，第 1608—1609 页。
[3] 《宋书》卷 82《沈怀文传》，第 2102 页。
[4] 《宋书》卷 89《袁粲传》，第 2232 页。
[5] 《宋书》卷 85《谢庄传》，第 2167—2168 页。
[6] 《南齐书》卷 33《王僧虔传》，第 598 页。

一则诸玄深奥，没有艰苦的思维训练是无法理解的；二则经过魏晋诸家注释，义理不一，不融会贯通是无法有新见的。清谈的内容不止于诸玄，贺昌群先生将《诫子书》所提到清谈题目归结为四类，除了三玄注释及其阐发外，另三类为儒道之学即内圣外王或王道霸术之义；新旧经说之异同；名理之辨析[①]。清谈所需学问涵盖经学、玄学与名理学，这几乎是当时有关社会、人生思想的全部。王僧虔认为如果对这些学问没有专深的研究，"便盛于麈尾，自呼谈士，此最险事"。因为"谈故如射，前人得破，后人应解，不解即输赌矣。"判断清谈的水平是以某一题目的辩论胜负为依据的。清谈胜则声名盛，张敷"与南阳宗少文谈《系象》，往复数番，少文每欲屈，握麈尾叹曰：'吾道东矣。'于是名价日重。"[②]

反之则要名誉受损，王僧虔说学问不够深广而贸然清谈，便是"终日欺人"，但"人亦不受汝欺也"。没有高深的造诣，士大夫是慎于清谈义理的。颜延之说：

> 适值尊朋临座，稠览博论，而言不入于高听，人见弃于众视，则慌若迷途失偶，黡如深夜撤烛，衔声茹气，腼默而归。[③]

其实，单就玄学而言，理论上的创新在东晋就已完成。《文

---

① 贺昌群：《魏晋清谈思想初论》，商务印书馆 1999 年版，第 60—61 页。

② 《宋书》卷 46《张敷传》，第 1395 页。

③ 《宋书》卷 73《颜延之传》，第 1895 页。

心雕龙·论说》：

> 逮江左群谈，惟玄是务；虽有日新，而多抽前绪矣。①

陈寅恪先生说清谈发展至东晋，始有渐次衰歇之势。钱穆认为东晋清谈虽上接元康放荡之风，但放弃了玄学理论上的建设，转而让佛教来指导人生②。汤用彤更将东晋称为"佛学时期"，是魏晋思想发展的第四阶段，前三个阶段正始、元康、永嘉均以玄学为中心③。冯友兰也认为东晋并不是玄学更进一步发展的阶段，而是玄学的尾声④。唐长孺先生认为玄学讨论的自然与名教问题在东晋时业已解决，新出现的思想争端是佛教教义与名教的矛盾问题。与上述诸家不同，唐先生认为玄学在东晋以后仍有余波，即如何看待放逸之风，特别是不问世务的风气，但唐先生也指出这是实际政治上的名教问题，而不再是理论上的问题⑤。

如果说玄学思想创新的动力来自对名教之治的扬弃，那么，在东晋时代，名教之治业已不再是一个急需论证的问题，门阀统治给予了士大夫实践玄学主张最好的政治保障。所以，陈寅恪先生说，清谈发展到东晋已成口头虚语，纸上空文，仅为名士之装

---

① （南朝齐梁）刘勰著，王利器校笺：《文心雕龙校证》卷4《论说》，上海古籍出版社1980年版，第127页。

② 钱穆：《魏晋玄学与南渡清谈》，载《中国学术思想史论丛》卷三，安徽教育出版社2004年版，第69—70页。

③ 汤用彤：《魏晋思想的发展》，载《魏晋玄学论稿》，人民出版社1957年版，第130—131页。

④ 冯友兰：《中国哲学史新编》第四册，人民出版社1984年版，第197—201页。

⑤ 唐长孺：《魏晋玄学之形成及其发展》，载《魏晋南北朝史论丛》，生活·读书·新知三联书店1955年版，第336—337、340页。

饰品而已，与当日士大夫政治态度实际生活没有密切关系，难以维持发展①。现在的问题是，玄学的理论建设高潮早在东晋时就已经过去，这也就意味着在清谈义理的创新上，东晋士大夫面临着与刘宋士大夫同样的困难，"虽有日新，而多抽前绪矣"，既然如此，那么东晋士大夫何以仍然热衷于清谈义理，名士还要靠清谈来作装饰物，而宋齐士大夫却不再固执于此呢？

《文心雕龙·明诗》："江左篇制，溺乎玄风，嗤笑徇务之志，崇盛忘机之谈""宋初文咏，体有因革。庄、老告退，而山水方滋，俪采百字之偶，争价一句之奇，情必极貌以写物，辞必穷力而追新：此近世之所竞也。"②

刘勰所论虽为诗歌，却深刻地反映了士大夫志趣的变化。③东晋士大夫贵乎玄远，"嗤笑徇务之志""崇盛亡机之谈"，其实是在倡导新的治道观。他们探讨的哲学问题看似无关世务，却是带有政治主张的，姿态是积极的。刘宋文人的兴趣由老庄转为山水，看似由抽象转为具象，然而其关注点却是从社会政治转向了内心情感，其姿态反而是消极的。晋宋之际佛教大乘玄义传入，也在很大程度上取代了玄学对士大夫心灵的指导功用，此点已经为陈寅恪、钱穆诸先生所指出。

---

① 陈寅恪：《陶渊明之思想与清谈之关系》，载《金明馆丛稿初编》，生活·读书·新知三联书店 2001 年版，第 217 页。

② （南朝齐梁）刘勰著，王利器校笺：《文心雕龙》卷 2《明诗》，上海古籍出版社 1980 年版，第 35 页。

③ 对刘勰的观点学者理解不同，各家说法评判可参见孙明君：《庄老告退　山水方滋——东晋士族文学的特征及其流变》，《北京大学学报（哲学社会科学版）》2009 年第 5 期。

　　总体而言，清谈在东晋宋齐间的变化甚为明显，其特征有二：一是清谈的地位下降，不再占据着士大夫精神生活的全部空间，转而处于与文学、佛学等并立的地位。二是玄学义理不再成为清谈的唯一核心内容，文学辞韵开始成为清谈的另一重要评价指标。这种变化与士大夫文学兴趣的兴起有关，文学在晋宋之际为士论所重，历经刘宋几十年的沉积熏染而成士林普遍风习，成长于宋齐的士人凡善玄学者，莫不喜好文学。这当是宋齐清谈重辞韵的重要背景。另一个原因是玄学义理上的突破在宋齐显得越来越困难，而清谈胜负往往决定士人的名誉声价，这使得士人越来越慎于清谈。其实最根本的原因在于晋宋之际皇权复兴使得士大夫发生分化，士大夫思想、舆论直接干预现实政治运作的途径被切断，这使士阶层群体意识与天下意识都相对弱化，使魏晋之际兴起的以玄学重新安排政治秩序的思想运动和社会运动停顿下来，对玄学义理的探讨也就在士大夫的谈论中淡化了下来。士大夫这种心态的变化不仅反映在他们之间的谈论上，更反映在他们的政治作风上。

第五编

不坠

宋齐皇权阴影下的名士高风

第九章 刘宋后期威权政治中的名士风度

一、"主威独运"：孝武帝对士林舆论的干预

《宋书·前废帝纪》载前废帝曾梦王太后言之曰：

> 汝不孝不仁，本无人君之相。子尚愚悖如此，亦非运祚
> 所及。孝武险虐灭道，怨结人神，儿子虽多，并无天命。大
> 运所归，应还文帝之子。①

按《宋书·后妃传》，孝武帝在世时，王氏甚有宠，其父、
兄亦受优渥，当不至于有诋毁孝武帝之语。此事应是宋明帝即位
后所撰。将前废帝之失位归因于孝武帝之"险虐灭道""怨结人
神"，反映当日舆论对孝武帝之恶评。数十年后，《宋书》的编撰
者在《孝武帝纪》的论中，称孝武帝"将尽民命"，比作桀、纣，
也是这一评论的延续。

①《宋书》卷7《前废帝纪》，第147页。

《宋书·恩倖传序》：

> 孝建、泰始，主威独运，官置百司，权不外假，而刑政纠杂，理难遍通，耳目所寄，事归近习。①

"孝建""泰始"分别为孝武帝、明帝的年号。相对于明帝而言，孝武帝"主威独运"的特征更为明显。王夫之敏锐指出孝武帝的统治对整个魏晋南朝历史的转折意义：

> 自魏、晋以来至于宋大明之世，而后权移于近臣……前此者，权归大臣，天子虽有所宠信而不能伸，孝武以疑忌行独制，义恭等畏祸以苟全，于是而其法始变。②

江左政权延续到刘宋孝武帝时代，其实已到一个重要的历史关口，孝武帝为此推行了一系列新的统治政策，越智重明、何德章、张金龙、山崎益裕、小尾孝夫、户川贵行等已就这一时期的官制、税制、政区、军制、民爵、户籍、礼制改革等问题作了深入探讨。③

① 《宋书》卷94《恩倖传序》，第2302页。
② （清）王夫之：《读通鉴论》卷15《孝武帝》，中华书局1975年版，第440—441页。
③ 越智重明：《魏晋南朝の人と社会》第四章《宋の孝武帝とその時代》，东京：研文出版社1985年版。何德章：《宋孝武帝上台与南朝寒人之得势》，《西南师范大学学报》1990年第3期。张金龙：《刘宋孝武帝朝政治与禁卫军权》，《浙江学刊》2003年第4期。山崎益裕：《南朝における文化対立と政治的背景——南朝の正統性解明への試みとして》，《中央大学アジア史研究》第28号、2004年。小尾孝夫：《劉宋孝武帝の対州鎮策と中央軍改革》，《集刊東洋学》第91号、2004年。户川贵行：《劉宋孝武帝の戸籍制度改革について》，《古代文化》，第59卷第1号、2007年。户川贵行：《劉宋孝武帝の礼制改革について——建康中心の天下観との関連からみた》，《九州大学東洋史論集》第36号、2008年。

应该说，这些改制并非全然与孝武帝"险虐灭道"的个性相关，孝武帝的身后恶评，在相当程度上乃是取决于掌控舆论与历史书写权的士大夫对孝武帝的态度。

所谓孝武帝之"疑忌"，除针对宗室以外①，亦是针对门阀士族。孝建元年（454 年）即位之初，孝武帝便"省录尚书事"②。孝建三年（456 年）着力提高散骑常侍的地位③。大明二年（458年），"增置吏部尚书一人，省五兵尚书"④。如《孔觊传》所言："晋世散骑常侍选望甚重，与侍中不异，其后职任闲散，用人渐轻。"⑤ 吏部尚书是高门士族所任的第一流清官。孝武帝的改革旨在打破门阀士族垄断政治权力之惯例。对此，门阀士族是抵触的，侍中蔡兴宗谓人曰："选曹要重，常侍闲淡，改之以名而不以实，虽主意欲为轻重，人心岂可变邪。""既而常侍之选复卑，选部之贵不异。"⑥

除改革官僚机构、加强政治集权外，孝武帝"主威独运"还表现在他对士林舆论的态度上。对于侍中等职官而言，"应对献替"本为其分内之事。但孝武帝甚为反感直言极谏者。蔡兴宗为侍中，"每正言得失，无所顾惮，由是失旨"⑦。沈怀文"入为侍中，宠待隆密"，但屡次谏言，为孝武帝所不喜，终被

---

① 鲁力：《孝武帝诛竟陵王事与刘宋宗王镇边问题》，《武汉大学学报》2000 年第 5 期。唐春生：《宋孝武帝至齐武帝时期宗王府典签与行事新探——以出镇宗王府为中心》，《西华师范大学学报》2003 年第 5 期。

② 《宋书》卷 6《孝武帝纪》，第 115 页。

③⑤⑥ 《宋书》卷 84《孔觊传》，第 2154 页。

④ 《宋书》卷 6《孝武帝纪》，第 121 页。

⑦ 《宋书》卷 57《蔡兴宗传》，第 1574 页。

赐死①。再如侍中谢庄，

> （大明）五年，又为侍中，领前军将军。于时世祖出行，夜还，敕开门。庄居守，以棨信或虚，执不奉旨，须墨诏乃开。上后因酒宴从容曰："卿欲效郄君章邪？"②

孝武帝之不满，溢于言表。另一侍中王景文，对孝武帝之游幸无度有所谏言，亦受到孝武帝的威胁③。侍中之职，例由高门士族出任，济阳蔡氏、陈郡谢氏、琅邪王氏均为侨姓第一流高门。孝武帝与侍中之间多有矛盾，并不仅仅是因为皇权与官僚职权之间的冲突，而是孝武帝有意识地彰显皇帝至上权威，摆脱士林舆论的束缚。正是在这样的心态下，孝武帝难以容忍士族议论朝政。《宋书·顾琛传》：

> 大明元年，吴县令张闿坐居母丧无礼，下廷尉。钱唐令沈文秀判劾违谬，应坐被弹。琛宣言于众："闿被劾之始，屡相申明。"又云："当启文秀留县。"世祖闻之大怒，谓琛卖恶归上，免官。④

对于张闿、沈文秀两案的判决，顾琛在公众场合表达了异议，在孝武帝看来，这是"卖恶归上"，于是给予顾琛免官的处

---

①③ 《宋书》卷82《沈怀文传》，第 2105 页。
② 《宋书》卷85《谢庄传》，第 2176 页。
④ 《宋书》卷81《顾琛传》，第 2077 页。

分。羊戎"谤议时政"，更是直接被赐死①。即便是孝武帝的亲信
颜竣，"言朝事违谬，人主得失"，为孝武帝所知后，亲自布置御
史中丞庾徽之弹劾颜竣，先免官，而后又"于狱赐死"②。

　　除了摆脱士林舆论、控制士林舆论，孝武帝还力图改变舆论
的评价标准。《宋书·顾琛传》：

　　　　宝先大明中为尚书水部郎。先是，琛为左丞荀万秋所
　　劾，及宝先为郎，万秋犹在职，自陈不拜。世祖诏曰："敕
　　违纠慢，宪司之职，若理有不公，自当更有厘正。而自顷刻
　　无轻重，辄致私绝。此风难长，主者严为其科。宝先盖依附
　　世准，不足问。"③

　　顾宝先为顾琛之子，顾琛曾为尚书左丞荀万秋所弹劾，故顾
宝先为尚书水部郎，便不对长官荀万秋行上下之礼。孝武帝的诏
书指出，顾宝先的行为是依"世准"而行，即依据当时士族社会
通行的准则，孝武帝将这种"世准"的性质断定为"私"，所以
要通过"主者严为其科"的方式对此风进行遏制，也就是要通过
政治的力量改变士族社会的行为准则。又如蔡兴宗：

　　　　竟陵王诞据广陵城为逆，事平，兴宗奉旨慰劳。州别驾
　　范义与兴宗素善，在城内同诛。兴宗至广陵，躬自收殡，致
　　丧还豫章旧墓，上闻之，甚不悦。庐陵内史周朗以正言得

---

① 《宋书》卷54《羊玄保附羊戎传》，第1536页。
② 《宋书》卷75《颜竣传》，第1964—1966页。
③ 《宋书》卷81《顾琛传》，第2078页。

罪，锁付宁州，亲戚故人，无敢瞻送；兴宗在直，请急，诣
朗别。上知尤怒。坐属疾多日，白衣领职。[1]

若依"世准"，蔡兴宗笃于故旧，乃应是舆论争相赞扬的义
举，《宋书》也是持这种观点。但孝武帝则是以政治立场来衡量
士大夫的言行，并借故给予惩罚。这是在强行压制士族社会的传
统道德观。如果说蔡兴宗"白衣领职"的起因与政治有关，那么
周朗之死则缘于孝武帝对士族社会的干预。

> （周朗）寻丁母艰，有孝性，每哭必恸，其余颇不依居
> 丧常节。大明四年，上使有司奏其居丧无礼，请加收治，诏
> 曰："朗悖礼利口，宜令翦戮，微物不足乱典刑，特锁付边
> 郡。"于是传送宁州，于道杀之。[2]

有孝性而不守常节是汉末以来名士之高行，背后自有其理论
论说，也有社会舆论的支持。[3] 孝武帝以"悖礼"为名杀掉周朗，
这是将皇权权威扩张到士族社会的道德领域。

在孝武帝与士族之间的角力中，王僧达之死是又一个重要
的标志性事件。[4] 王僧达，出身琅邪王氏，为宋初重臣王弘少

---

① 《宋书》卷 57《蔡兴宗传》，第 1574 页。

② 《宋书》卷 82《周朗传》，第 2101 页。

③ 牟发松：《说"达"——以魏晋士风问题为中心》，《许昌学院学报》2003 年
第 1 期。

④ 相关政治背景可参见赫兆丰：《大明二年的转折——刘宋孝武帝初期政治平
衡的构建、瓦解与寒人上位》，《中南大学学报（社会科学版）》2020 年第
5 期；《刘宋文人的魏晋名士记忆——以王僧达塑造的颜延之形象为中心》，
《学术研究》2020 年第 8 期。

子，以才学为宋文帝所重，娶临川王刘义庆之女为妻。在北魏南侵，以及孝武帝讨伐刘劭的战争中，均有不错的政治表现。孝武帝即位后，出任尚书右仆射，"僧达自负才地，谓当时莫及，上初践阼，即居端右，一二年间，便望宰相，及为护军，不得志"，于是开始为任官之事反复与孝武帝申陈，愈不如意。王僧达的上表"文旨抑扬""其词不逊"，更令孝武帝不悦。《宋书》本传记载："僧达屡经狂逆，上以其终无悛心，因高阇事陷之""于狱赐死"。①

诚如沈约所言，"魏晋以来，以贵役贱，士庶之科，较然有辨"②，萧子显亦言"贵仕素资，皆由门庆，平流进取，坐至公卿"③。在门阀社会中，僧达自负才地，望居宰相，所循为士族升迁之常途。王僧达的悲剧，所反映的是孝武帝力图打破门阀的政治传统、改变士林舆论对升迁官序的固有预期。

当孝武帝将皇权置于士林舆论之上后，他对皇权尊严有着近乎极端敏感的维护。在颜竣一案中，颜竣"频启谢罪，并乞性命"，却令孝武帝更加恼怒，他在诏书中说：

> 讪讦怨愤，已孤本望，乃复过烦思虑，惧不自全，岂为下事上诚节之至邪！④

孝武帝认为颜竣过多地考虑"自全"，这并非"下事上"之

---

① 《宋书》卷75《王僧达传》，第1957页。
② 《宋书》卷94《恩倖传》，第2302页。
③ 《南齐书》卷23《褚渊传》，第438页。
④ 《宋书》卷75《颜竣传》，第1964—1966页。

"诚节"，故将颜竣及其子诛杀。① 在孝武帝看来，臣下对君上毫无保留，才是"下事上"之节。与颜竣下场类似的，还有沈怀文。

（沈怀文）为有司所纠，免官，禁锢十年，既被免，买宅欲还东，上大怒，收付廷尉，赐死。②

沈怀文被免官后，"买宅欲还东"本已是个人的自由，孝武帝却将沈怀文此举看作是"自全"，故而会"大怒"并"赐死"。在孝武帝面前，士族是无独立人格可言的。孝武帝对臣下"随其状貌，各有比类""凡所称谓，四方书疏亦如之"，在正式文书中直接使用狎辱的称呼③。在宴饮中，"虐侮群臣，自江夏王义恭以下，咸加秽辱"④，甚至在江智渊面前直斥其父"江僧安痴人"⑤。还迫使群臣"自相嘲讦，以为欢笑"，如命令高门士族琅邪王僧朗嘲戏其子王景文 。除语言上的不尊重外，孝武帝还"宠一昆仑奴子，名白主。常在左右，令以杖击群臣，自柳元景以下，皆罹其毒"⑥；甚至"睚眦之间，动至罪戮"⑦。

① 王永平、孙艳庆：《论东晋南朝琅邪颜氏代表人物的政治行迹及其门风特征》，《黑龙江社会科学》2010 年第 5 期。
② 《宋书》卷 82《沈怀文传》，第 2105 页。
③⑥ 《宋书》卷 76《王玄谟传》，第 1975 页。
④ 《宋书》卷 57《蔡兴宗传》，第 1574—1575 页。
⑤ 《宋书》卷 59《江智渊传》，第 1610 页。
⑦ 《宋书》卷 94《恩幸传》，第 2303 页。

二、"宰相风则"：士族政治传统延续的文化凭借

王夫之总结了孝武帝"主威独运"的影响：

> 宋自孝武迄于明帝，怀猜忌以待下，四十余载矣，又有二暴君之狠毒以间之，人皆惴惴焉旦夕不保，而茸靡图全之习已成。其不肖者，靡而之于恶，以戴叛逆、戕君父而不愧，则褚渊之流是已。其贤者，虽怀贞而固靡，其败也，则不足立皎皎之节，即使其成，而抑无以收底定之功，则袁粲、刘秉是已。

> 故以猜驭下者，其下慑焉而旁流，刚化为柔，直化为曲，密化为疏，祸伏而不警，祸发而无术，为君子者，无以救其亡，而小人勿论已。[1]

王夫之敏锐地看到了南朝士族"茸靡图全之习"的形成与孝武帝"怀猜忌以待下"有着密切关联。

> （孝武帝）每宴集，在坐者咸令沈醉，（沈）怀文素不饮

---

[1]　（清）王夫之：《读通鉴论》卷15《顺帝》，中华书局1975年版，第454—455页。

酒，又不好戏调，上谓故欲异己。谢庄尝诫怀文曰："卿每
与人异，亦何可久。"[1]

在谢庄看来，若要性命"可久"，必须与孝武帝"同"。前文
所述沈怀文之死也从反面印证了谢庄的看法。在"主威独运"之
下，不但要与孝武帝"同"，而且还须卑己。

孝武欲擅书名，（王）僧虔不敢显迹。大明世，常用掘
笔书，以此见容。[2]

（琅邪王远，）宋世为之语曰："王远如屏风，屈曲从俗，
能蔽风露。"[3]

在这一时代，"屈曲"的处世方式是得到舆论支持的，"能蔽
风露"是重要的生存法则。孝武帝"主威"是建立在赤裸裸的暴
力之上的，孝武帝曾对沈怀文说："（颜）竣若知我杀之，亦当
不敢如此。"[4]可见孝武帝是有意识地将"主威"建立于"杀"之
上。这可以让士族"屈曲"，却难以从根本上改变士族社会长期
以来的观念意识。甚至连孝武帝本人也需要以士族的文化来衬托
皇权威仪。《南齐书·阮韬传》：

宋孝武选侍中四人，并以风貌。王彧、谢庄为一双，韬

---

① 《宋书》卷82《沈怀文传》，第2105页。
② 《南齐书》卷33《王僧虔传》，第592页。
③ 《南齐书》卷46《王秀之附王僧祐传》，第801页。
④ 《宋书》卷82《沈怀文传》，第2104页。

与何偃为一双。①

在对侍中的遴选上，孝武帝仍然遵循了士族社会以"风貌"取人的原则。在"主威独运"的政治气氛下，文化标榜成为门阀士族维系本阶层政治地位最有力的凭借。在一次宴饮中，袁粲与颜师伯发生冲突：

> 师伯见宠于上（孝武帝），上常嫌滉孙以寒素陵之，因此发怒曰："袁濯儿不逢朕，员外郎未可得也，而敢以寒士遇物！"将手刃之，命引下席。滉孙（袁粲）色不变。②

所谓"色"不变，乃是以超然的风度超越于孝武帝的暴力威胁之外。

> （褚渊）美仪貌，善容止，俯仰进退，咸有风则。每朝会，百僚远国（使）莫不延首目送之。宋明帝尝叹曰："褚渊能迟行缓步，便持此得宰相矣。"寻加尚书令，本官如故。③

在宋明帝看来，只需要"迟行缓步"，便能成为宰相。虽然袁粲与褚渊在宋末政治立场上有所不同，上引王夫之文也将二人区别对待，但是，在以文化为凭借、维系士族的传统政治

---

① 《南齐书》卷32《阮韬传》，第586页。
② 《南史》卷26《袁粲传》，第702—703页。
③ 《南齐书》卷23《褚渊传》，第429页。

地位这一点上，两人别无二致①。特别是袁粲，为宋末风雅总
持②，"时人方之李膺"③。袁粲见江敩，叹曰："风流不坠，政在江
郎""数与晏赏，留连日夜"④。见东晋名士刘惔后裔刘瓛，"指庭
中柳树谓瓛曰：'人谓此是刘尹时树，每想高风；今复见卿清德，
可谓不衰矣。'"⑤见谢庄之子谢朏，称"谢令（谢庄）不死"⑥。
从袁粲使用"风流不坠""每想高风""清德不衰""谢令不死"这
些语词可见，袁粲奖掖提携风流士人的目的，在于营造舆论氛
围、积极维系士族文化的社会声望。袁粲与伏曼容"罢朝相会言
玄理，时论以为一台二绝"⑦。袁粲等人的活动，将"时论"吸引
到"尚书台"中"言玄理"者身上，这是针对孝武帝以来"主威
独运"的政治气氛，彰显门阀士族的政治文化传统。

正是在名士们有意营造的舆论氛围下，宋明帝至南齐诸帝在
一定程度上修改了孝武帝的政策，不再过于严厉压制士林舆论。
对士族的政治传统予以了一定的尊重。

宋明帝时，张绪"清简寡欲"，号称"今之乐广""为尚书仓
部郎，都令史咨郡县米事，绪萧然直视，不以经怀""宋明帝每

---

① 袁粲与褚渊的研究，参见安田二郎：《南朝贵族制社会的变革与道德·伦理——袁粲·褚渊评を中心に》，《東北大学文学部研究年報》第 34 号，1985 年。越智重明：《南朝贵族割と王朝交代》，《久留米大学·比較文化研究紀要》第 8 号，1990 年。褚渊研究可补陈灿彬：《从传言到定说——褚渊失节与〈褚贲传〉的书写变异》，《魏晋南北朝隋唐史资料》，2019 年第 40 辑。

② 曹道衡、沈玉成：《中古文学史料丛考》卷三《宋齐》"袁粲好文学尚玄谈"条，中华书局 2003 年版，第 364 页。

③⑥ 《梁书》卷 15《谢朏传》，第 261 页。

④ 《南齐书》卷 43《江敩传》，第 757 页。

⑤ 《南齐书》卷 39《刘瓛传》，第 677 页。

⑦ 《南史》卷 71《儒林·伏曼容传》，第 1731 页。

见（张）绪，辄叹其清淡"，袁粲对宋明帝说："臣观张绪有正始遗风，宜为宫职。"①

伏曼容"善《老》《易》，倜傥好大言"，又"素美风采"，宋明帝"恒以方嵇叔夜"。"袁粲为丹阳尹，请（曼容）为江宁令"②。

借文化声望入仕，是士族重要的政治传统。从褚渊开始，南齐宰相多有玄学风流，特别是褚渊的继任者王俭，常自比"江左风流宰相"③。他既为"名望"，又为"朝望"，以士林领袖而成政治领袖。"江左风流宰相"的复归，正是政教关系重新调整的结果。

刘宋孝武帝时，"主威独运"，皇帝威权达到了江左以来前所未有的高度。除改革官僚机构，加强政治集权外，孝武帝还以权力为后盾，摆脱士林舆论对皇权的束缚，进而控制社会舆论，改变舆论标准，以政治立场来衡量士人言行，压制士族社会的传统价值观。士族虽然暂时屈服于强权，但袁粲等名士则以其身体力行、奖掖提携后进等方式维系士族文化的社会声望，这其实是门阀士族对皇权权威的一种柔性抵抗。宋末南齐诸帝，调整孝武帝的政策，给予士族政治文化传统更多的尊重。这是"主威独运"与"宰相风则"并存的一个重要背景。

---

① 《南齐书》卷 33《张绪传》，第 600 页。
② 《南史》卷 71《儒林·伏曼容传》，第 1731 页。
③ 《南齐书》卷 23《王俭传》，第 436 页。

第十章　名士风流与南齐的政教关系

一、"江左风流宰相"

《南齐书·王俭传》：

> （王）俭常谓人曰："江左风流宰相，唯有谢安。"盖自比也。[1]

谢安为东晋名相，其"风流"是对郭象圣人理想的最完美体现，即内圣"无我"、逍遥"无待"，外王"无为"、处静治道[2]。除了玄学化的人格精神外，谢安的"风流"还来自士大夫与朝廷对他的双重认可：士林盛赞谢安，呼吁他出仕，认为"安石不

---

[1] 《南齐书》卷23《王俭传》，第436页。
[2] 黄圣平：《逍遥与政治——谢安玄学人格探微》，《南京社会科学》2004年第6期。

肯出，将如苍生何"；朝廷也顺应舆论，多次礼聘谢安，使之出仕，不久便居宰辅之位[①]。更重要的是，谢安不负众望，外拒苻坚南来之侵，内寝桓温九锡之议，建立了攘外安内的功业，使他的"风流"更显完美。最后，谢安的"风流"还表现在他对世人的影响上。据《晋书》本传记载，谢安"少有盛名，时多爱慕""安本能为洛下书生咏，有鼻疾，故其音浊，名流爱其咏而弗能及，或手掩鼻以敩之"。其"鼻疾"之浊音反而成为"名流"仿效之对象。

王俭自比谢安，确有可比之处。"少有宰相之志，物议咸相推许"，自幼便被时论许为宰相之材。王僧虔曰："我不患此儿无名，政恐名太盛耳。"袁粲也说："宰相之门也。栝柏豫章虽小，已有栋梁气矣，终当任人家国事。"[②]《文选》卷四十二任昉《王文宪集序》载袁粲答王俭诗："老夫亦何寄，之子照清襟。"宋末宰相袁粲将王俭看作继承人。南齐朝廷方面，齐高帝对他"恩礼隆密，专见任用"，齐武帝"深委仗之"，身居宰辅之位。在功业上，他主持修礼，又建国子学、学士馆，为一时之盛事。在社会影响上，"作解散发髻，斜插帻簪，朝野慕之，相与放效"[③]，类同于名流爱谢安之洛下书生咏而学其鼻音。

然而，王俭又绝不能比拟谢安。谢安是在玄学政治的氛围中，以民望而成朝望，代表士大夫的政治路线来治理天下。王俭

① 《晋书》卷79《谢安传》，第2072—2073页。牟发松：《说"风流"——其涵义的演化与汉唐历史变迁》，《历史教学问题》2010年第2期。

② 《南史》卷22《王俭传》，第590—591页。

③ 《南齐书》卷23《王俭传》，第436页。

图 4 《东山携妓图》，（明）郭诩，现藏于台北"故宫博物院"

为"物议"所推许，是门阀士族需要一个家世与才华并重的政治代表。无论王僧虔还是袁粲的品评，都是立足于家门。谢安上台是士大夫主导、朝廷顺应，王俭上台则是南齐的建立需要得到士族支持，而他适逢其会政治投机的结果。《南齐书·王俭传》：

> 俭察太祖雄异，先于领府衣裾，太祖为太尉，引为右长史，恩礼隆密，专见任用。转左长史。及太傅之授，俭所唱也。①

王俭政治上的崛起是投靠萧道成的结果。王俭与谢安的差异反映了百余年来士族政治地位的变化。另一方面，王俭"风流"，如果放在东晋门阀政治结束后、南朝皇权日益扩张的趋势中来看②，无疑又具有指标性意义，即皇权不再简单地挤压士林舆论空间，转而谋求与士大夫在政治文化领域的妥协与融合。

南齐宰相自褚渊起，便多有名士风流。王俭死后，齐武帝本拟用王奂为尚书令，但王奂"无学术""以事干见处"，王晏劝说齐武帝："柳世隆有重望，恐不宜在奂后。"③《南齐书·柳世隆传》载：

> （柳世隆）晚专以谈义自业。善弹琴，世称柳公双璅，为士品第一。常自云马槊第一，清谈第二，弹琴第三。在朝不干世务，垂帘鼓琴，风韵清远，甚获世誉。④

---

① 《南齐书》卷23《王俭传》，第434页。
② 田余庆：《东晋门阀政治》，北京大学出版社1989年版，第355页。
③ 《南齐书》卷49《王奂传》，第848页。
④ 《南齐书》卷24《柳世隆传》，第452页。

柳世隆出身河东柳氏，在南朝虽非第一流高门，但却以名士风流为时论所重，以至于齐武帝在任命尚书令时不得不考虑其"重望"，从而舍弃琅邪王氏的王奂。

又如徐孝嗣，"善趋步，闲容止，与太宰褚渊相埒。世祖深加待遇。尚书令王俭谓人曰：'徐孝嗣将来必为宰相'……世祖问（王）俭曰：'谁可继卿者？'俭曰：'臣东都之日，其在徐孝嗣乎！'"王俭曾赠徐孝嗣诗："方轨叔茂，追清彦辅。柔亦不茹，刚亦不吐。"①

叔茂是东汉张畅的字，张畅"以清实为称，无所党交"，曾四迁尚书令。②彦辅指西晋玄学名士乐广，他也曾担任过尚书令。③王俭看重徐孝嗣、认为他"必为宰相"，所依据的便是其名士风度。至齐武帝末年，徐孝嗣迁任吏部尚书，"台阁事多以委之"，遗诏转右仆射。齐明帝时，王晏为尚书令，"民情物望，不及孝嗣"，王晏被杀后，齐明帝顺应"民情"任命徐孝嗣为尚书令④，果应王俭之言。

不仅尚书省令、仆如此，南齐朝廷对其他官员的遴选也多少有些照顾"民情"，如建元四年（482年），以王延之代张绪为中书令，"时人以此选为得人，比晋朝之用王子敬、王季琰"。又如永明七年（489年），齐武帝欲令萧子良辞祭酒以授张绪，询问王晏"物议以为云何"⑤。南齐诸帝顺应"民情"，表明皇权愿意

① 《南齐书》卷44《徐孝嗣传》，第772页。
② 《后汉书》卷56《张畅传》，第1823页。
③ 《晋书》卷43《乐广传》，第1245页。
④ 《南齐书》卷44《徐孝嗣传》，第772—773页。
⑤ 《南齐书》卷33《张绪传》，第601页。

接纳士大夫的政治文化传统，这与刘宋后期，尤其是孝武帝推行皇权独尊有所区别。①

二、王俭"风流"：政治与学术之间

　　王俭"风流"，在于皇权与士林都有容纳对方的需要。在皇权眼里，王俭代表着士林，而在士林眼里，他又代表着朝廷，所以他因民望而有朝望，却又因朝望而有民望，成就了士林领袖与朝廷宰辅相合一的特殊地位。以王俭的民望身份而言，萧道成受禅之日，需侍中谢朏解玺，但谢朏故意不到，于是王俭代之。②此事体现了王俭民望身份在政治运作中的价值。

　　王俭士林领袖地位主要表现在他引导学术，号称"儒宗"，举止为朝野"仿效"，品题士人、奖掖后进这些方面。王俭"为时儒宗"③，固然以其"长礼学，谙究朝仪，每博议，证引先儒，罕有其例，八坐丞郎，无能异者"，有着卓越的学术水平，但与他主持创立朝章礼仪的政治地位也不无关系。而且他还担任着国子祭酒，甚至连学士馆也开在他家，并充以四部书。监试诸生更

① 何德章：《宋孝武帝上台与南朝寒人之得势》，《西南师范大学学报》1990 年第 3 期。
② 《梁书》卷 9《谢朏传》，第 262 页。有关王俭行年活动，可参见谢文学、李欢欢：《王俭行年考略——钟嵘国学读书时期交游之四》，《许昌学院学报》2021 年第 3 期。
③ 《梁书》卷 48《儒林·何佟之传》，第 663 页。

是他的职责。①其实当时"儒学之冠"为刘瓛，"京师士子贵游莫不下席受业"。②在朝廷内，也有"当世硕学"陆澄甚为不服王俭。《南齐书·陆澄传》记载这么一件事：

> （王）俭在尚书省，出巾箱机案杂服饰，令学士隶事，事多者与之，人人各得一两物，（陆）澄后来，更出诸人所不知事复各数条，并夺物将去。③

一个"夺"字生动有趣地刻画了陆澄不服王俭学术领袖地位的心态。陆澄尝称读书之多过于王俭："仆年少来无事，唯以读书为业。且年已倍令君，令君少便鞅掌王务，虽复一览便谙，然见卷轴未必多仆。"在王俭集学士商略时，陆澄"待（王）俭语毕，谈所遗漏数百千条，皆俭所未睹"④。陆澄认为王俭"鞅掌王务"，无暇读书，故其博闻多识并不及自己。但他忽略了王俭"儒宗"的地位正来自"鞅掌王务"，而不单是来自博闻多识的学问。《南齐书·刘瓛陆澄传论》称"永明纂袭，克隆均校，王俭为辅，长于经礼，朝廷仰其风，胄子观其则，由是家寻孔教，人诵儒书，持卷欣欣，此焉弥盛"，认为王俭"长于经礼"影响了一时之士风，推究其因，与王俭"为辅"的政治地位关系极大。

对士人而言，最为关己的莫过于选举，而王俭自宋末便掌选事，两代齐帝"深委仗之，士流选用，奏无不可"⑤。王俭尤为

---

① 《南齐书》卷23《王俭传》，第436页。
② 《南齐书》卷39《刘瓛传》，第679页。
③④ 《南齐书》卷39《陆澄传》，第685页。
⑤ 《南齐书》卷23《王俭传》，第438页。

"高选府僚"①，"时人呼俭府为入芙蓉池"。王俭选举的标准是"应须如我辈人也"②。一旦为王俭所重，则仕途坦荡。如徐勉时为国子生，王俭"每称勉有宰辅之量""射策举高第，补西阳王国侍郎"，连高门才子王融都"欲与勉相识，每托人召之"③。又如庾杲之兼侍中，齐武帝"每叹其风器之美"，王俭在座，曰："杲之为蝉冕所照，更生风采。陛下故当与其即真。"④建议齐武帝升其官。所以士人想方设法为王俭所赏识，如萧琛"未为俭所识，负其才气，欲候俭。时俭宴于乐游苑，琛乃着虎皮靴，策桃枝杖，直造俭坐，俭与语，大悦。俭为丹阳尹，辟为主簿"⑤。但出其不意并非人人可为，"仿效"王俭之风，才是大多数士人的选择。

王俭之所以能引导士风，乃在于他身居宰辅之高位。虽然表面上看士风是围绕着王俭之"风流"来展开，但实质上却是在迎合执政者的价值取向，这表明真正有能力影响士风的是南齐朝廷。王俭之"风流"正是士林与皇权相互需要、相互结合的产物。

三、儒风大弘与名士风流

朝廷之所以支持王俭"风流"，乃在于王俭倡导儒学符合朝

---

① 《梁书》卷 21《蔡撙传》，第 332 页。
②④ 《南齐书》卷 34《庾杲之传》，第 615 页。相关研究可参见王永平：《琅邪王俭对待江东本土人士态度及其原因考析——从一个侧面看宋齐之际侨旧士族之间的关系及社会变革》，《学习与探索》2008 年第 1 期。
③ 《梁书》卷 25《徐勉传》，第 377 页。
⑤ 《梁书》卷 26《萧琛传》，第 396 页。

廷利益。就王俭的思想、作风而言，与传统名士略有区别。《南史》本传谓其"弱年便留意《三礼》，尤善《春秋》，发言吐论，造次必于儒教"。《隋书·经籍志》中署名王俭撰写的礼类书籍甚多，有《丧服古今集记》三卷、《丧服图》一卷、《礼论要钞》十卷、《礼答问》三卷、《礼义答问》八卷。①虽说礼学为士族显学，但像王俭这样以"风流"自比、却又言论"造次必于儒教"者，毕竟不多。与其他风流宰相相比，王俭未尝"不干世务"，反而"唯以经国为务"②，还曾以此被褚渊所笑。《南史·王俭传》：

> （王俭）每上朝，令史恒有三五十人随上，咨事辨析，未尝壅滞。褚彦回时为司徒、录尚书，笑谓俭曰："观令判断甚乐。"俭曰："所以得餍私怀，实由禀明公不言之化。"③

《南齐书·陆澄传》记载了永明年间国子学的科目设置："时国学置郑王《易》，杜服《春秋》，何氏《公羊》，麋氏《穀梁》，郑玄《孝经》。"《易》取王弼义，《左传》取郑玄注是重魏晋新学，而留《易》郑玄义、《左传》服虔注是存汉儒旧学，可见王俭在新旧学之间持调停的立场，这也是东晋以来的主流学风。王俭设置科目的独特性在于加入了《孝经》，面对陆澄的质疑，他说：

---

① 《隋书》卷 32《经籍志一》，第 921、923—924 页。相关研究可参见乔好勤：《王俭著述考》，《河南图书馆学刊》1985 年第 3 期。
② 《南齐书》卷 23《王俭传》，第 440 页。
③ 《南史》卷 22《王俭传》，第 594 页。

　　疑孝经非郑所注，仆以此书明百行之首，实人伦所先，
七略、艺文并陈之六艺，不与仓颉、凡将之流也。郑注虚
实，前代不嫌，意谓可安，仍旧立置。①

　　在王俭看来，《孝经》注释是否为郑玄所作并不重要，他看
重的是《孝经》对士人德行的指导，而非学术价值。又据《梁
书·文学下·谢幾卿传》，谢幾卿为国子生，"齐文惠太子自临策
试，谓祭酒王俭曰：'幾卿本长玄理，今可以经义访之。'"从
文惠太子的言语可推知王俭是长于玄理的，并常以玄理策试国子
生。综上所述，王俭实乃玄礼双修之士②，其知识结构与主流学
风无异。王俭提倡儒学，"造次必于儒教"其实是一种政治策略。
　　如同任何一个新朝廷，南齐在建立之初需要制定各种礼仪制
度，要设置学校、推崇儒学以弘王道。③ 士大夫以"长礼学、谙
究朝仪"的优势从技术层面上支持朝廷的礼仪建设，也是历代
都有，不唯王俭。但出身高门士族而以"儒宗"自任、"大弘儒
风"④，却是江左以来的首次。在王俭"大弘儒风"的过程中很少
遇到来自玄学派的反对。我们可以与宋初的情况作一对比。帮助
刘宋建立朝仪制度的是王准之，他"练悉朝仪""谙江左旧事"，
家学号称"王氏青箱学"。在朝廷上他"问无不对"，所撰写的

---

① 《南齐书》卷 39《陆澄传》，第 685 页。
② 有关王俭的礼学思想可参见范云飞：《南朝礼制因革中的王俭"故事学"》，
　　《中国典籍与文化》2020 年第 2 期。
③ 邵春驹：《南朝齐初崇文政治与社会风尚的转变》，《南京师范大学文学院学
　　报》2005 年第 2 期。
④ 《南齐书》卷 48《袁彖传》，第 834 页。

《仪注》为刘宋所"遵用"，勤于政事为刘义康所称，这些都与王俭相同，然而他却"颇失缙绅之望""不为时流所重"[①]。这固然是因为他出身琅邪王彬一支，不及王俭为王导后嗣那样尊贵，但也与他"寡乏风素"有关，造成二人际遇之差别的主要是两代士风的不同。宋初士大夫还想着"高论玄虚"以"治天下"，而南齐士大夫却开始谋求与皇权在意识形态领域的融合。

南齐名士袁彖反对为处士立传：

> 夫事关业用，方得列其名行。今栖遁之士，排斥皇王，陵轹将相，此偏介之行，不可长风移俗，故迁书未传，班史莫编。一介之善，无缘顿略，宜列其姓业，附出他篇。[②]

袁彖为袁淑从孙、袁粲从子。袁淑曾"集古来无名高士，以为《真隐传》"[③]，袁彖却抨击隐士"排斥皇王"而反对为之立传，认为"不可长风移俗"。陈郡袁氏为第一流高门，袁彖本人也"好属文及玄言"，可见他是继承了家风家学的，他反对为隐士立传的目的或许在于表明自己拥护皇权的态度。

王俭弘儒并不表示南齐士大夫放弃了玄学政治文化的传统。从王俭自比谢安、又盛赞徐孝嗣来看，他是认同士族传统的。以体现官方意志的国子学而论，其科目设置虽以经学为中心，但

---

① 《宋书》卷 60《王准之传》，第 1624 页。
② 《南齐书》卷 48《刘彖传》，第 834 页。
③ 《宋书》卷 93《隐逸传序》，第 2276 页。

也采用了魏晋新学，而且主要科目《周易》王弼义在时人眼中是玄学而非儒学。国子学"玄不可弃，儒不可缺"的办学方针，即便是学风保守的南士陆澄也表示赞同①。在国子祭酒的人选上，张绪在建元四年（482 年）、永明七年（489 年）两次出任该职，而他"长于《周易》，言精理奥，见宗一时"②，是著名的玄学家。国子学名为弘儒，其实走的是儒玄兼宗的传统路子。从学术上说，这是顺应东晋以来的思想潮流③。从政治上说，反映了士林与皇权在意识形态领域相互融合的意愿。正因如此，王俭弘儒才能得到士林的广泛响应，"衣冠翕然，并尚经学，儒教于此大兴"④。

士林与皇权的融合毕竟是在君尊臣卑的儒学框架下展开，君主可以以此伸张权威，而士大夫只能尽力争取自己的地位。⑤《南齐书·文惠太子传》记载了双方在意识形态领域的一次斗争。永明五年（487 年），太子与王俭、张绪在国子学就《曲礼》"无不敬"意展开辩论，太子首先发难，他坚持认为"下之奉上，可以尽礼，上之接下，慈而非敬"，二者不同，不可以"敬"之一名

① 《南齐书》卷 39《陆澄传》，第 684 页。参见吴正岚：《六朝江东士族的家学门风》，南京大学出版社 2003 年版，第 169—172 页。
② 《南齐书》卷 33《张绪传》，第 601 页。
③ 唐长孺：《魏晋南北朝隋唐史三论》，武汉大学出版社 1993 年版，第 217—230 页。吕新峰：《东晋门阀政治下的"儒玄双修"及其文学影响》，《华南师范大学学报（社会科学版）》2019 年第 6 期。
④ 《南史》卷 22《王俭传》，第 595 页。
⑤ 学者指出南齐政治中存在寒人豪强与士族门阀不同群体代表的双重路线，参见刘雅君：《吏治路线与门阀传统——南齐政治中的双重脉络及其关联》，《苏州大学学报（哲学社会科学版）》2023 年第 5 期。

统摄。王俭则引郑玄注"礼主于敬"，认为"敬"之辞是为了表明礼意所在，"便当是尊卑所同"。张绪也认为"恭敬是立身之本，尊卑所以并同"。辩论的中心不在"敬"语的使用范围，而在于上对下与下对上的两种关系的异同。太子是站在皇权的立场，强调二者是完全不同性质的关系，而王俭、张绪则站在士大夫立场，认为二者虽有程度的区别，但性质一样。太子是要伸张皇权，而王俭、张绪则要维护士林在皇权面前的尊严 ①。这是融合的外表下所隐藏的立场之别。

四、永明弘儒的转折意义

《南齐书》卷三十九传论认为永明儒风大弘是晋、宋以来未有之事：

> 江左儒门，参差互出，虽于时不绝，而罕复专家。晋世以玄言方道，宋氏以文章闲业，服膺典艺，斯风不纯，二代以来，为教衰矣。建元肇运，戎警未夷，天子少为诸生，端拱以思儒业，载戢干戈，遽诏庠序。永明纂袭，克隆均校，王俭为辅，长于经礼，朝廷仰其风，胄子观其则，由是家寻孔教，人诵儒书，持卷欣欣，此焉弥盛。②

① 孙丽：《王俭与南齐初儒学的复兴》，《临沂师范学院学报》2004 年第 5 期。
② 《南齐书》卷 39《陆澄传》，第 686—687 页。

《南史·王俭传》也持相近之论：

> 先是宋孝武好文章，天下悉以文采相尚，莫以专经为业。俭弱年便留意《三礼》，尤善《春秋》，发言吐论，造次必于儒教，由是衣冠翕然，并尚经学，儒教于此大兴。[①]

虽然《南齐书》卷三十九传论最后谈到"建武继立，因循旧绪，时不好文，转相无术，学校虽设，前轨难追"，好儒之风有所衰减，但往后的历史却无法摆脱永明时代的影响，特别是许多贵游子弟都在国子学接受教育。[②]《南齐书·武帝纪》载永明三年（485年）立国学诏书："宜高选学官，广延胄子。"《南齐书·礼志上》："永明三年正月，诏立学，创立堂宇，召公卿子弟下及员外郎之胤，凡置生二百人。"当这些在永明年间接受教育的士子们进入梁代成为社会中坚时，就不能不产生广泛的影响了。正因有永明士风在前，梁武帝"治五礼，定六律，改斗历，正权衡""修饰国学，增广生员，立五馆，置五经博士""置集雅馆""立士林馆""分遣博士祭酒，到州郡立学"，所推行的一系列弘儒政策得到了士林的广泛支持和积极参与，"于是穆穆恂恂，家知礼节""四方郡国，趋学向风，云集于京师""济济焉，洋洋焉，大道之行也"[③]。

---

① 《南史》卷22《王俭传》，第595页。
② 林晓光以王融为案例，对永明时代有全面的考察，参氏著《王融与永明时代——南朝贵族文学的个案研究》，上海古籍出版社2014年版。
③ 《梁书》卷3《武帝纪下》，第96页；卷48《儒林传序》，第662页。《南史》卷6《梁本纪上》，第189页。

永明时代是南朝的转折点，在此前，士林与皇权在意识形态领域还处于对抗与斗争的阶段，此后二者开始了融合。当然这种融合是以士大夫回归儒家皇道意识为前提的。

第六编

魂归

梁陈王朝斜阳下的
名士晚照

第十一章　侯景之乱与梁陈之际的名士处境

一、侯景之乱前后的士林

梁太清二年（548 年），何敬容言当时的士风会导致梁朝的覆亡，他说：

> 昔晋代丧乱，颇由祖尚玄虚，胡贼殄覆中夏。今东宫复袭此，殆非人事，其将为戎乎？[①]

何敬容此语虽是针对时为太子的萧纲"频于玄圃自讲老、庄之事"而发，但指向却是受老庄思想影响、远离政治实务的士风，担心东宫太子的兴趣会进一步鼓励这种风气。《梁书·何敬容传》载：

---

① 《梁书》卷 37《何敬容传》，第 533 页。

敬容久处台阁，详悉旧事，且聪明识治，勤于簿领，诘朝理事，日旰不休。自晋、宋以来，宰相皆文义自逸，敬容独勤庶务，为世所嗤鄙。时萧琛子巡者，颇有轻薄才，因制卦名离合等诗以嘲之。①

何敬容自中大通三年（531 年）接替徐勉参掌机密，至大同十一年（545 年）解职，他是实务派②，但因作风不合晋、宋以来的宰相传统而"为世所嗤鄙"，玄学政治观在梁朝后期仍主导着舆论。又据《梁书·侯景传》，"大同末，人士竞谈玄理，不习武事"。大同末距太清二年（548 年）仅两三年时间，"竞谈玄理"、不尚实务之风在梁末达到顶峰。③

也正是在这一段时间里，萧梁与东西两魏对河南地的争夺完全失败，侯景又是一个不稳定因素，而朝野上下既缺乏应有的危机感，又缺乏正确把握形势的能力。接纳侯景、与东魏和谈，这些决策的出台不仅仅是因朱异的力主，而是"议者并然之"④，名士谢举、张缵皆有参与⑤，见识明睿者仅有萧介、何敬容与傅岐等寥寥数人⑥。侯景之乱发生后，很多士大夫的表现堪称拙

① 《梁书》卷 37《何敬容传》，第 532 页。
② 王永平：《东晋南朝庐江何氏与诸皇室之婚媾及其仕宦考述》，《江苏科技大学学报（社会科学版）》2007 年第 3 期。
③ 孙英刚从佛教转轮王思想的角度观察萧梁当时的政治形势与文化氛围，参氏作《佛教与谶纬之间：〈马宝颂〉所见梁武帝时代的信仰与王权》，《世界宗教研究》2021 年第 4 期。
④ 《梁书》卷 24《傅岐传》，第 602 页。
⑤ 《南史》卷 80《贼臣·侯景传》，第 1996 页。
⑥ 《梁书》卷 41《萧介传》，第 587—588 页；卷 37《何敬容传》，第 533 页；卷 42《傅岐传》，第 602—603 页。

劣，王质、庾信、谢禧等相继"未阵便奔走"，将京口航道、朱雀航、石头城、白下城等要冲拱手让出，而这些要冲是侯景最为顾忌的①。侯景初入建业之时，"城内四万许人，王公朝士，不下一百，便是恃（羊）侃一人安之"②。这正是颜之推所言"世中文学之士""品藻古今，若指诸掌""居承平之世，不知有丧乱之祸；处庙堂之下，不知有战阵之急""难可以应世经务"的情形③。萧纲在《围城赋》中所愤懑地批判的，并不单指朱异，士大夫皆有其份④。

不仅如此，在国破家亡的危急关头，士大夫的道德表现甚为不堪。贺琛为梁武帝后期的重要大臣，侯景之乱时负责东府防务，东府陷，为景兵所伤，他居然"辇至阙下，求见仆射王克、领军朱异，劝开城纳贼"⑤。"京城陷，朝士并被拘系""时景军士悉恣其凶威，（侯）子鉴景之腹心，委任又重，朝士见者，莫不卑俯屈折"⑥。梁元帝说当时"京师播绅，无不附逆，王克已为家

---

① 《梁书》卷56《侯景传》："景至京口，将渡，虑王质为梗，俄而质为故退，景闻之尚未信也，乃密遣觇之。谓使者曰：'质若审退，可折江东树枝为验。'觇人如言而返，景大喜曰：'吾事办矣。'"第842页。

② （北齐）颜之推著，王利器集解：《颜氏家训集解》卷2《慕贤》第7，上海古籍出版社1980年版，第136页。

③ （北齐）颜之推著，王利器集解：《颜氏家训集解》卷4《涉务》第11，上海古籍出版社1980年版，第137、179、292页。

④ 《梁书》卷38《朱异传》载萧纲《围城赋》，其末章云："彼高冠及厚履，并鼎食而乘肥，升紫霄之丹地，排玉殿之金扉，陈谋谟之启沃，宣政刑之福威，四郊以之多垒，万邦以之未绥。问豺狼其何者？访虺蝎之为谁？"第539页。

⑤ 《梁书》卷38《贺琛传》，第550页。

⑥ （唐）姚思廉：《陈书》卷21《孔奂传》，中华书局1972年版，第283页。

臣，陆缅身充卒伍"①。对于士大夫的表现，颜之推感到非常耻辱，他说："自乱离已来，吾见名臣贤士，临难求生，终为不救，徒取窘辱，令人愤懑。"他感慨："何贤智操行若此之难？"②王夫之将梁亡的原因归结为"国无君子，则无以立"③。

有过梁末惨痛经历的士大夫，最普遍的情绪是对离乱经历的悲痛。④沈炯"妻息诛夷，昆季冥灭"，群从兄弟仅剩他一人⑤，所作名篇《归魂赋》，"引古今之悲凉，并攒心而沾袂"，哀叹身世之不幸⑥。江总"避难崎岖""乃制《修心赋》，略序时事"：

> 不意华戎莫辨，朝市倾沦，以此伤情，情可知矣。啜泣濡翰，岂摅郁结，庶后生君子，悯余此概焉。⑦

徐陵之父徐摛死于侯景之乱，当时他被扣留于东魏，虽然对侯景充满"愤厉"之情，对妻子充满了担忧，但也无一语提及梁

---

① 《陈书》卷24《周弘正传》，第308页。
② 《颜氏家训》卷5《养生》第15，中华书局2011年版，第209页。
③ （清）王夫之著，舒士彦点校：《读通鉴论》卷17《简文帝》第3条，中华书局1975年版，第510页。
④ 这在文风上展现出一定的变化，参见毛振华：《侯景之乱与梁季诗风之变》，《求索》2009年第10期；《侯景之乱与梁末文风之变》，《广西社会科学》2010年第6期。
⑤ 《陈书》卷19《沈炯传》，第254页。
⑥ （唐）欧阳询：《艺文类聚》卷27《人部十一行旅》，上海古籍出版社1982年版，第496—497页。
⑦ 《陈书》卷27《江总传》，第344页。

末丧乱的责任①。

悲痛的确是丧乱中最需表达的情绪，在很长一段时间里，有些士人都没有走出这种心境。天嘉六年（565年），陈朝已经建立了九年，江总送陈使，仍自称"中朝流寓士""痛哉悯梁祚"②。然而当陈朝建立后，士大夫延续他们在梁朝的精神生活，梁末丧乱并没有改变他们的精神方向。徐孝克曾在侯景之乱中卖妻养母，入陈后热衷于"与诸僧讨论释典""昼夜讲诵《法华经》"③。周弘正"梁末为玄宗之冠"，入陈后仍"特善玄言，兼明释典，虽硕学名僧，莫不请质疑滞"④。徐陵在宣帝时"讲大品经，义学名僧，自远云集，每讲筵商较，四座莫能与抗"⑤。江总自述"官陈以来，未尝逢迎一物，干预一事"，《陈书·江总传》称其任尚书令是"尸素若兹"，与后主"为长夜之饮"⑥。以上诸人皆为陈代士林领袖，颜之推所言"吟啸谈谑，讽咏辞赋，事既优闲，材增迂诞，军国经纶，略无施用"⑦，这种情况在侯景之乱结束后并没有得到改变。

事实上，很多人并不认为自己与政治有着切近的关系。萧允对侯景之乱的认识是：

① 《陈书》卷26《徐陵传》，第328、331页。
② 江总《赠贺左丞肖舍人》诗，关于诗歌的写作背景参见曹道衡、沈玉成《中古文学史料丛考》，中华书局2003年版，第691页。
③ 《陈书》卷26《徐孝克传》："天嘉中，除剡令，非其好也，寻复去职。"第337页。
④ 《南史》卷34《周弘正传》，第899页。《陈书》卷24《周弘正传》，第309页。
⑤ 《陈书》卷26《徐陵传》，第334页。
⑥ 《陈书》卷27《江总传》，第345—347页。
⑦ 《颜氏家训》卷3《勉学》第8，中华书局2011年版，第104页。

夫性命之道，自有常分，岂可逃而获免乎？但患难之生，皆生于利，苟不求利，祸从何生？方今百姓争欲奋臂而论大功，一言而取卿相，亦何事于一书生哉？[①]

萧允把讨伐侯景看作是求利的行为，从而抹灭了其中的道义色彩，故而选择旁观。江总在逃难时写下《修心赋》，表明面对乱世，希望通过隐居来改变自己的心境，通过把现实的一切看作是假象、无意义的存在来寻求解脱。

折四辩之微言，悟三乘之妙理，遣十缠之系缚，祛五惑之尘滓，久遗荣于势利，庶忘累于妻子，感意气于畴日，寄知音于来祀，何远客之可悲，知自怜其何已。[②]

二、易代之际的士人政策

如果说江左士风从东晋迄于宋、齐、梁的变化可以归因于士林与皇权之间关系的变动，那么这一视角虽然仍可贯穿于陈朝，但问题的逻辑却发生了反转。皇权一直试图干预士风，贯彻皇权权威，而士大夫则力图维持其文化上的自立性，不论刘宋时代二者的冲突、还是南齐时代二者的妥协，都反映出士林与皇权的关

---

① 《陈书》卷21《萧允传》，第287页。
② 《陈书》卷27《江总传》，第345页。

系是在对立中达成统一。梁末侯景之乱与江陵沦陷，使士大夫遭受数百年来未有之大变乱，基本丧失了与皇权相抗的力量，陈朝的名士风流更多地取决于朝廷对士大夫的宽待态度。

陈寅恪先生说，陈朝为陈霸先依靠南方土著而建，其政权性质已大不同以前的王朝，"此为江左三百年政治社会上之大变动"①。入陈士大夫的精神生活与陈朝的士人政策密切相关。可以将梁末丧乱与北魏末年的丧乱作一对比。与陈霸先势力类似，尔朱氏也是在旧统治秩序崩溃后崛起的新兴力量。尔朱荣大集朝士，"列骑围绕，责天下丧乱，明帝卒崩之由，云皆缘此等贪虐，不相匡弼所致""因纵兵乱害，王公卿士皆敛手就戮，死者千三百余人"②。尔朱荣制造河阴之变，固有更为深刻的政治思量，而且这一政策也并不成功，很大程度上使其失去争夺天下的道义支持，但他以士大夫"不相匡弼"作为制造屠杀的冠冕堂皇的道德理由，这表明在社会观念中，士大夫对天下兴亡是负有不可推卸的政治责任的，这个责任是理当被追究的。西晋中朝名士王衍在"破坏天下，正是君罪"的名义下为石勒所杀③，桓温也说，"遂使神州陆沉，百年丘墟，王夷甫诸人，不得不任其责！"④均为同类之例。

---

① 陈寅恪：《述东晋王导之功业》，载《金明馆丛稿初编》，生活·读书·新知三联书店 2001 年版，第 77 页。关于陈朝疆域的形成过程，参见胡阿祥：《陈朝疆域变迁与政区建置考论》，《南京晓庄学院学报》2004 年第 1 期。

② （北齐）魏收：《魏书》卷 74《尔朱荣传》，中华书局 1974 年版，第 1648 页。

③ 《晋书》卷 43《王衍传》，第 1238 页。

④ （南朝宋）刘义庆著，（南朝梁）刘孝标注，余嘉锡笺疏，周祖谟等整理：《世说新语笺疏》卷 26《轻诋》"桓公入洛"条，中华书局 2007 年版，第 979 页。

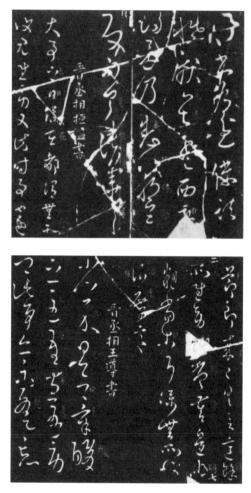

图 5 《大事帖》，（东晋）桓温，《淳化阁帖》，刊本不详

与尔朱氏不同，陈霸先并未追究士大夫对梁末丧乱的责任。梁敬帝禅让诏书云：

> 梁德湮微，祸乱荐发，太清云始，见困长蛇，承圣之季，又罹封豕。爰至天成，重窃神器，三光亟沈，七庙乏祀，含生已泯，鼎命斯坠，我武、元之祚，有如缀旒，静惟屯剥，夕惕载怀。①

诏书将萧梁的灭亡视作"梁德湮微"，德运所致。"运不常夷，道无恒泰"②，王朝兴亡是历史的规律。陈武帝登基诏书称：

> 有梁末运，仍叶遘屯，獯丑凭陵，久移神器，承圣在外，非能祀夏，天未悔祸，复罹寇逆，嫡嗣废黜，宗枝僭诈，天地荡覆，纪纲泯绝。③

随后分遣大使宣劳四方，下玺书敕州郡曰：

> 夫四王革代，商、周所以应天，五胜相推，轩、羲所以当运。梁德不造，丧乱积年，东夏崩腾，西都荡覆。萧勃干纪，非唯赵伦，侯景滔天，踰于刘载。贞阳反篡，贼约连

---

① 《陈书》卷 1《高祖纪上》，第 21—22 页。
② 同上书，梁敬帝玺书，第 24 页。
③ 《陈书》卷 2《高祖纪下》，第 31 页。

兵，江左累属于鲜卑，金陵久非于梁国。有自氤氲混沌之
世，龙图凤纪之前，东汉兴平之初，西朝永嘉之乱，天下分
崩，未有若于梁朝者也。①

　　陈武帝说自己"冒悫风尘，骋驰师旅，六延梁祀，十蕲强
寇"，都不能改变梁朝"天禄斯改，期运永终"的命运②。不论是
梁朝自己的总结，还是陈朝的盖棺定论，都没有言及梁朝的灭亡
是人事所致，而是将之看作德运的转移。这些诏书虽皆为士大夫
领袖徐陵所作③，但其政治观点无疑来自最高统治者。如果说禅
让诏书所言还只是例行文字的话，那么三年后，陈文帝天嘉元年
（560 年）八月戊子诏书则明确表达了梁朝风俗的看法：虽然对
梁末奢丽风俗不满，却也并无整饬之意④。

　　对于梁朝法统，陈朝给予了充分尊重。天嘉元年六月壬辰，
陈文帝下诏"车旗礼章，悉用梁典，依魏葬汉献帝故事"改葬梁
元帝于江宁，称此举是因"梁孝元遭离多难，灵榇播越，朕昔
经北面，有异常伦"⑤。六年（565 年）八月丁丑又下诏"检行修

---

① 《陈书》卷 2《高祖纪下》，第 33 页。
② 同上书，第 31、33 页。
③ 《陈书》卷 26《徐陵传》："自有陈创业，文檄军书及禅授诏策，皆陵所制，
　　而九锡尤美。"第 335 页。关于梁陈之际诏书内容的分析参见牟发松：《陈
　　朝建立之际的合法性诉求及其运作》，《中华文史论丛》2006 年第 3 期。关
　　于徐陵文学的分析参见毛振华：《论侯景之乱后徐陵、沈炯的政治性文书》，
　　《北方论丛》2012 年第 2 期；孙宝：《"南北朝体"视域下的徐陵禅代撰作及
　　其影响》，《文学遗产》2023 年第 3 期。
④ 《陈书》卷 3《世祖纪》，第 51—52 页。
⑤ 同上书，第 50 页。

治""前代王侯、自古忠烈，坟冢被发绝无后者"①。对于梁朝士大夫，陈朝也尽量将其吸纳进政权。永定二年（558年）十二月丁亥，陈武帝下诏：

> 梁时旧仕，乱离播越，始还朝廷，多未铨序。又起兵已来，军勋甚众。选曹即条文武簿及节将应九流者，量其所拟。……于是随材擢用者五十余人。②

事实上，陈武帝擢用的"梁时旧仕"绝不止此数。天康元年（566年）徐陵时为吏部尚书，他说：

> 永定之时，圣朝草创，干戈未息，亦无条序。府库空虚，赏赐悬乏，白银难得，黄札易营，权以官阶，代于钱绢，义存抚接，无计多少，致令员外、常侍，路上比肩，咨议、参军，市中无数。③

天嘉元年（560年）二月，陈文帝平定王琳后，下戊戌诏书："其衣冠士族，预在凶党，悉皆原宥""并随才铨引，庶收力用"。三月又下丁丑诏书："萧庄伪署文武官属还朝者，量加录序。"④据《陈书·袁泌传》，王琳败后，袁泌"独乘轻舟

①　《陈书》卷3《世祖纪》，第59页。
②　《陈书》卷2《高祖纪下》，第38页。
③　《陈书》卷26《徐陵传》，第333页。
④　《陈书》卷3《世祖纪》，第49—50页。

送（萧）庄达于北境，属庄于御史中丞刘仲威，令共入齐，然后拜辞而归，诣阙请罪，文帝深义之""寻授宁远始兴王府法曹参军"。袁泌之所以敢在护送走萧庄后投靠陈朝，正缘于陈朝的宽待政策。陈朝以袁泌为侍中[1]。《陈书》中与袁泌合传的刘广德，也是在王琳败后投降，被委任为宁远始兴王府限外记室参军，"仍领其旧兵"。不惟平定王琳时如此，陈朝平定各地的割据势力，都会擢用流寓于当地的萧梁士大夫。举以下数例：

平定陈宝应后，陈文帝令虞寄还朝。"及至，即日引见，谓寄曰：'管宁无恙。'其慰劳之怀若此。"[2]

陈文帝频召谢嘏。"嘏崎岖寇虏，不能自拔。及（陈）宝应平，嘏方诣阙，为御史中丞江德藻所举劾，世祖不加罪责，以为给事黄门侍郎，寻转侍中。"[3]

陈宣帝即位后，延续了此前的政策，如平定欧阳纥势力，引袁敬、萧引入朝[4]。

陈朝士风的逻辑已不同于以往。士族在梁末丧乱中受到沉重打击，幸存的士人在梁末陈初的政治中不仅没有表现出举足轻重的政治影响力，反而要依附新兴的政治军事集团，才能维持自身的生存。郗昙、谢安的墓葬在陈朝被发掘[5]，就表明士族势力的

① 《陈书》卷18《袁泌传》，第245页。
② 《陈书》卷19《虞寄传》，第263页。
③ 《陈书》卷21《谢嘏传》，第279页。
④ 《陈书》卷17《袁敬传》，第239页；卷21《萧引传》，第289页。
⑤ 《陈书》卷28《始兴王伯茂传》，第359页；卷36《始兴王叔陵传》，第496页。

衰弱。然而，新兴的陈朝在文化上对士大夫有着仰视感，他们希望利用士大夫在社会文化上的权威地位作合法性辩护，这也是士大夫在这个时代残存的价值。所以陈朝并没有以政权的力量清算、整顿士风，反而优待士大夫，使梁朝士风在陈朝继续存在下去。

第十二章　士大夫文化与陈朝的王朝建构

一、士大夫文化的政治意义与陈朝之建构

《陈书·儒林传》：

> 高祖创业开基，承前代离乱，衣冠殄尽，寇贼未宁，既日不暇给，弗遑劝课。世祖以降，稍置学官，虽博延生徒，成业盖寡。今之采缀，盖亦梁之遗儒云。[①]

在《陈书》的叙述中，进入《儒林传》的人其实都是在丧乱中幸存的梁朝"遗儒"。《陈书·儒林传》共载十五人，皆成年且成名于梁代，除沈德威、贺德基在梁仕历不明外，其余十三人都曾出仕梁朝[②]。不惟《儒林传》如此，《陈书》列传所记人物多为

---

① 《陈书》卷33《儒林传》，第434页。
② 《陈书》卷33《儒林传》传主共十三人，附龚孟舒、陆庆共十五人。

由梁入陈者。《文学传》所载的十七人中，十人有仕梁经历，余下七人在梁陈之际也都成年[1]。南朝士人多早熟，这七人的成长当受梁代士风的熏染。陈后主曾对江总论说陈朝人物：

> 梁室乱离，天下糜沸，书史残缺，礼乐崩沦，晚生后学，匪无墙面，卓尔出群，斯人（陆瑜）而已。[2]

入陈的士大夫，经历了三代五帝三十三年。这或者是他们的中老年时期，或者是青中年时期。陈朝诸帝虽然都采取了优待士人的政策，但政治形势不同，内涵便有所不同。

陈霸先出身甚微，又非梁元帝嫡系，在起兵前期，掌笔翰、居内谋划者仅为门第不高的天水赵知礼。陈霸先与梁元帝及王僧辩文书往来，皆由赵知礼作文[3]。平定侯景、据京口后，陈霸先起用逃难到此的陈郡谢哲、济阳蔡景历等人，他任命蔡景历掌记室。当时居于京口的士大夫未必都肯应陈霸先之召，曾任梁武帝太子洗马的萧允便是如此。

平定侯景后的三四年里，士大夫的主要投奔对象是掌控建康的王僧辩。《陈书·袁枢传》："王僧辩平侯景，镇京城，衣冠争往造请。"[4] 梁元帝以江陵为都，王僧辩将一部分人输送到江陵朝廷。名士周弘正、周弘让、沈炯、孔奂、张种、袁泌、陆山才等

① 《陈书》卷34《文学传》传主共十四人，附陆玠、陆琛、阴铿共十七人。
② 同上书，第464页。
③ 《陈书》卷16《赵知礼传》，知礼父亲为梁侯官令，第223页。
④ 《陈书》卷17《袁枢传》，第240页。

人都有相关经历，他们后来成为陈朝的重臣。王僧辩死后，名士中仍有人为之守故吏之节。如徐陵"感僧辩旧恩"，投奔任约，而不投陈霸先[①]。这既是因为王僧辩占据建康，为梁元帝嫡系之故，也与王僧辩优待士大夫有关。王僧辩素闻沈炯之名，败宋子仙后，"于军中购得之，酬所获者铁钱十万，自是羽檄军书皆出于炯"[②]。得周弘正兄弟"甚喜"[③]、得徐陵"大喜"，"接待馈遗，其礼甚优"[④]。对张种"为具（其母）葬礼""又以种年老，傍无胤嗣，赐之以妾，及居处之具"[⑤]。在陈霸先与王僧辩的政治竞争中，士大夫多支持王僧辩。

但这不意味着士大夫全然导向王僧辩，对于他们而言，在丧乱中保证安全才是头等大事。萧引曾说："今日逃难，未是择君之秋。吾家再世为始兴郡，遗爱在民，正可南行以存家门耳。"[⑥]也有人看重陈霸先而与之交结。如吴兴沈巡遣子君理自东阳来拜谒，结为亲家[⑦]。又如吴兴沈洙窜于临安，教授陈蒨[⑧]，到洽之子到仲举时为吴兴郡长城令深结陈蒨，后来又与颍川庾持俱为陈蒨宾客[⑨]。这些人主要是与陈氏同乡里的吴兴人，或在此任官之人。

---

①④ 《陈书》卷26《徐陵传》，第332页。
② 《陈书》卷19《沈炯传》，第253页。
③ 《陈书》卷24《周弘正传》，第308页。
⑤ 《陈书》卷21《张种传》，第280页。
⑥ 《陈书》卷21《萧引传》，第289页。
⑦ 《陈书》卷23《沈君理传》，第299页。
⑧ 《陈书》卷33《儒林·沈洙传》，第436页。
⑨ 《陈书》卷20《到仲举传》，第267页。

　　对于陈霸先而言，梁末几年跻身于最高统治阶层的经历，使他产生了文化需求。梁朝甚重公文之美，担任记室者多为一时之文才。陈霸先任征北大将军，得蔡景历书，"甚加钦赏""即日板征北府中记室参军，仍领记室"，迫切之情跃然纸上。他还按照士族标准培养子弟。陈霸先之子陈昌"时为吴兴郡，昌年尚少，吴兴王之乡里，父老故人，尊卑有数，高祖恐昌年少，接对乖礼，乃遣景历辅之。"①据《陈书·衡阳献王昌传》，除蔡景历外，辅佐他的还有谢哲，授之以经书的是吴郡杜之伟。陈霸先之侄陈顼西赴江陵，陈霸先命毛喜与之俱往江陵，"仍敕高宗曰：'汝至西朝，可咨禀毛喜。'"②可见其郑重之意。

　　陈霸先尊重士大夫的政治文化传统，这不仅是一种居上位者的政治姿态，而且是士大夫文化长期引领社会的结果。《陈书·世祖纪》载：

　　　　（陈蒨）少沈敏有识量，美容仪，留意经史，举动方雅，造次必遵礼法。高祖甚爱之，常称"此儿吾宗之英秀也"。③

　　据《高祖纪上》，陈霸先"倜傥有大志，不治生产""读兵书，多武艺"，与陈蒨气质绝不类同。陈霸先对陈蒨的喜爱，乃是基于其对士大夫的羡慕。这是当时社会的普遍心态。如侯安

---

① 《陈书》卷16《蔡景历传》，第226页。
② 《陈书》卷29《毛喜传》，第388页。
③ 《陈书》卷3《世祖纪》，第45页。

都为"邑里雄豪"，却"工隶书，能鼓琴，涉猎书传，为五言诗，亦颇清靡"，数招文士，"命以诗赋，第其高下，以差次赏赐之"①。这也是羡慕、向往、仿学士大夫的表现。这种羡慕在潜移默化中强化了他们对士大夫文化的尊崇。

尽管如此，陈霸先却排斥了士大夫对机密的参与。《陈书·蔡景历传》：

> 高祖将讨王僧辩，独与侯安都等数人谋之，景历弗之知也。部分既毕，召令草檄。②

陈霸先并不怀疑蔡景历的能力，——蔡景历曾谋划过对侯景的政变，而是出于不信任。在翦灭王僧辩后，陈霸先彻底控制了建康朝廷，聚集于此的士大夫归附于他。对于陈霸先而言，只有在融合了士大夫阶层、体现了他们的政治文化之后，其政权才具有合理性。这是他优待士大夫的原因。在这一政策下，陈朝不仅要将士大夫吸纳进政权，以扩大统治基础，同时还要让他们在心理上获得尊严感，彻底地融入新政权。徐陵投奔任约，他"释陵不问"，甚至任命为贞威将军、尚书左丞，就是要利用徐陵的名望，来宣传新朝的政策。平定张彪后，陈霸先写信给依附于张彪的名士虞荔：

> 丧乱已来，贤哲凋散，君才用有美，声闻许、洛，当今

---

① 《陈书》卷8《侯安都传》，第143、147页。
② 《陈书》卷16《蔡景历传》，第226页。

朝廷惟新，广求英隽，岂可栖迟东土，独善其身？①

陈蒨也给他写信：

> 君东南有美，声誉洽闻，自应翰飞京许，共康时弊，而削迹丘园，保兹独善，岂使称空谷之望邪？②

虞荔曾为梁武帝中书舍人，"号为清白"，名望甚重，具有士林影响力，故而陈霸先、陈蒨都希望将他引入新朝廷。事实上，梁陈之际的士大夫仍有颇多疑虑。虞荔"迫切之不得已，乃应命至都"③。禅让之际，名士沈文阿弃官还武康④。从绍泰元年（555年）陈霸先控制梁朝廷到天嘉二年（561年）陈文帝平定王琳、驱逐北周势力、重新控制长江中游的这一段时间里，新生的政权强敌环伺，面临极大的生存压力，特别是王琳雄踞中游、奉萧庄为主，成为陈朝的有力竞争者，陈郡袁泌、南阳刘之遴之子侄刘仲威、刘广德皆忠于萧庄。陈后主时期庐江何之元作《梁典》，仍以萧庄为梁正统，称之为"后嗣主"⑤。在武力上，陈霸先也不占绝对优势，陈朝建立的当年便有周文育、侯安都西讨的郢州之败。当有人谗告琅邪王质与王琳潜信交通，陈霸先"即命斩之"⑥。从陈霸先一反常态、采用极端手段处理此事来看，士林之

①②③ 《陈书》卷19《虞荔传》，第257页。

④ 《陈书》卷33《儒林·沈文阿传》，第434页。

⑤ 《陈书》卷34《文学·何之元传》，第466—467页。

⑥ 《陈书》卷18《王质传》，第248页。

中可能普遍存在着骑墙的态度，已让他有了强烈的危机感。

反过来，这也促使他按照士林的期待塑造新朝廷。如对待王冲，以其前代旧臣，"特申长幼之敬"①。新朝的国君对待下属，因其为前朝旧臣，就不按君臣之礼，而"申长幼之敬"，已逾常情。在陈霸先为帝的三年里，我们时常可以看到梁武帝的影子。永定元年（557年）登基的当月庚辰日，"诏出佛牙于杜姥宅，集四部设无遮大会，高祖亲出阙前礼拜。"永定二年（558年）四月辛酉，"舆驾幸大庄严寺舍身"。十月甲子，"舆驾幸大庄严寺，设无碍大会，舍乘舆法物"②。汤用彤先生说陈霸先此举是"祖梁武之遗规"③。永定二年（558年）三月乙卯，"高祖幸后堂听讼，还于桥上观山水，赋诗示群臣。"④陈霸先勇武出身，并不以文学显，而梁朝皇帝多与臣下文学相会，陈霸先此举是在仿效梁帝⑤。梁朝的政治文化既是陈霸先建设新朝廷的样板，也是他与士大夫相联结的桥梁。

在人事上，陈霸先并不完全信赖前朝旧臣。《陈书·沈君理传》：

> 高祖受禅，拜驸马都尉，封永安亭侯。出为吴郡太守。是时兵革未宁，百姓荒弊，军国之用，咸资东境，君理招集

---

① 《陈书》卷17《王冲传》，第236页。
② 《陈书》卷2《高祖纪下》，第34、37—38页。
③ 汤用彤：《汉魏两晋南北朝佛教史》第十三章《佛教之南统》"陈代佛教"节，北京大学出版社1997年版，第344页。
④ 《陈书》卷2《高祖纪下》，第36页。
⑤ 牟发松：《陈朝建立之际的合法性诉求及其运作》，《中华文史论丛》2006年第3期。

士卒，修治器械，民下悦附，深以干理见称。①

　　陈霸先信赖沈君理，将关系国运的吴郡交给他，绝对不只是基于他"干理"，而是因为他甚早归附，且与陈霸先结亲。陈武帝一朝掌握实权的士人，秘书监、中书通事舍人蔡景历、吏部尚书谢哲为在京口投奔他的士人；中书舍人刘师知为他在梁敬帝绍泰初年所提拔。袁枢先后以侍中、都官尚书掌大选事，因为他在王僧辩执政时期"独杜门静居，不求闻达"，②是历史清白者。对于在掌控建康后归附于己的士大夫，陈霸先则怀有警惕之心。沈众为沈约之孙，贵为梁侍中、陈中书令，因其"历诋公卿，非毁朝廷"，陈霸先便将之处死。其实沈众的"诋毁"绝非对新朝不满，而是缘于吝啬的生活作风遭到朝士的嘲讽，狷急之下的口不择言③。此事发生在永定二年（558年）七月以后，此时王琳已立萧庄，沈众"非毁朝廷"犯了陈霸先的大忌，故而被处死。

　　不论是陈霸先残酷打击士大夫，还是对之优渥宽待，都反映二者的融合尚未完成。陈文帝天嘉二年（561年）平定王琳后，到陈宣帝太建二年（570年）攻灭欧阳纥，陈朝的首要任务是巩固统治，其主要对手是梁末崛起的具有半独立性质的地方割据势力。对于依附于这些势力的士大夫，陈朝并未"悉皆原宥"，凡是参与叛乱的，都遭到惩处。《陈书·虞寄传》："（陈）宝应既擒，凡诸宾客微有交涉者，皆伏诛，唯寄以先识免祸""初，沙门慧

① 《陈书》卷23《沈君理传》，第299页。
② 《陈书》卷17《袁枢传》，第240页。
③ 《陈书》卷18《沈众传》，第244页。

标涉猎有才思，及宝应起兵，作五言诗以送之，曰：'送马犹临水，离旗稍引风，好看今夜月，当入紫微宫'""后竟坐是诛"[1]。

《陈书·萧引传》："及（欧阳）纥举兵反，时京都士人岑之敬、公孙挺等并皆惶骇，唯引恬然，谓之敬等曰：'管幼安、袁曜卿亦但安坐耳。君子正身以明道，直己以行义，亦复何忧惧乎？'"[2]

"正身以明道，直己以行义"其实就是不参与叛乱，京都士人的"惶骇"与萧引的"恬然"都反映出陈朝文、宣两朝的士人政策相对于梁陈之际严了许多。士人政策的变化其实反映了陈朝朝廷与士人关系的变化：面对士人由不自信走向自信，其权威由武力性扩展到政治性、精神性，而这只有在陈朝完成对自身的政治文化建构之后，才可能实现。

二、陈朝与士大夫的融合

章义和先生曾统计陈朝最高统治集团的构成情况：在陈武帝朝，高门士族占 33%，至陈文帝朝则升至 50%。[3] 陈霸先在位时间甚短，仅有 21 个月，政权尚处草创阶段，陈朝不论是制度建

---

① 《陈书》卷 19《虞寄传》，第 262—263 页。
② 《陈书》卷 21《萧引传》，第 289 页。
③ 章义和：《地域集团与南朝政治》第七章《梁陈之际统治阶层的变动及陈朝政权的支撑力问题》，华东师范大学出版社 2002 年版，第 205—206 页。

设，人员整合，还是社会心态对新政权的认同，其实都是在陈文帝朝完成的。陈文帝继承了武帝的政策。《陈书·徐陵传》：

> 天康元年，迁吏部尚书，领大著作。陵以梁末以来，选授多失其所，于是提举纲维，综核名实。时有冒进求官，喧竞不已者。[1]

"选授多失其所"和"冒进求官"的现象到陈文帝执政的最后一年（天康元年，566 年）还存在。天嘉元年（560 年）七月甲寅陈文帝下求才诏书，命"王公已下，其各进举贤良，申荐沦屈，庶众才必萃，大厦可成"。他举出陆山才举荐梁前征西从事中郎萧策，梁前尚书中兵郎王暹为例，说二人"并世胄清华，羽仪著族，或文史足用，或孝德可称，并宜登之朝序，擢以不次"，作为推荐的榜样[2]。虽然陈文帝所举的榜样是"世胄清华"，但他求才的范围不止于高门士族，凡"文史足用""孝德可称"，皆可"擢以不次"。

就最高统治集团而论，武帝时共有士大夫六人，除去沈众被诛，陆缮转为东宫官员，陈文帝朝新补进士大夫十一人，分别为到仲举、沈君理、王劢、王固、王瑒、谢嘏、张种、萧济、周弘正、沈钦、沈恪。在这十一人中，沈恪、沈钦与文化士人不同，沈恪在梁末拥有部曲，以军功显世，沈钦无传，但他在天嘉六年

---

① 《陈书》卷 26《徐陵传》，第 332 页。
② 《陈书》卷 3《世祖纪》，第 51 页。

（565 年）由卫尉卿升为中领军，所历为军职。沈君理为陈氏姻亲，到仲举、萧济为陈文帝旧臣，升入最高统治阶层当与这层关系有关。王劢、王固为武帝尚书仆射王通之弟，王劢为梁敬帝中书令，陈霸先长史，天嘉元年（560 年）从大庾岭征还，任命为中书令其实是要体现对先朝朝望的尊重。谢岐是在平定陈宝应后征还为侍中的，带有安抚之意。所可注意者为王固、王瑒、张种和周弘正的升入。

周弘正为梁末士林领袖，梁武帝任以国子博士，专门阐释其学问，"时于城西立士林馆，弘正居以讲授，听者倾朝野焉"。梁元帝说"士大夫重汝南周弘正"，并比作陆机、陆云兄弟，"对之礼数甚优，朝臣无与比者"。周弘正在梁敬帝时任过侍中。陈武帝受禅后，授太子詹事。陈文帝天嘉元年被任命为侍中、国子祭酒①。

王固"少清正，颇涉文史""世祖以固清静，且欲申以婚姻。天嘉二年，至都，拜国子祭酒。三年，迁中书令。四年，又为散骑常侍、国子祭酒。"②

王瑒为王冲之子，"世祖嗣位，授散骑常侍，领太子庶子，侍东宫。迁领左骁骑将军、太子中庶子，常侍、侍中如故""瑒为侍中六载，父冲尝为瑒辞领中庶子，世祖顾谓冲曰：'所以久留瑒于承华，政欲使太子微有瑒风法耳。'"③

张种"少恬静，居处雅正，不妄交游，傍无造请，时人为之语

---

① 《陈书》卷 24《周弘正传》，第 307—309 页。
② 《陈书》卷 21《王固传》，第 282 页。
③ 《陈书》卷 23《王瑒传》，第 301 页。

曰：'宋称敷、演，梁则卷、充。清虚学尚，种有其风。'""仁恕
寡欲，虽历居显位，而家产屡空，终日晏然，不以为病"。天嘉二
年（561 年）后迁侍中，以后又担任太常卿①。

周弘正以学问知名，王固、王瑒、张种是以人格精神知名。
这四人凭借文化和声望进入最高统治集团，反映陈文帝想传递出
这样一个信息：新朝廷是尊重士大夫政治传统的，得道者当入庙
堂，内圣而外王。除此四人外，当时陈文帝还想委以高位的有沈
炯、虞荔②，亦当时重望，只不过因二人早亡而事不遂。即便如
此，陈文帝对沈炯、虞荔之死也做到了礼数隆重。陈文帝闻沈炯
死，"即日举哀，并遣吊祭"③。虞荔死，"文帝甚伤惜之""及丧枢
还乡里，上亲出临送，当时荣之"④。"当时荣之"正是陈文帝想
要达到的效果。

周弘正等四人为侍中、中书令时，还在兼任国子祭酒、太常
卿，或与之互转。王瑒被命为太子中庶子，也是因其"风法"。
这表明陈文帝对士大夫道统的尊崇，以赋予学官最高的政治地位
的举措来表达对文教的重视。

天嘉元年（560 年）应沈不害上书而重设学官，可能是陈文
帝最重要的政策之一。此举旨在顺应士大夫的政治理念，充分体

---

① 《陈书》卷 21《张种传》，第 281 页。
② 《陈书》卷 19《沈炯传》："初，高祖尝称炯宜居王佐，军国大政，多预谋
　谟，文帝又重其才用，欲宠贵之。会王琳入寇大雷，留异拥据东境，帝欲使
　炯因是立功，乃解中丞，加明威将军，遣还乡里，收合徒众，以疾卒于吴
　中。"第 255—256 页。同卷《虞荔传》："文帝敕曰：'能敦布素，乃当为高，
　卿年事已多，气力稍减，方欲仗委，良须克壮。"第 257 页。
③ 《陈书》卷 19《沈炯传》，第 256 页。
④ 《陈书》卷 19《虞荔传》，第 258 页。

现新王朝存在的道义性。沈不害在上书中开篇便指出尊儒立学对于新王朝的重要性，他说"立人建国，莫尚于尊儒，成俗化民，必崇于教学"。虽然自梁太清以后，"洪儒硕学，解散甚于坑夷，五典、九丘，湮灭逾乎帷盖。成均自斯坠业，胄宗于是不修""后生敦悦，不见函杖之仪，晚学钻仰，徒深倚席之叹"，但是现在"江表无虞，海外有截"，政治的稳定已经具备了立学的条件，"岂得不开阐大猷，恢弘至道？宁可使玄教儒风，弗兴圣世，盛德大业，遂蕴尧年？"沈不害强烈的口气表达了士大夫对新朝廷的文化政策的期待。陈文帝在答诏中，以平和的口气表明自己的政治理念是与士大夫一致的，"常恐前王令典，一朝泯灭"，他还耐心地解释了以前未及立学的原因是"兵革未息，军国草创"，表示现在要"付外详议，依事施行"①。

此举对新朝廷在政治上的另一好处是，安置了大批热衷于文化、却不一定愿意或者堪当政务的人。如徐孝克"天嘉中，除剡令，非其好也，寻复去职"，太建六年（574年）除国子博士②。对他们的处置体现了新朝廷对道统的尊重，所以一定要将他们吸纳进政权。对于早已贫困化的士大夫而言，在政府中任职，不仅是实施其政治抱负的必要条件，也是维持生计的体面选择。

自陈文帝立国子学后，任国子祭酒者有周弘正（天嘉元年），王固（天嘉二年、四年），孔奂（废帝），萧济（太建初），徐孝克（太建六年），徐陵（太建七年），陈伯固（太建十年始），陈

---

① 《陈书》卷33《儒林·沈不害传》，第446—447页。
② 《陈书》卷26《徐孝克传》，第337页。

伯仁（祯明元年），陈叔齐（祯明元年），王元规（后主）。任国子博士者有周弘直（天嘉中），沈文阿（天嘉），顾越（天嘉），虞荔（天嘉）；沈不害（天嘉五年），顾野王（太建二年），张崖（太建），徐俭（太建），徐孝克（太建六年），张讥（后主）。任国子助教者为龚孟舒（天嘉初），沈德威（天嘉），张讥（天嘉中），王元规（天嘉中），戚衮（太建后期）①。除陈伯固、陈伯仁、陈叔齐为宗室外，其余诸人自梁时便为名士。

　　教育皇子的人事安排也体现了陈文帝对士大夫政治文化的尊重。虞荔以东南之美、"声誉洽闻"而被委以太子中庶子，侍太子读书②。王瑒以"风法"而被委为太子中庶子。陆缮"仪表端丽，进退闲雅"，被委为太子中庶子、掌东宫管记，"使太子诸王咸取则焉""其趋步蹴履，皆令习缮规矩"③。陈文帝又命国子学官参与东宫教育，沈文阿在东宫讲《孝经》《论语》，沈德威讲《礼传》，沈洙、顾越东宫侍读④。《陈书·虞寄传》：

　　　　文帝谓到仲举曰："衡阳王既出阁，虽未置府僚，然须得一人旦夕游处，兼掌书记，宜求宿士有行业者。"仲举未知所对，文帝曰："吾自得之。"乃手敕用寄。寄入谢，文帝曰："所以暂屈卿游藩者，非止以文翰相烦，乃令以师表相

---

① 见诸人《陈书》本传。龚孟舒事迹附《陈书》卷33《儒林·顾越传》后，第446页。
② 《陈书》卷19《虞荔传》，第257页。
③ 《陈书》卷23《陆缮传》，第303页。
④ 《陈书》卷33《儒林传》，第436—437、442、445页。

事也。”①

以士大夫为师，让储君、宗室学习他们的仪表、学问，表明朝廷愿意接受士大夫文化。宣帝后期和后主初期，陈伯仁等宗室担任国子祭酒，可见文教政策在宗室身上也有所成效。

与陈武帝相比，陈文帝对士大夫的所思所想了解更深，他不仅继续吸纳士人进入政权，保证他们的政治利益，还通过设置学官、安排东宫人事、选取名望进入最高统治阶层等政策来表现他对士大夫的人格、理想及其事业的尊重。可以说，只有在与士大夫的文化相融合之后，陈朝才真正建立起来。②

姚察将陈文帝的成功归结为他个人的德行："崇尚儒术，爱悦文义，见善如弗及，用人如由己，恭俭以御身，勤劳以济物。"③

在个人气质上，陈文帝与陈霸先不同，他"少沈敏有识量，美容仪，留意经史，举动方雅，造次必遵礼法"④。侯景之乱时避地临安，还不忘向同样避乱于此的名儒沈洙学习。在陈霸先起事以前，陈蒨其实是士林中人。即位之后，他也称出自"诸生"⑤。

①　《陈书》卷19《虞寄传》，第263页。
②　陈朝皇帝也呈现士人化趋势，参见曹道衡：《"事事修饰，望之嫣然"——南朝文学史中的陈后主》，《文史知识》1991年第3期。孙明君：《陈后主、隋炀帝与陈隋诗史的转变》，《安徽大学学报（哲学社会科学版）》2015年第5期。孙正军：《制造士人皇帝——牛车、白纱帽与进贤冠》，载北京大学中国古代史研究中心编《田余庆先生九十华诞颂寿论文集》，中华书局2014年版，第264—287页。
③　《陈书》卷3《世祖纪》，第61页。
④　同上书，第45页。
⑤　同上书，陈文帝天嘉元年（560年）壬午诏书中所称，第51页。

士人的身份使他更易理解士大夫的精神世界，不像陈霸先总是站在士大夫之外来看士大夫。青少年时代的陈蒨是社会地位不太高、不随主流学风的士人。梁后期，"学者多涉猎文史，不为章句"，沈洙"独积思经术"①。从陈蒨向沈洙学习这一点来推断，陈蒨或许有着与沈洙相近似的学术取向。不高的社会地位与非主流的学术取向，使陈蒨保持着独立的批判意识。这从天嘉元年（560年）八月戊子诏书可见一斑。在历数梁代侈靡之风后，陈文帝抒发感慨：

> 朕自诸生，颇为内足，而家敦朴素，室靡浮华，观览时俗，常所扼腕。今妄假时乘，临驭区极，属当沦季，思闻治道，菲食卑宫，自安俭陋，俾兹薄俗，获反淳风。②

这完全是站在士人的立场上，从下层士人的视角来批判上层士风。因此，陈文帝很能了解士大夫迂阔教条、不堪实用的一面。张种"尝于无锡见有重囚在狱，天寒，呼出曝日，遂失之，世祖大笑，而不深责"③。优待囚犯，使囚犯感恩自新，是史书记载良吏善政的典型模式，张种当是慕而学之。陈文帝"大笑"而不"深责"表明他对士大夫有着深切的了解，并不指望他们有实际政绩，所看重的乃是他们的社会声望。后来，陈宣帝看到萧济在扬州任上"条理详悉，文无滞害，乃顾谓左右曰：'我本期萧

---

① 《陈书》卷33《沈洙传》，第436页。
② 《陈书》卷3《世祖纪》，第52页。
③ 《陈书》卷21《张种传》，第281页。

长史长于经传，不言精练繁剧，乃至于此。'"①对萧济的理事才能反而感到惊讶。

陈朝优待前朝士大夫，还因为士大夫已经不再是皇权难以驯服的对象，在与士大夫的关系中，皇权占据了绝对主导的地位，这也是与以往的不同之处。陈武帝在政治上并不全然信任前朝士大夫，但他还是吸纳士大夫加入新王朝，并尊重他们的文化。从士大夫这方面来说，在王僧辩败亡以前，士大夫多投靠王僧辩，之后才归于陈霸先，他们对新王朝也经历了一个从不认同到接受的过程。士大夫与陈朝的融合在陈文帝时代完成。天嘉二年（561年）陈文帝平定王琳后，政局趋于稳定，皇权权威由武力性扩展至政治性与文化性。与武帝相比，陈文帝对士大夫的所思所想了解更深，他不仅继续吸纳士人进入政权，保证他们的政治利益，还通过设置学官、安排东宫人事、选取名望进入最高统治阶层等政策来表现他对士大夫的人格、理想及其事业的尊重，最终完成了朝廷与士大夫的融合。

---

① 《陈书》卷30《萧济传》，第396页。

第十三章 陈后主与名士风流

一、陈后主与陈朝晚期的士林活动

士大夫与陈朝融合的完成，使他们恢复了在梁朝的地位，这是谈玄论文之风重新兴盛的重要背景。自国子学建立后，便与东宫一起成为谈玄论文的重要场所。《陈书·儒林传》：

> 天嘉中，（张讥）迁国子助教。是时周弘正在国学，发周易题，弘正第四弟弘直亦在讲席。讥与弘正论议，弘正乃屈，弘直危坐厉声，助其申理。讥乃正色谓弘直曰："今日义集，辩正名理，虽知兄弟急难，四公不得有助。"弘直曰："仆助君师，何为不可？"举座以为笑乐。弘正尝谓人曰："吾每登座，见张讥在席，使人懔然。"[1]

---

① 《陈书》卷33《张讥传》，第444页。

张讥为周弘正学生，师徒相争又引来周弘直助战，可见论战之激烈。"举座以为笑乐"，足见士大夫得乐于其中。东宫、学官系统之外，还存在另一个甚有影响的士人群体。《陈书·文学·徐伯阳传》：

> 太建初，中记室李爽、记室张正见、左民郎贺彻、学士阮卓、黄门郎萧诠、三公郎王由礼、处士马枢、记室祖孙登、比部贺循、长史刘删等为文会之友，后有蔡凝、刘助、陈暄、孔范亦预焉，皆一时之士也。游宴赋诗，勒成卷轴，伯阳为其集序，盛传于世。①

这个士人集团在陈文帝时便已经形成。据《陈书·侯安都传》，侯安都在天嘉初期平定王琳后招聚文士赋诗，参与者为褚玠、马枢、阴铿、张正见、徐伯阳、刘删、祖孙登。侯安都所招集的文士除褚玠外，余者都参与了太建初年（569 年）的文会，而且是其核心成员。

刘删、祖孙登无传，马枢为处士、阴铿、张正见门第皆不高，阴铿有可能是平王琳后从湘州而来②。徐伯阳为东海徐氏，时为侯安都记室参军。褚玠郡望为河南阳翟，虽为高门士族，但官位不显③。侯安都自梁敬帝绍泰元年（555 年）开始长期担任

① 《陈书》卷 34《徐伯阳传》，第 468 页。
② 曹道衡、沈玉成：《中古文学史料丛考》"阴铿生平事迹"，中华书局 2003 年版，第 648—649 页。
③ 《陈书》卷 34《文学·褚玠传》："起家王府法曹，历转外兵记室。天嘉中，兼通直散骑常侍。"第 460 页。

南徐州刺史，陈文帝时，除了征王琳、留异外，主要镇守京口，《陈书·马枢传》也说"时枢亲故并居京口"[①]，可见这群士人在天嘉四年（563 年）侯安都被诛以前主要是在京口活动。侯安都被诛后，这个群体迁入建康，与京城士大夫融合。《陈书·阴铿传》：

> 天嘉中，为始兴王府中录事参军。世祖尝醮群臣赋诗，徐陵言之于世祖，即日召铿预醮，使赋新成安乐宫，铿援笔便就，世祖甚叹赏之。累迁招远将军、晋陵太守、员外散骑常侍。[②]

天嘉共七年，阴铿"天嘉中"为始兴王府中录事参军，即在天嘉四年（563 年）侯安都被诛后。[③] 他官运亨通的契机是得到徐陵的赏识，徐陵向陈文帝推荐了他。褚玠也是在"天嘉中"兼任通直散骑常侍，出使北齐[④]。在京城的几年，这群士人彼此还有联系，所以才会有太建初（569 年）的文会。《陈书·蔡凝传》：

> 凝年位未高，而才地为时所重，常端坐西斋，自非素贵名流，罕所交接，趣时者多讥焉。[⑤]

---

① 《陈书》卷 19《马枢传》，第 264 页。
② 《陈书》卷 34《阴铿传》，第 472 页。
③ 戴伟华：《阴铿生平事迹考述》，《扬州师院学报（社会科学版）》1986 年第 3 期。
④ 《陈书》卷 34《文学·褚玠传》，第 460 页。
⑤ 《陈书》卷 34《蔡凝传》，第 470 页。

　　蔡凝的加入，表明这个群体社会地位上升，跻于"名流"之列。这个士人群体虽以"游宴赋诗"文会出名，但其活动不限于诗赋。马枢"博极经史，尤善佛经及周易、老子义"①；褚玠"善占对，博学能属文"②；徐伯阳"学春秋左氏，家有史书，所读者近三千余卷"③；蔡凝"博涉经传"④；阮卓"笃志经籍，善谈论"⑤。经史玄佛均为他们文会兴趣之所在。

　　宣帝、后主两朝，京城不同群体的士大夫开始融合，在这个过程中，起关键作用的是后主。《陈书·后主纪》史臣曰：

> 　　后主昔在储宫，早标令德，及南面继业，实允天人之望矣。至于礼乐刑政，咸遵故典，加以深弘六艺，广辟四门，是以待诏之徒，争趋金马，稽古之秀，云集石渠。⑥

《陈书·文学传序》：

> 　　后主嗣业，雅尚文词，傍求学艺，焕乎俱集。每臣下表疏及献上赋颂者，躬自省览，其有辞工，则神笔赏激，加其爵位，是以搢绅之徒，咸知自励矣。⑦

---

① 《陈书》卷19《马枢传》，第264页。
② 《陈书》卷34《褚玠传》，第460页。
③ 《陈书》卷34《徐伯阳传》，第468页。
④ 《陈书》卷34《蔡凝传》，第470页。
⑤ 《陈书》卷34《阮卓传》，第460、468、470—471页。
⑥ 《陈书》卷6《后主纪》，第120页。
⑦ 《陈书》卷34《文学传序》，第453页。

《陈书·文学传》：

> 时皇太子好学，欲博览群书，以子集繁多，命（陆）瑜抄撰。①

后主回忆与陆瑜的交往主要是"博综子史，谙究儒墨""语玄析理，披文摘句"。后主虽以文学著名，但他的兴趣实涵盖了士大夫的一切学问：文学、经学、史学、玄学、诸子百家与佛学。这种兴趣成为他吸纳各种士大夫的动力。陈朝名士群体化，是以后主为核心的。②

《陈书·萧济传》：

> 太建初，（萧济）入为五兵尚书，与左仆射徐陵、特进周弘正、度支尚书王瑒、散骑常侍袁宪俱侍东宫。③

宣帝甚重东宫人选，此五人在梁已经是颇负盛名之士，此时更是士林声誉最高的名望。

《陈书·周弘正传》：

> 敕侍东宫讲论语、孝经。太子以弘正朝廷旧臣，德望素

---

① 《陈书》卷 34《陆瑜传》，第 463 页。
② 方学森：《陈后主嗜好文学与亡国之关系——兼论陈后主亡国之因》，《池州学院学报》2013 年第 1 期。
③ 《陈书》卷 30《萧济传》，第 395 页。

重，于是降情屈礼，横经请益，有师资之敬焉。①

《陈书·徐陵传》：

> 后主在东宫，令陵讲大品经，义学名僧，自远云集，每讲筵商较，四座莫能与抗。②

东宫俨然已是全国的学术中心。不仅后主学习，在东宫任职的青年士人也在此学习。如陆瑜"尝受庄、老于汝南周弘正，学成实论于僧滔法师，并通大旨"③。任过东宫官属的名臣甚多，如孔奂、毛喜、蔡征、周确（周弘直子）、蔡凝等。在与东宫官员的交往中，后主形成了自己的核心圈子，标准是"才学之美"，成员为济阳江总、吴国顾野王、陆琼、从弟瑜、河南褚玠、北地傅縡等。分述如下：

姚察以"言论制述"，为"诸人宗重"④。

江总"好学，能属文，于五言七言尤善；然伤于浮艳，故为后主所爱幸。多有侧篇，好事者相传讽玩"⑤。

姚察"唯以书记为乐，于坟籍无所不睹。每有制述，多用新奇，人所未见，咸重富博""尤好研覈古今，谩正文字""兼谙识内典，所撰寺塔及众僧文章，特为绮密"⑥。后主所制文笔，"有

---

① 《陈书》卷24《周弘正传》，第309页。
② 《陈书》卷26《徐陵传》，第334页。
③ 《陈书》卷34《陆瑜传》，第463页。
④ 《陈书》卷27《姚察传》，第349页。
⑤ 《陈书》卷27《江总传》，第347页。
⑥ 《陈书》卷27《姚察传》，第353页。

疑悉令刊定"①。

顾野王"遍观经史，精记嘿识，天文地理、蓍龟占候、虫篆奇字，无所不通""又好丹青，善图写"②。

陆琼"博学。善属文"，徐陵称之"见识优敏，文史足用"③。

褚玠"博学能属文，词义典实，不好艳靡"④。

傅縡"博通群书""为文典丽，性又敏速，虽军国大事，下笔辄成，未尝起草，沉思者亦无以加焉，甚为后主所重"⑤。

陆瑜与后主最亲，为他的陪学，所学几乎与后主相同，在"晚生后学"中"卓尔出群"，为后主"布衣之赏"⑥。

后主核心圈子成员的才学并不限于文学，更不限于宫体诗，而是博通古今所有知识。这反映了后主的学术兴趣。后主虽有自己的核心圈子，却并不因此排斥其他的士人。《陈书·儒林传》：

> 后主在东宫，集官僚置宴，时造玉柄麈尾新成，后主亲执之，曰："当今虽复多士如林，至于堪捉此者，独张讥耳。"即手授讥。⑦

后主承认张讥在玄学上的领导地位，并加以推崇。《陈书·文学传》：

---

① 《册府元龟》卷 192《好文》，凤凰出版社 2006 年版，第 2149 页。
② 《陈书》卷 30《顾野王传》，第 399 页。
③ 《陈书》卷 30《陆琼传》，第 396—397 页。
④ 《陈书》卷 34《褚玠传》，第 460 页。
⑤ 《陈书》卷 30《傅縡传》，第 400、405 页。
⑥ 《陈书》卷 34《陆瑜传》，第 464 页。
⑦ 《陈书》卷 33《张讥传》，第 444 页。

素闻其（岑之敬）名，尤降赏接。①

《陈书·文学传》：

后主在东宫，闻其（陆玠）名，征为管记。②

《陈书·儒林传》：

后主在东宫，引（王元规）为学士，亲受礼记、左传、丧服等义，赏赐优厚。③

后主不仅对有学之士尽力吸纳，而且有情义。陆琼被调离，后主"固请留之"，江总、褚玠离任后，后主努力争取他们二次出任④。姚察守丧"柴瘠过甚"，后主"为之动容"，陆琼"之侍东宫也，母随在官舍，后主赏赐优厚。及丧枢还乡，诏加赙赠，并遣谒者黄长贵持册奠祭，后主又自制志铭，朝野荣之"。褚玠罢官，后主"知玠无还装，手书赐粟米二百斛"。陆玠"以疾失明，将还乡里，太子解衣赠玠，为之流涕"。陆琰死后，"甚伤悼

---

① 《陈书》卷34《岑之敬传》，第462页。
② 《陈书》卷34《陆玠传》，第464页。
③ 《陈书》卷33《王元规传》，第449页。
④ 《陈书》卷30《陆琼传》，第397页。卷27《江总传》，由太子中庶子、东宫管记迁左民尚书，又转太子詹事，第345页。卷21《孔奂传》载有后主为江总争取太子詹事的详细过程，第286页。卷34《文学·褚玠传》载褚玠免山阴令后，"太子爱玠文辞，令入直殿省。十年，除电威将军、仁威淮南王长史，顷之，以本官掌东宫管记。"第461页。

之，手令举哀，加其赙赠，又自制志铭"。陆瑜之死最令他伤心，致书江总述其"为悲为恨"之情①。

后主以自己的地位、权势、好学、重情将士人聚集在他周围。除了士人外，据《武陵王叔慎传》，"日夕陪侍，每应诏赋诗"的还有陈叔慎、陈伯信、陈叔齐等宗室人员。②

二、江左政治传统与陈朝的覆亡

对于陈朝的灭亡，《陈书·后主纪》魏征与姚思廉给出了不同的解释。现列于下：

> 魏征：后主生深宫之中，长妇人之手，既属邦国殄瘁，不知稼穑艰难。初惧阽危，屡有哀矜之诏，后稍稍安集，复扇淫侈之风。宾礼诸公，唯寄情于文酒，昵近群小，皆委之以衡轴。谋谟所及，遂无骨鲠之臣，权要所在，莫匪侵渔之吏。政刑日紊，尸素盈朝，耽荒为长夜之饮，嬖宠同艳妻之孽，危亡弗恤，上下相蒙，众叛亲离。……古人有言，亡国之主，多有才艺，考之梁、陈及隋，信非虚论。然则不崇教义之本，偏尚淫丽之文，徒长浇伪之风，无救乱亡之

---

① 《陈书》卷27《姚察传》，第350页；卷30《陆琼传》，第398页；卷34《文学传》，第461、463—465页。
② 《陈书》卷28《岳阳王叔慎传》，第371页。

祸矣。①

姚思廉：后主昔在储宫，早标令德，及南面继业，实允天人之望矣。至于礼乐刑政，咸遵故典，加以深弘六艺，广辟四门，是以待诏之徒，争趋金马，稽古之秀，云集石渠。且梯山航海，朝贡者往往岁至矣。自魏正始、晋中朝以来，贵臣虽有识治者，皆以文学相处，罕关庶务，朝章大典，方参议焉，文案簿领，咸委小吏，浸以成俗，迄至于陈。后主因循，未遑改革，故施文庆、沈客卿之徒，专掌军国要务，奸黠左道，以衰刻为功，自取身荣，不存国计，是以朝经坠废，祸生邻国。斯亦运钟百六，鼎玉迁变，非唯人事不昌，盖天意然也。②

魏、姚二人最大的差别在于是否将陈朝的灭亡归因于后主与士大夫。在魏征看来，后主负有领导责任，他没有"崇教义之本"而"偏尚淫丽之文"，导致浇伪之风；士大夫也负有责任，他们不仅没有对后主规劝，"无骨鲠之臣"，还荒废政事，"唯寄情于文酒"。姚思廉则认为责任不在后主与士大夫，后主崇尚文教，深得士大夫之心；士大夫"以文学相处，罕关庶务"是魏晋以来的传统，虽然有小人弄权，但真正亡国的原因是天意。魏、姚二人的差别其实是对同一事实的评价差别，在事实认定上，二者是一致的。③ 这个事实便是后主崇尚文学与六艺，士大夫任官而疏离

---

① 《陈书》卷6《后主纪》，第119页。
② 同上书，第120页。
③ 臧清：《唐初史臣的近代史观析论》，《中国文化研究》2007年第4期。

政治。

后主的文化兴趣及其对士大夫的影响已见前文，兹仅就士大夫与政治的关系略举例而论。《陈书·江总传》："后主之世，总当权宰，不持政务，但日与后主游宴后庭""由是国政日颓，纲纪不立，有言之者，辄以罪斥之，君臣昏乱，以至于灭。"①

权宰指至德四年（586 年）江总任尚书令。但尚书令的权势远不如前朝，后主授江总此职重在表明对他的尊宠，同时借其才学名望"亮采我邦国"而已。以"当权宰，不持政务"来追究江总对亡国的责任，恐非他所能承当。江总主动疏离政治，"不邀世利，不涉权幸"。

又如陆琼为吏部尚书，"详练谱牒，雅鉴人伦""号为称职，后主甚委任焉"。但他"虽位望日隆，而执志愈下。暮年深怀止足，思避权要，恒谢病不视事"②，淡出权力圈。

再如姚察，"任遇已隆，衣冠攸属，深怀退静，避于声势"③。

姚思廉继承其父姚察的观点，认为士大夫"以文学相处，罕关庶务"的风气与亡国无关，从而与魏征形成鲜明对立。造成魏、姚二人差别的，其实是二人所承载的政治文化传统不同，是北朝与南朝政治观念的差别。南朝继承魏晋传统，认为士大夫的责任是穷晓天道，将玄学理解的天道落实在政治上，便是无为而治，使风俗自然淳化，同时自己也要清心节欲。皇帝要尊重、学习士大夫对天道的探索，要在政治上倚仗得道者，委任其为宰辅。后

---

① 《陈书》卷 27《江总传》，第 347 页。
② 《陈书》卷 30《陆琼传》，第 397 页。
③ 《陈书》卷 27《姚察传》，第 353 页。

主在任命江总为尚书令的诏书就鲜明地体现了这样的政治观念：

> 惟尔道业标峻，宇量弘深，胜范清规，风流以为准的，辞宗学府，衣冠以为领袖。故能师长六官，具瞻允塞，明府八座，仪形载远，其端朝握揆，朕所望焉。①

首先是要"道业标峻"，风流才成为"准的"。"宇量弘深""胜范清规"都是"道业标峻"在个人风范上的体现。钱穆先生曾说：

> 当时人之所谓人物风流，即指其人之品格德性之修养可以形成为一时风气，为人慕效。故风流即是至德，至德始成风流。②

其次是"辞宗学府""衣冠以为领袖"。学术和文学处于当时最高水平，才能成为士林领袖。具备了这两点，便能"师长六官""明府八座"，入居宰辅。由道德典范、文化权威而成政治领导，并且相信这样的政治领导能把社会导入治世，即陈后主所言"其端朝握揆，朕所望焉"。

然而在实际层面上，皇帝既不愿让出文教威望，更不愿在政治上受制于士大夫，两相妥协的结果是士大夫居高位而不问政，

---

① 《陈书》卷 27《江总传》，第 346 页。
② 钱穆：《略论魏晋南北朝学术文化与当时门第之关系》，载《中国学术思想史论丛》卷 3，安徽教育出版社 2004 年版，第 146 页。

在他们的理论逻辑中实施着无为而治，而实际的政治运作却主要由皇帝指挥"小吏"运行。皇帝尊重士大夫的文教之道，但实际上却在施行霸道。皇帝必须懂得自己所扮演的双重角色。陈文帝尊崇张种，却对张种迂阔的施政"大笑"；宣帝对萧济的理事才能感到惊讶，都是因为他们知道政治运作的双重逻辑。在姚思廉看来，后主完全符合士大夫政治理想中的君主形象，士大夫表现也正常，寒人弄权也是历史的常态，那么，亡国就只能解释为天意了。

问题出在哪里呢？《陈书·孔奂传》载后主请托欲以江总为太子詹事，被孔奂以"有潘、陆之华，而无园、绮之实"所拒绝。孔奂对宣帝说后主"文华不少"，应以"敦重之才，以居辅导"[1]。在孔奂看来，后主缺乏敦重，有个性上的缺点。这一点，在他即位后表现得甚为明显。毛喜欲谏后主宴饮，几乎为后主所杀，幸为傅縡所救。而傅縡自己却因指斥后主的乱政而被杀。蔡凝也因指责后主的宴饮而不得志[2]。可见，绝非如魏征所说"无骨鲠之臣"，关键是后主不用。

后主也不是如姚思廉所描述的，近乎士大夫理想中的"天人之望"。与文、宣帝一样，他在优待士大夫的同时，还有威权的一面。蔡征徙为中书令，"中令清简无事，或云征有怨言，后主闻之大怒，收夺人马，将诛之，左右致谏，获免"[3]。既然后主也

---

① 《陈书》卷21《孔奂传》，第286页。
② 《陈书》卷29《毛喜传》，第391页；卷30《傅縡传》，第405—406页；卷34《文学传》，第471页。
③ 《南史》卷68《蔡征传》，第1662页。

有威权的一面，那么，陈朝的灭亡就在于后主的威权层面出了问题，是他对昵近的"群小"失察，而不是他对文化的兴趣以及士大夫的政治传统导致的亡国。当然，往更深讲是南北双方的平衡在陈立国之初已被打破。

所以，与梁亡一样，陈亡后的士大夫也不认为自己对王朝覆灭负有责任。姚思廉仍认为南朝士大夫的政治理念与政治传统是合理的。这是信念层面的问题，并非靠事实能证明或证伪的。然而，陈朝亡后，再也没有政权能保证南朝士大夫的地位，让他们延续自己的政治传统。北朝作为最后的胜利者，更不会接受这样的传统。牟润孙先生分析了唐初南北学人论学之观点的差异，认为北人以其政治上的胜利而使他们反对魏晋南朝的文学与玄学的观点成为当时的主流话语，虽然南朝文学并未因政治上的反对而消亡，但玄学思想却不再成为社会意识的主流，不论是玄谈还是从政之风均归于消歇①。

综上所述，陈朝优待士大夫的政策使江左士风得以延续，士人如在前朝一样交游、赋诗、谈玄。后主在陈朝晚期更处于士林中心地位，他的兴趣涵盖了士大夫的一切学问：文学、经学、史学、玄学、诸子百家与佛学。后主又凭借其地位、权势、好学、重情将士人聚集在周围，以东宫与国子学为谈玄论文的场所。随着陈朝的灭亡，江左士大夫丧失了政治、社会地位，江左王朝的政治传统也烟消云散。正如江总经历两次亡国，在回顾一生时，充满了虚幻感，认为一切都是"染尘劳""负愧平生"。

---

① 牟润孙：《唐初南北学人论学之异趣及其影响》，《注史斋丛稿》，中华书局1987年版，第363—414页。

第七编

北朝士风与
南北合流

同归

第十四章　北朝士人的知识、风操与仕宦

一、横经著录

魏晋玄学风气主要流传于以洛阳为中心的河南地区，即葛洪所谓"京城上国，公子王孙贵人所共为也"[1]。从其盛行期元康年间到西晋灭亡，仅二十余年玄风便随晋室南渡，北方玄学几成绝响。此后北方士大夫的学问主要是经学，他们沿袭汉末郑玄之学，并注重章句训诂与谶纬占候[2]。由此一来，南、北方在永嘉之乱后继承了不同的思想与学术传统，造成了士风的差异。

《魏书·李先传》记载了皇始初（396年）道武帝与李先的

---

[1]　葛洪：《抱朴子外篇校笺》卷 25《疾谬》，第 625 页。

[2]　唐长孺：《魏晋南北朝隋唐史三论》第二篇第四章第二节《北朝学风》，武汉大学出版社 1993 年版，第 230—242 页。张弓：《北朝儒释道论议与北方学风流变》，《孔子研究》1993 年第 2 期。邢东升：《魏晋南北朝河北区域经学的时代差异与地域分异》，《南京农业大学学报（社会科学版）》2011 年第 4 期。

对话，从中可见北方士人的知识构成。[1]

> 太祖问先曰："卿何国人？"先曰："臣本赵郡平棘人。"
> 太祖曰："朕闻中山土广民殷，信尔以不？"先曰："臣少官
> 长安，仍事长子，后乃还乡，观望民士，实自殷广。"又问
> 先曰："朕闻长子中有李先者，卿其是乎？"先曰："小臣是
> 也。"太祖曰："卿识朕不？"先曰："陛下圣德膺符，泽被八
> 表，龙颜挺特，臣安敢不识。"太祖又问曰："卿祖父及身官
> 悉历何官？"先对曰："臣大父重，晋平阳太守、大将军右司
> 马。父樊，石虎乐安太守、左中郎将。臣，符丕尚书右主客
> 郎，慕容永秘书监、高密侯。"太祖曰："卿既宿士，屡历名
> 官，经学所通，何典为长？"先对曰："臣才识愚暗，少习经
> 史，年荒废忘，十犹通六。"又问："兵法风角，卿悉通不？"
> 先曰："亦曾习读，不能明解。"太祖曰："慕容永时，卿用
> 兵不？"先曰："臣时蒙显任，实参兵事。"[2]

从道武帝与李先的对话中可以看出当时士人情况的几个基本要
素：郡望、家世、官宦、经学与干才特别是武略。在道武帝看
来，李先"既宿士，屡历名官"，通经是理所当然的，所以他不
像问兵法风角与用兵经历那样使用是非疑问句，而使用选择疑问
句。这表明"通经"是"宿士"的必备素养，而兵法风角则被认
为是战争时期应该具有却不一定具有的才能。从李先的回答来

---

① 雷炳锋：《北魏前期汉族士人心态初探》，《北方论丛》2013 年第 6 期。
② 《魏书》卷 33《李先传》，第 788—789 页。

看，他学习经史是在少年时代，出仕以后，虽"年荒废忘"，仍"十犹通六"。又如宋隐，"年十三，便有成人之志，专精好学，不以兵难易操"①。

《颜氏家训·勉学》：

> 士大夫子弟，数岁已上，莫不被教，多者或至《礼》《传》，少者不失《诗》《论》。及至冠婚，体性稍定；因此天机，倍须训诱。有志尚者，遂能磨砺，以就素业；无履立者，自兹堕慢，便为凡人。人生在世，会当有业：……文士则讲议经书。
>
> （梁时）士大夫子弟，皆以博涉为贵，不肯专儒。
>
> （北朝）俗间儒士，不涉群书，经纬之外，义疏而已。②

颜之推认为南朝士大夫"不肯专儒"，北朝儒士"不涉群书"，所以专经是北朝的特色。

《魏书·儒林传》载北魏大儒平恒有三子：

> 并不率父业，好酒自弃。恒常忿其世衰，植杖巡舍侧岗而哭，不为营事婚宦，任意官娶，故仕聘浊碎，不得及其门流。恒妇弟邓宗庆及外生孙玄明等每以为言。恒曰：'此辈会是衰顿，何烦劳我。'乃别构精庐，并置经籍于其中，一奴自给，

---

① 《魏书》卷33《宋隐传》，第773页。
② （北齐）颜之推著，王利器集解：《颜氏家训集解》，上海古籍出版社1980年版，第141—176页。

妻子莫得而往，酒食亦不与同。时有珍美，呼时老东安公刁雍等共饮噉之，家人无得尝焉。①

平恒祖、父"并仕慕容为通宦"，他"耽勤读诵，研综经籍，钩深致远，多所博闻"。对于汉族士人来说，为学与婚姻是进入士流的两个途径。当平恒之子"不率父业"时，平恒认定他们将无法参预士流，自会"衰顿"，所以"不为营事婚宦"。平恒愤恨以至于不与妻子见面，不与同进酒食。可见习经乃维系家门不坠的要义。

习经之风贯彻于整个北魏。②宣武帝时，裴粲"性好释学，亲升讲座，虽持义未精，而风韵可重。但不涉经史，终为知音所轻"③。裴粲"不涉经史"虽已不妨碍他成为名士，但仍旧为"知音所轻"。再如董徵，以"遍受诸经""大义精练"被宣武帝征召教授清河等四王，仕途显贵。他在衣锦还乡时，"置酒高会，大享邑老"并告诫子弟："此之富贵，匪自天降，乃勤学所致耳。"虽然《魏书》本传称其"出州入卿，匪唯学业所致，亦由汝南王悦以其师资之义，为之启请焉"，但他自己却宣传"乃勤学所致"，邑老、子弟所能看到的也只是他因勤学而致富贵。所谓"时人荣之"④，乃有羡慕与仿学的意味，董徵成了以学显宦的楷

---

① 《魏书》卷84《儒林·平恒传》，第1845—1846页。
② 习经之风甚至影响到拓跋皇室，参见王永平：《北魏后期迁洛鲜卑皇族集团之雅化——以其学术文化积累的提升为中心》，《河北学刊》2012年第6期。
③ 《魏书》卷71《裴叔业传附裴粲传》，第1573页。
④ 《魏书》卷84《儒林·董徵传》，第1857页。

模。若不以学问达，则遭讥讽。如崔㥄为魏收所讥："建义之勋，何稽古之有！"①，嘲笑崔㥄富贵并非来自于学问。

《魏书·儒林传序》认为北方"自晋永嘉之后""礼乐文章，扫地将尽"，但也承认"高才有德之流，自强蓬荜，鸿生硕儒之辈，抱器晦己"②，笃守并维系着经学传统。如崔逞"遭乱，孤贫，躬耕于野，而讲诵不废"③。由政治领域退到文教领域的士人，成为民间经学的传播者。张伟"讲授乡里，受业者常数百人"。这是北魏前期的情况。动辄数百人的"受业者"都是希望学优则仕之人④。据《魏书·儒林传序》太武帝"征卢玄、高允等""令州郡各举才学"⑤之后，北魏"儒林转兴""人多砥尚"⑥。士人的习经传统也得到朝廷崇儒政策的支持⑦。

对于士族而言，习经为本业。这是汉末以来学术中心由学校移于家族，太学博士之传授变为家人父子之世业的结果⑧。但习经不独士族所专有，如北魏大儒刘献之、张吾贵、刘兰、徐遵明等人的祖、父情况史无明载，其学又非家传，可能为寒人。他们

---

① 《北齐书》卷23《崔㥄传》，第334页。

② 《魏书》卷84《儒林传序》，第1841页。

③ 《魏书》卷32《崔逞传》，第757页。

④ 《魏书》卷84《儒林·张伟传》，第1844页。

⑤ 《魏书》卷84《儒林传序》，第1842页。

⑥ 太武帝征士是在神麚四年（431），而高允在此前一年才解职"还家教授"，在一年左右的时间里，"受业"于高允的便有"千余人"之多，可见儒风已然很盛。见《魏书》卷48《高允传》，第1067页。

⑦ 马志强：《北朝儒学教育刍谈》，《北朝研究》第一辑，北京燕山出版社2000年版，第234—243页。

⑧ 陈寅恪：《隋唐制度渊源略论稿》二《礼仪》，生活·读书·新知三联书店2001年版，第23页。

的经学成就得自于游学①。游学习经之风在宣武、孝明两朝达到顶峰，《魏书·儒林传》云："时天下承平，学业大盛。故燕齐赵魏之间，横经著录，不可胜数。大者千余人，小者犹数百"，以至"州举茂异，郡贡孝廉，对扬王庭，每年逾众"②。

北魏末年曾因兵难，游学习经之风稍息，但北齐建立后，此风复盛："横经受业之侣，遍于乡邑；负笈从宦之徒，不远千里。伏膺无怠，善诱不倦"③。习经风气的盛行使经师也成为一个令人羡慕的职业④。

北朝的习经之风不仅表现在延续时间长、参与人数多、参与阶层广泛这些方面，而且还表现在士人习经态度上。梁祚"虽羁旅贫窘而著述不倦"⑤；高允"好文学，担笈负书，千里就业"⑥。不仅名儒如此，一般游学者亦然。张伟"勤于教训"，其学生中"有顽固不晓，问至数十"者，张伟"曾无愠色"，可见其认真的程度。⑦士人间的谈经之风有如两晋南朝的谈玄之风，成为生活

---

① 如徐遵明先后跟随过王聪、张吾贵、孙买德、唐迁、赵世业等诸多名儒，游学时间达八年以上，足迹自华阴而至上党，乃至燕赵各地。见《魏书》卷84《儒林传》，第1855页。

② 《魏书》卷84《儒林传序》，第1842页。相关研究可参见庄芸：《论青齐学术在北朝的兴衰》，《上海学刊》2018年第6期。

③ 《北齐书》卷44《儒林传序》，第582—583页。

④ 史称徐遵明"讲学于外二十余年，海内莫不宗仰。颇好聚敛，有损儒者之风"。从"聚敛"之举可见离家在外的徐遵明是靠讲学为生。他之所以受讥乃在于超过了"集敛"的度。见《魏书》卷84《儒林·徐遵明传》，第1855页。

⑤ 《魏书》卷84《儒林·梁祚传》，第1844—1845页。

⑥ 《魏书》卷48《高允传》，第1067页。

⑦ 《魏书》卷84《儒林·张伟传》，第1844页。

图 6　《北齐校书图》(宋摹本), (北齐) 杨子华，现藏于美国波士顿美术馆

中相当重要的一部分，陈奇与游雅甚至因论经而反目 [①]。

习经之风还表现在舆论对经学与经师话题的热衷上。刘兰"排毁《公羊》，又非董仲舒，由是见讥于世" [②]。这是经师治经的路数、风格成为议论的对象。高允"每称博通经籍无过（平）恒也"，又称陈奇"通识，非凡学所窥" [③]。孙惠蔚每推封轨："封生之于经义，非但章句可奇，其标明纲格，统括大归，吾所弗如者多矣。" [④] 这是以经学水平评价人物。这些论经学、经师的舆论有很多是游学生徒所发出的。如徐遵明"私谓其友人曰：'张生（张吾贵）名高而义无检格，凡所讲说，不惬吾心，请更从师。'" [⑤] 他们评论经师，有权选择经师，对经师形成了很大的舆论压力 [⑥]。北方士人习经有如江左士人谈玄，是士人的知识底色。

二、儒者之风

代表魏晋以来学术发展方向的玄学出现后，北方士人之所以

---

① 《魏书》卷 84《儒林·陈奇传》，第 1846—1847 页。
② 《魏书》卷 84《儒林·刘兰传》，第 1851—1852 页。
③ 《魏书》卷 84《儒林传》，第 1845、1847 页。
④ 《魏书》卷 32《封懿传附封轨传》，第 764 页。
⑤ 《魏书》卷 84《儒林·徐遵明传》，第 1855 页。
⑥ 张吾贵"聚徒千数而不讲传，生徒窃云张生之于《左氏》似不能说"，张吾贵为此专门找刘兰学左传。可见生徒舆论影响之大。张吾贵学徒多，"行业可称者寡"，刘献之学徒少，"皆经通之士""于是有识者辨其优劣"。见《魏书》卷 84《儒林传》，第 1850—1851 页。

继续研习传统经学，与所处的知识环境有关。北方的玄学传统已经因玄风南渡而断绝。更重要的原因恐怕是北方已经没有了容纳玄学的社会土壤。

玄风的盛行有两个前提：一是要有名教之弊的靶子；二是士族要有强大的政治权力与社会权威，而这两点在永嘉之后的北方都不存在。曾为玄风所指斥的名教，反而成为士人极力维系的对象[①]。南方士人中尚有虞预之辈痛感"胡虏遍于中国，以为过衰周之时"，从而"憎疾玄虚"[②]，北方士人更对名教之存废有着切肤之感。高允见北魏"风俗仍旧，婚娶丧葬，不依古式"[③]，曾一反谨慎低调的处世姿态，言词激烈地要求朝廷按照礼教移风易俗：

> 今陛下当百王之末，踵晋乱之弊，而不矫然厘改，以厉颓俗，臣恐天下苍生，永不闻见礼教矣。[④]

高允"如此非一"反复上书，要使"天下苍生"复得"闻见礼教"。维护礼教的意义超越了社会秩序层面，它指向捍卫文化传统的神圣性。所以高允对破坏名教的放达之风评价很低，他在《酒训》中写道："往者有晋，士多失度，肆散诞以为不羁，纵长

---

① 孔毅：《北魏前期北方世族"以夏变夷"的历程》，《中国史研究》1998 年第 2 期。
② 《晋书》卷 82《虞预传》，第 2147 页。
③ 《魏书》卷 48《高允传》，第 1073 页。
④ 同上书，第 1075 页。

酣以为高达，调酒之颂，以相眩曜"①。

玄学的观点在北方显得不合时宜。②《魏书·程骏传》载程骏之言：

> 今世名教之儒，咸谓老庄其言虚诞，不切实要，弗可以经世，骏意以为不然。夫老子著抱一之言，庄生申性本之旨，若斯者，可谓至顺矣。人若乖一则烦伪生，若爽性则冲真丧。③

程骏申发此言时尚在北凉，但他所谓"今世名教之儒"的看法代表了北方士人的普遍看法。认为老庄"不切实要""弗可以经世"，也就是指远离了他们的生活。胡叟也说当时"末世腐儒，粗别刚柔之位，宁有探赜未兆者哉"④，易学仍拘泥于象数，忽于义理。即使是程骏为老庄辩护，也是从名教经世的思路出发，认为老庄抱朴保性合于名教之理，可以提高个人的道德修养。这与看重老庄"无为而治"，借以调整统治方式的玄学经世思路是大不一样的。

经学在北方士人的精神生活、社会生活乃至政治生活等诸多方面均起着作用。经学并非仅仅是知性范畴的知识，它通向指引士人生命意义的真理，蕴涵着行动的力量。常爽说"仁义者人之

---

① 《魏书》卷 48《高允传》，第 1087—1088 页。
② 王永平：《北朝时期玄学及其相关文化风尚考述》，《学术研究》2009 年第 11 期；《论十六国时期之玄学清谈及其相关文化风尚》，《人文杂志》2010 年第 6 期。
③ 《魏书》卷 60《程骏传》，第 1345 页。
④ 《魏书》卷 52《胡叟传》，第 1149 页。

性也，经典者身之文也，皆以陶铸神情，启悟耳目，未有不由学而能成其器，不由习而能利其业"①，"游心寓目"于经典的价值在于"习性文身"。《魏书·儒林传》载：

> "时人有从（刘）献之学者"，刘献之辄谓之曰："人之立身，虽百行殊途，准之四科，要以德行为首。君若能入孝出悌，忠信仁让，不待出户，天下自知。傥不能然，虽复下帷针股，蹑屩从师，正可博闻多识，不过为土龙乞雨，眩惑将来，其于立身之道有何益乎？"②

刘献之反对的不是习经，而是经学中的知识主义倾向。与常爽一样，他认为"博闻多识"只是进入"立身之道"的途径，绝非目的。《颜氏家训·勉学》说：

> 夫所以读书学问，本欲开心明目，利于行耳。……世人读书者，但能言之，不能行之，忠孝无闻，仁义不足；……吟啸谈谑，讽咏辞赋，……军国经纶，略无施用：故为武人俗吏所共嗤诋。③

专注于经学知识而不顾生活世界的作风，是刘献之这样的通

---

① 《魏书》卷 84《儒林·常爽传》，第 1848—1849 页。
② 《魏书》卷 84《儒林·刘献之传》，第 1849—1850 页。
③ （北齐）颜之推著，王利器集解：《颜氏家训集解》，上海古籍出版社 1980 年版，第 160—161 页。

儒所力图矫正的。

> （封轨）善自修洁，仪容甚伟。或曰："学士不事修饰，
> 此贤何独如此？"（封）轨闻，笑曰："君子整其衣冠，尊其
> 瞻视，何必蓬头垢面，然后为贤。"言者惭退。①

"学士不事修饰""蓬头垢面，然后为贤"表明当时存在着以
专心经学、无所他顾为高的倾向。封轨对此并不认同，他认为士
人要有入世意识，要"整其衣冠，尊其瞻视"，在世人面前展现
儒者的风操。《颜氏家训·风操》：

> 吾观《礼经》，圣人之教……皆有节文，亦为至矣。……
> 学达君子，自为节度，相承行之，故世号士大夫风操。②

所谓儒者之风，即按儒学信念立身处世所表现出来的风范。
如宗钦"少而好学，有儒者之风"③；李郁"谦虚雅宽，甚有儒者
之风"④；邢峙"方正纯厚，有儒者之风"⑤。如若违背儒学信念，
则被舆论批评为"无儒者之风"。如徐遵明"颇好聚敛，有损儒
者之风"；李业兴"躁隘，至于论难之际，高声攘振，无儒者之

---

① 《魏书》卷 32《封懿传附封轨传》，第 764 页。
② （北齐）颜之推著，王利器集解：《颜氏家训集解》，上海古籍出版社 1980 年
  版，第 69 页。
③ 《魏书》卷 52《宗钦传》，第 1154 页。
④ 《魏书》卷 53《李孝伯传附李郁传》，第 1179 页。
⑤ 《北齐书》卷 44《儒林·邢峙传》，第 589 页。

风""时人以此恶之"①。在时人的心目中，"儒者之风"是士人应该具有的风操。经学之士，身具儒者之风才是知行合一。而且儒者之风的意义绝非仅止于儒家道德的个体履行，它是有社会担当的。儒者之风在"王道"不张的历史语境中承载着维系风教的社会价值。如游肇，"儒者，动存名教"，任御史中尉，"直绳所举，莫非伤风败俗"②。这是借助政权的力量，以其儒者之风，整饬风俗。

提倡儒者之风，还有着更为现实的社会意义。对于地方社会而言，乡居士大夫的儒者之风，以儒家伦理精神造就了士族与乡党之间的共生关系，这成为地方社会的基础③。对于政权组织而言，儒者之风代表了一种公共层面的伦理精神，这正是官僚政治所需要的。高允"历事五帝，出入三省"，被认为是"依仁游艺，执义守哲"的大儒、贵臣的典范。史称其"昼夜手常执书，吟咏寻览"。高允以清贫守节著称，当时"百官无禄，允常使诸子樵采自给""惟草屋数间，布被缊袍，厨中盐菜而已"④。

经学"切实要""可以经世"，内化于北方士人生活。士人习经之风盛于北朝并不能简单地看作是选举与办学的结果，虽然官方的崇儒政策对士风有着引导作用，但是这种风气主要还是北方社会内生的。

---

① 《魏书》卷84《儒林传》，第1855、1865页。

② 《魏书》卷55《游明根传附游肇传》，第1216页。

③ 谷川道雄：《中国中世社会与共同体》第四编《六朝名望家统治的构想》，中华书局2002年版，第263—285页。

④ 《魏书》卷48《高允传》，第1089、1094、1076页。

谷浑之父"膂力兼人，弯弓三百斤，勇冠一时"。谷浑"少有父风，任侠好气""晚乃折节受经业，遂览群籍，被服类儒者。太祖时，以善隶书为内侍左右""正直有操行""爱重旧故，不以富贵骄人。时人以此称之。在官廉直，为世祖所器重"。①

当时是战乱期间，谷浑所历也皆为武职，实在没有任何功利性的因素促使他"折节受经业""被服类儒者"，这只能说明习经牢牢占据着社会价值的顶端，连家世勇武之人也主动以儒家伦理作为自己人生的指南。

士人将传播经学看作是神圣的事业。如李曾"州辟主簿，到官月余，乃叹曰：'梁叔敬有云：州郡之职，徒劳人耳。道之不行，身之忧也。'遂还家讲授"②。在李曾看来，讲授经学是行道的表现，其意义不亚于在州郡任职。

三、颇堪时用

玄风在政治上的表现是当官不任事，这种风气在北方基本不存在。唐长孺先生在论南北门阀的差异时，曾谈到北朝高门并没有像南方高门那样放诞不任政事，也未尝鄙薄武事。谷川道雄先生也说在北朝贵族中具有武人性格的绝不在少数，尤其是在社会

---

① 《魏书》卷33《谷浑传》，第780—781 页。
② 《魏书》卷53《李孝伯传》，第1167 页。

危机时，贵族往往是以文武兼备的形象出现①。这种风气的社会基础在于北朝高门大都有一个强大的宗族。这么一来门户不易衰落，容易形成政治影响力；二来具有潜在军事实力，一旦战乱，则有能力组织武装②。为了保证家族利益，容不得他们不任政事、鄙薄武事。即使是讥笑高允"屈折久宦"的高爕，也还要担任州主簿③。

既然连高门都要如此，家世一般的士人更要勤任政事以自达。如范绍被孝文帝"选为门下通事令史，迁录事，令掌奏文案，高祖善之。又为侍中李冲、黄门崔光所知，出内文奏，多以委之。高祖曾谓近臣曰：'崔光从容，范绍之力。'"④。

从统治者的立场来说，他们也需要当官任事之人，并且大力倡导这种风气。孝文帝诏书：

> （李）彪虽宿非清第，本阙华资，然识性严聪，学博坟籍，刚辩之才，颇堪时用，兼忧吏若家，载宣朝美，若不赏庸叙绩，将何以劝奖勤能？可特迁秘书令，以酬厥款。⑤

孝文帝提拔"颇堪时用"又"忧吏若家"的李彪，除了"赏

---

① 谷川道雄：《中国中世社会与共同体》第三编《士大夫伦理与共同体及其国家》，中华书局 2002 年版，第 212—213 页。
② 唐长孺：《魏晋南北朝隋唐史三论》第二篇第二章《南北朝门阀士族的差异》，武汉大学出版社 1993 年版，第 176—178 页。
③ 《魏书》卷 48《高允传附高爕传》，第 1091 页。
④ 《魏书》卷 79《范绍传》，第 1755 页。
⑤ 《魏书》卷 62《李彪传》，第 1389 页。

庸叙绩"外，也是为了"劝奖勤能"，提倡当官任事的风气。郭
祚"清勤在公，夙夜匪懈"而为孝文帝所"知赏"[①]。辛雄"长于
世务""冀州刺史侯刚启为长史"，孝明帝"惜不许之""于时，诸
公皆慕其名，欲屈为佐，莫能得也"[②]。

当官任事常为舆论所褒奖。如崔休"聪明强济，雅善断决，
幕府多事，辞讼盈几，剖判若流，殊无疑滞，加之公平清洁，甚
得时谈"[③]；崔振"历官四十余载，考课恒为称职。议者善之"[④]；
李平"自在度支，至于端副，夙夜在公，孜孜匪懈，凡处机密十
有余年，有献替之称"[⑤]；宋世景"才长从政，加之夙勤不怠，兼
领数曹，深著称绩"[⑥]；甄楷有"当官之称"[⑦]；高崇父子"世美其
父子兄弟并著当官之称"[⑧]。

至于武事，也常在士论之中。如张蒲"在谋臣之列，屡出为
将，朝廷清论，常为称首"[⑨]。又如宋世景被源怀推荐给宣武帝，
称其"文武才略，当今寡俦，清平忠直，亦少其比。陛下若任
之以机要，终不减李冲也"[⑩]。再如邢峦"才兼文武，朝野瞻望"，
魏收称之为"纬世之器"[⑪]。

---

① 《魏书》卷 64《郭祚传》，第 1421 页。
② 《魏书》卷 77《辛雄传》，第 1694 页。
③ 《魏书》卷 69《崔休传》，第 1526 页。
④ 《魏书》卷 57《崔挺传附崔振传》，第 1272 页。
⑤ 《魏书》卷 65《李平传》，第 1454 页。
⑥ 《魏书》卷 88《良吏·宋世景传》，第 1902 页。
⑦ 《魏书》卷 68《甄琛传附甄楷传》，第 1517 页。
⑧ 《魏书》卷 77《高崇传附高谦之传》，第 1708 页。
⑨ 《魏书》卷 33《张蒲传》，第 779 页。
⑩ 《魏书》卷 88《良吏·宋世景传》，第 1902 页。
⑪ 《魏书》卷 65《邢峦传》，第 1447、1462 页。

　　玄学士人不愿任事的重要原因之一是认为世务繁杂，但北方士人却以能够处理这类事情为"能"。孝明帝正光中，曹世表为元继大将军从事中郎，"摄中水兵事，自当烦剧，论者皆称其能"①。

　　在崇尚任事的士论之下，也有人以高士自居。河南尹元晖将郡事委于功曹杨机，自己"高卧而已"，他说："吾闻君子劳于求士，逸于任贤。故前代有坐啸之人，主诺之守。吾既委得其才，何为不可？"②元晖自比东汉汝南太守范孟博与南阳太守岑公孝③。但元晖的当官不任事却并非玄学意义上的"无为而治"，而是儒学意义上的委贤任仁。北魏后期与北齐时期，也存在当官不任事的名士。如裴粲在孝武帝时为骠骑大将军、胶州刺史，"唯高谈虚论，不事防御之术"④，但裴粲为北来的南人。

　　《魏书·郭祚传》："太和以前，朝法尤峻，贵臣蹉跌，便致诛夷。李冲之用事也，钦祚识干，荐为左丞，又兼黄门。意便满足，每以孤门往经崔氏之祸，常虑危亡，苦自陈挹，辞色恳然，发于诚至。"李冲对他说："人生有运，非可避也，但当明白当官，何所顾畏。"⑤

　　《魏书·李冲传》："始冲之见私宠也，兄子韶恒有忧色，虑致倾败。后荣名日显，稍乃自安。而冲明目当官，图为己任，自

①　《魏书》卷72《曹世表传》，第1622页。
②　《魏书》卷77《杨机传》，第1706页。
③　《后汉书》卷67《党锢列传序》，第2186页。
④　《魏书》卷71《裴叔业传附裴粲传》，第1574页。
⑤　《魏书》卷64《郭祚传》，第1426页。

始迄终，无所避屈。"①

李冲曾处于与郭祚相似的困境，可见"常虑危亡"是太和以前朝士的普遍心态。②这种情形与西晋元康八王之乱时有些相似，元康名士也面临着很大的政治风险，但他们化解风险的办法是在玄学的指导下，以当官不任事来自晦。在"倾败"的危险面前，李冲选了"无所顾畏""明白当官"的处世方式，"竭忠奉上，知无不尽，出入忧勤，形于颜色，虽旧臣戚辅，莫能逮之，无不服其明断慎密而归心焉。于是天下翕然，及殊方听望，咸宗奇之"③。李冲身上表现出积极入世、直道前行的从政风格。

再如张普惠，胡太后父亲胡国珍死，朝廷在赠号中有"太上"之称，张普惠上书坚决反对，从而给自己带来了极大的政治风险，然而张普惠说："我当休明之朝，掌谏议之职，若不言所难言，谏所难谏，便是唯唯，旷官尸禄。人生有死，死得其所，夫复何恨。"④胡太后当朝，绝对谈不上是"休明之朝"。张普惠抒发此言时，正值胡太后派人催他入宫、存亡未卜之时⑤，张普惠宁愿"死得其所"，也不愿"旷官尸禄"。据《魏书》本传，张普惠曾"受业齐土，专心坟典，克厉不息。及还乡里，就程玄讲习，精于三礼，兼善春秋，百家之说，多所窥览，诸儒称之"⑥。张普惠"言所难言，谏所难谏"，不愿"旷官尸禄"的政治品格正来自他所接受的经学教育。

① 《魏书》卷53《李冲传》，第1189页。
② 雷炳锋：《北魏前期汉族士人心态初探》，《北方论丛》2013年第6期。
③ 《魏书》卷53《李冲传》，第1181页。
④⑤ 《魏书》卷78《张普惠传》，第1735页。
⑥ 同上书，第1727页。

这当然不是说士人在政治风险面前都能处以公心、恪尽职守，特别是在从北魏宣武帝迄于北齐灭亡的这段时间里，士大夫多阿附权贵，少有政治操守，这是人所共知的事，但这是权力行使方向的问题（当官为谁任事），而不是权力是否行使（当官是否任事）、或者权力行使方式（当官如何任事）的问题。

况且，屈从权贵、滥用职权一直是舆论所批判的[①]。崔亮结交刘腾，"有识者讥之"[②]。宋翻以公强闻名，"及为洛阳，迄于为尹，畏惮权势，更相承接，故当世之名大致减损"[③]。李韶"在选曹，不能平心守正，通容而已，议者贬之"[④]。李冲"显贵门族，务益六姻，兄弟子侄，皆有爵官，一家岁禄，万匹有余，是其亲者，虽复痴聋，无不超越官次""时论亦以此少之"[⑤]。现实的官场行为或许会背离道德，但它并不足以动摇行政层面的准则。

北方士人在政治上的任事尚能与学术上习经、言行上重儒者之风，积极有为的精神内涵上是一以贯之的，这与玄学影响下的江左士风有了较为显著的区别。

[①] 谷川道雄：《中国中世社会与共同体》第三编《士大夫伦理与共同体及其国家》第一章《北朝贵族的生活伦理》，中华书局 2002 年版，第 196 页。
[②] 《魏书》卷 66《崔亮传》，第 1480 页。
[③] 《魏书》卷 77《宋翻传》，第 1690 页。
[④] 《魏书》卷 39《李宝传附李韶传》，第 887 页。
[⑤] 《魏书》卷 53《李冲传》，第 1187 页。

第十五章　孝文帝改革与南北士风合流

一、洛阳文华

《魏书·孙绍传》载孝明帝时孙绍的上书：

> 往在代都，武质而治安；中京以来，文华而政乱。[1]

孙绍以孝文帝迁都洛阳为界，认为洛阳时代的特征是"文华而政乱"。《魏书·高祖纪下》魏收论："有魏始基代朔，廓平南夏，辟壤经世，咸以威武为业，文教之事，所未遑也""（孝文帝）钦明稽古，协御天人，帝王制作，朝野轨度，斟酌用舍，焕乎其有文章，海内生民咸受耳目之赐"。[2]

魏收亦将孝文帝之"文章"与此前之"威武"对称。谷川道

---

① 《魏书》卷 78《孙绍传》，第 1725 页。
② 《魏书》卷 77《高祖纪下》，第 187 页。

雄先生分析了苏绰六条诏书中的伦理精神，认为其意图在于告诫防止北魏"浮薄"士风的延续[①]。阎步克探讨了孙绍至宇文泰、苏绰、隋文帝等人的"捐华即实"主张，也认为他们主要反对"华诞""浮薄"的士风[②]。

　　按照阎步克的说法，周隋"还淳反素"所针对的是奢侈与文章浮华两个方面[③]。如果以思想上的习经之风、言行上的儒者之风与政治上的当官任事之风作为参照的话，奢侈之风其实是"士大夫风操"沦替的一种表现。王永平将北魏后期的奢侈之风归纳为以下方面：大兴土木，建宅造园；广蓄美女，纵情声色；"嗜口味"与"性好酒"；"服玩精奇"与戏闹消遣；财婚与厚葬。王永平认为奢侈之风还引发了政治上的贪暴之风、倾轧之风、道德精神的沦丧与经世能力的弱化[④]。贪暴、倾轧是与奢侈相伴生的现象，精神沦丧则是这些表现的内在根由。

　　如果说奢侈盛行表明士人对待财物已不再遵循道德轨则，那么废礼行为的增多，则表明士人在人际关系上也不受礼制约束。《魏书·郑羲传》：

　　　　自灵太后预政，淫风稍行，及元叉擅权，公为奸秽。自

---

① 谷川道雄：《中国中世社会与共同体》第三编第二章《西魏"六条诏书"中的士大夫伦理》，中华书局 2002 年版，第 232 页。

② 阎步克：《魏晋南北朝的质文论》，载《乐师与史官——传统政治文化与政治制度论集》，生活·读书·新知三联书店 2001 年版，第 315—319 页。

③ 同上书，第 318—319 页。

④ 王永平：《论北魏后期的奢侈风气——从一个侧面看北魏衰亡的原因》，《学术月刊》1996 年第 6 期。

此素族名家，遂多乱杂，法官不加纠治，婚宦无贬于世，有识咸以叹息矣。①

又如荥阳郑严祖：

轻躁薄行，不修士业，倾侧势家，乾没荣利，闺门秽乱，声满天下。出帝时，御史中尉慕僖劾严祖与宗氏从姊奸通。人士咸耻言之，而严祖聊无愧色。②

类似的例子还有：

陈郡袁升与寡嫂通奸，袁翻"为之发病，升终不止，时人鄙秽之"③。

尚书右仆射元钦与从父兄嫂奸通，封回劾奏，"时人称之"④。

范阳卢氏，"（卢）渊兄弟亡，及道将卒后，家风衰损，子孙多非法，帷薄混秽，为论者所鄙"。卢正思与嫂淫乱，"武定中，为御史所劾，人士疾之"。卢元明妻与兄子淫污，"元明不能离绝""时论以此贬之"⑤。

除家族伦理被破坏外，汉魏盛行一时的门生故吏之义也少有人遵守。《魏书·阳尼传》载：

属（元）怿被害，元叉秉政，朝野震悚。怿诸子及门生

---

① 《魏书》卷56《郑羲传附郑道昭传》，第1243页。
② 《魏书》卷56《郑羲传》，第1242页。
③ 《魏书》卷69《袁翻传》，第1545页。
④ 《魏书》卷32《封懿传附封回传》，第762页。
⑤ 《魏书》卷47《卢玄传》，第1053、1061—1062页。

吏僚莫不虑祸，隐避不出，素为怿所厚者弥不自安。（阳）固以尝被辟命，遂独诣丧所，尽哀恸哭，良久乃还。仆射游肇闻而叹曰："虽栾布、王脩何以尚也，君子哉若人！"①

"门生吏僚""素为所厚者"首先考虑的是自己的安危，阳固之举反成了少数派。再以政治风气而言，除了贪暴与倾轧外，依附权贵之风盛行，罕有董道直行者。

崔光依附于忠、元叉，"随时俛仰，竟不匡救，于是天下讥之"②。崔亮结交刘腾，"有识者讥之"③。甄琛倾身事赵脩、高肇④。高聪"薄于情义"，先后"朋附"赵脩、高肇、茹皓⑤。宋维、宋纪投靠元叉，陷害元怿，"天下人士莫不怪忿而贱薄之"⑥。贾思伯"为元叉所宠，论者讥其趣势"⑦。冯元兴依附元叉⑧。张烈"诡附"元叉⑨。

像这样的名单还可以开得更长。不仅像冯元兴这样的寒士党附权贵，宋维、宋纪要党附权贵，甚至连崔光、崔亮、甄琛等朝廷重臣也都如此。崔光、崔亮是当时的名儒，贾思伯、冯元兴也以儒学知名，曾为孝明帝侍讲。即使是以"平直""公能"著称

---

① 《魏书》卷72《阳尼传附阳固传》，第1611—1612页。
② 《魏书》卷67《崔光传》，第1492、1499页。
③ 《魏书》卷66《崔亮传》，第1480页。
④ 《魏书》卷68《甄琛传》，第1512、1515页。
⑤ 《魏书》卷68《高聪传》，第1521—1522页。
⑥ 《魏书》卷63《宋弁传附宋维传》，第1416—1417页。
⑦ 《魏书》卷72《贾思伯传》，第1615页。
⑧ 《魏书》卷79《冯元兴传》，第1761页。
⑨ 《魏书》卷76《张烈传》，第1686页。

的辛雄，"永熙二年三月，又兼吏部尚书。于时近习专恣，请托不已，雄惧其谗愬，不能确然守正，论者颇讥之"①。

再如杜弼，在东魏北齐以谠正著称，曾劝高欢整顿吏治，但当高欢以武力相威胁时，杜弼"于时大恐，因顿颡谢曰：'愚痴无智，不识至理，今蒙开晓，始见圣达之心。'"②杜弼内心未必认同高欢的道理，但其厚颜卑辞表明他的确是屈于威武。

由此可见，士风在言行、政治上的表现几乎全面背离了"士大夫风操"，理想主义的丧失是这个时代最值得关注的话题。诚如王永平所言，在中国历史上，每当社会出现危机时，士人总是扮演清流的角色，进行着精神的抗争，像这样近乎全阶层的庸俗化、腐化的确实不多。如果说北方士人是以经学为中心建构精神世界的话，同样以经学为思想指导的东汉士人却有着彪炳史册的清议运动，造成这种差异的原因需要从北魏的时代语境中去寻找。

据张金龙研究，北魏太学在孝文帝、宣武帝、孝明帝三朝时达到极盛，不仅博士、太学生众多，而且来源广泛。他认为太学的兴盛使大量的汉族、少数民族贵游子弟得以接受儒家经学教育，提高了整个统治阶级的文化素质③。又据刘惠琴的研究，北朝私学的兴盛期是从北魏中后期到北齐时期④。用《魏书·儒林

① 《魏书》卷77《辛雄传》，第1698页。
② 《北齐书》卷24《杜弼传》，第348页。
③ 张金龙：《北魏太学与政治、文化》，载《北魏政治与制度论稿》，甘肃教育出版社2003年版，第237—239页。
④ 刘惠琴：《北朝儒学及其历史作用》第二章第二节《北朝的私学讲授及师承》，陕西人民出版社2003年版，第37、47页。

传序》的话说是，"及迁都洛邑""斯文郁然，比隆周汉""世宗时""天下承平，学业大盛"①。魏收认为孝文帝改革后儒学的繁盛程度有了质的变化。②《隋书·儒林传序》亦云：

> 暨夫太和之后，盛修文教，搢绅硕学，济济盈朝，缝掖巨儒，往往杰出，其雅诰奥义，宋及齐、梁不能尚也。③

《隋书》在复述了《魏书》所言孝文帝以后北魏朝廷"盛修文教"与"搢绅"多为"硕学"外，还补充说北朝的儒学水平已经超过了南朝。然而，宣武帝正始二年（505 年），郑道昭上书称：

> 学官凋落，四术寝废。遂使硕儒耆德，卷经而不谈；俗学后生，遗本而逐末。进竞之风，实由于此矣。④

在郑道昭看来，"学官凋落"已经使士风有了"遗本而逐末"的倾向。此后学官虽然建立，但《魏书·李孝伯传》载："自国学之建，诸博士率不讲说，朝夕教授，惟（李）郁而已。"⑤可见

---

① 《魏书》卷 84《儒林传序》，第 1842 页。

② 动态考察儒学发展的研究可参见胡克森：《北魏州郡学的统一建立与拓跋鲜卑的汉化改革——兼谈北魏汉族士人儒学复兴的艰辛历程》，《史学月刊》2016 年第 6 期。楼劲：《魏晋南北朝儒学的发展》，《历史研究》2022 年第 3 期。

③ 《隋书》卷 75《儒林传序》，第 1705 页。

④ 《魏书》卷 56《郑羲传附郑道昭传》，第 1241 页。

⑤ 《魏书》卷 53《李孝伯传附李瑒传》，第 1179 页。

官学中"卷经而不谈"的风气未变。

北齐官学的情况更差，"国学博士徒有虚名，唯国子一学，生徒数十人耳"。"齐制：诸郡并立学，置博士助教授经，学生俱差逼充员，士流及豪富之家皆不从调。备员既非所好，坟籍固不关怀，又多被州郡官人驱使。纵有游惰，亦不检治，皆由上非所好之所致也"。①

北魏前废帝普泰元年（531 年），羊深上书：

> 自兹已降（孝明帝以后），世极道消，风猷稍远，浇薄方竞，退让寂寥，驰竞靡节。进必吏能，升非学艺。是使刀笔小用，计日而期荣；专经大才，甘心于陋巷。②

《魏书·文苑·邢昕传》：

> 自孝昌之后，天下多务，世人竞以吏工取达，文学大衰。③

羊深所言朝廷选官注重"刀笔小用"而非"专经大才"，主要是孝明帝孝昌（525—527 年）以来的情况。《隋书·儒林传序》谈到这种选举标准影响到士人对待经学的态度：

> 爰自汉、魏，硕学多清通，逮乎近古，巨儒必鄙俗。

---

① 《北齐书》卷 44《儒林传序》，第 582—583 页。
② 《魏书》卷 77《羊深传》，第 1704 页。
③ 《魏书》卷 85《文苑·邢昕传》，第 1874 页。

文、武不坠，弘之在人，岂独愚蔽于当今，而皆明哲于往昔？在乎用与不用，知与不知耳。然襄之弼谐庶绩，必举德于鸿儒，近代左右邦家，咸取士于刀笔。纵有学优入室，勤踰刺股，名高海内，擢第甲科，若命偶时来，未有望于青紫，或数将运舛，必委弃于草泽。然则古之学者，禄在其中，今之学者，困于贫贱，明达之人，志识之士，安肯滞于所习，以求贫贱者哉？此所以儒罕通人，学多鄙俗者也。[1]

《隋书》作者认为"近古"以来，由于朝廷选官重视"刀笔"，"明达之人""志识之士"不肯"滞于所习"，所以"巨儒必鄙俗"。也就是说士人虽然都习经，但一流的人才都不愿专经为业，所以经学家多为鄙俗之人。《魏书·李孝伯传》：李瑒"俶傥有大志""涉历史传，颇有文才""每谓弟郁曰：'士大夫学问，稽博古今而罢，何用专经为老博士也？'"[2]

在李瑒看来，习经的目的在于"稽博古今"，而非"专经"。李瑒在宣武帝延昌末出仕，兄弟二人主要活动在北魏末年。《颜氏家训·勉学》说"夫圣人之书，所以设教，但明练经文，粗通注义，常使言行有得，亦足为人；何必'仲尼居'即须两纸疏义"[3]。联系颜之推在言及邺下"博士买驴"之谚与博士不读《汉书》之例时嘲讽的态度，可知习经在士大夫眼中仅为必备的学养

---

[1]　《隋书》卷 75《儒林传序》，第 1706 页。

[2]　《魏书》卷 53《李孝伯传附李瑒传》，第 1177—1178 页。

[3]　（北齐）颜之推著，王利器集解：《颜氏家训集解》，上海古籍出版社 1980 年版，第 170 页。

而非最高追求。"明达之人""志识之士"与"鄙俗"之儒对待经学态度的差别，其实也就是"士大夫"与"老博士"的区别，也是《北齐书·儒林传序》中所谓"世胄之门""贵游之辈"与寒人子弟的区别：

> 世胄之门，罕闻强学。若使贵游之辈，饰以明经，可谓稽山竹箭，加之以括羽，俯拾青紫，断可知焉。而齐氏司存，或失其守，师、保、疑、丞皆赏勋旧，国学博士徒有虚名，唯国子一学，生徒数十人耳。欲求官正国治，其可得乎？胄子以通经仕者唯博陵崔子发、广平宋游卿而已，自外莫见其人。幸朝章宽简，政网疏阔，游手浮惰，十室而九。故横经受业之侣，遍于乡邑；负笈从宦之徒，不远千里。伏膺无怠，善诱不倦。入闾里之内，乞食为资；憩桑梓之阴，动逾千数。燕、赵之俗，此众尤甚。①

北魏初年，名门子弟如高允还"担笈负书，千里就业"②，但到了北齐，贵游子弟已"罕闻强学"。"负笈从宦""不远千里"者都是"游手浮惰"脱离生产的寒人，他们对经学"伏膺无怠""善诱不倦"。北魏至北齐的习经之风要区分来看，士族只是将习经看作是普通的文化教育；寒人子弟则较为热衷习经。"明达之人""志识之士"不"滞于"经；"鄙俗"之儒专注于经。官学少习经之风，私学盛习经之风。推究其因，北魏孝文帝以后门

---

① 《北齐书》卷44《儒林传序》，第582—583页。
② 《魏书》卷48《高允传》，第1067页。

阀制度的建立，使士族子弟出仕并不完全依靠经学，而且城居生活也使他们逐渐远离了乡党社会环境，对经学致用的需求弱化了一些。寒人子弟则需依赖经学入仕。北齐"诸郡俱得察孝廉，其博士、助教及游学之徒通经者，推择充举。射策十条，通八以上，听九品出身，其尤异者亦蒙抽擢"①。

综上所述，孝文帝改革后，习经传统仍然在北方社会有深厚的土壤。由于高门士族处境的改善，经学已逐渐不像以前那样内在于心灵生活、社会生活与政治生活了，它由通往人生、社会真理的桥梁变为"稽博古今"的工具，所以才会在实践层面出现知与行之间的断裂，出现奢侈、贪暴、倾轧、废礼、趋事权贵等等不良现象。士风的这种"文""华"并非孝文帝改革的本意，甚至还是违背他本意的。这种士风只是孝文帝改革的一个结果，而不是目标。

即使北朝后期出现腐化的士风，它也只是在实践层面的腐化，并没有动摇经学在社会意识中的权威地位，从"人士咸耻言之""时人鄙秽之""人士疾之""天下讥之"这些评论来看，没有人认为腐化是正当的，应然的社会仍旧是遵循传统道德规范的社会。

二、太和新风

如果说腐化的士风只是一种社会现象，它并未带来任何新的

---

① 《北齐书》卷44《儒林传序》，第583页。

文化精神，那么文章"浮华"则不然，它代表了孝文帝改革以后北方所出现的新的文化动向。《魏书·文苑传》：

> 永嘉之后，天下分崩，夷狄交驰，文章殄灭。昭成、太祖之世，南收燕赵，网罗俊乂。逮高祖驭天，锐情文学，盖以颉颃汉彻，掩踔曹丕，气韵高艳，才藻独构。衣冠仰止，咸慕新风。肃宗历位，文雅大盛，学者如牛毛，成者如麟角。①

魏收将北方文学的历史以孝文帝时代为界分为前后两期，后期盛行"新风"，至孝明帝时"大盛"。他认为北方文学的这种转向与孝文帝个人的文学爱好、才能及创作示范密切相关，遂使"衣冠仰止""咸慕新风"。《隋书·文学传序》也称：

> 暨永明、天监之际，太和、天保之间，洛阳、江左，文雅尤盛。于时作者，济阳江淹、吴郡沈约、乐安任昉、济阴温子升、河间邢子才、钜鹿魏伯起等，并学穷书圃，思极人文，缛彩郁于云霞，逸响振于金石。英华秀发，波澜浩荡，笔有余力，词无竭源。方诸张、蔡、曹、王，亦各一时之选也。闻其风者，声驰景慕，然彼此好尚，互有异同。②

《隋书》也将北朝文学鼎盛期的开端定在太和，虽然所举北朝文学代表人物温子升、邢子才、魏收等都活跃于孝明帝以后，

---

① 《魏书》卷 85《文苑传》，第 1869 页。
② 《隋书》卷 76《文学传序》，第 1729—1730 页。

与《魏书·儒林传序》所言"肃宗历位，文雅大盛"相对应，但这仍是沿袭太和新风而来。温、邢、魏等人的文学创作，进一步鼓动了文学"新风"，"闻其风者，声驰景慕"，邢邵"每一文初出，京师为之纸贵，读诵俄遍远近"①。那么太和"新风"，新在何处？

胡国瑞先生说北方文学具有实用的文学倾向②，这一倾向在北朝前期更为明显。周建江在分析了北朝前期的文学作品后得出的结论是：太和十五年（491年）以前北方文学以军国文章为主，纯文学的作品较少，成就也有限③。曹道衡认为北魏前期的文学水平还不及十六国④。由此可知，北朝前期文学的特质是政治功利性，抒发个人性情的文学并不占主流。唐长孺先生认为太和以后的文学"新风"，是来自江左的文风⑤。江左文风的特征很多，其中最重要的一点是延续汉末三国以来"文的自觉"与"人的自觉"，将表达个人性情的文学与政治区分开来，最典型的表述是萧纲"立身先须谨重，文章且须放荡"⑥。虽然北朝在魏末北

①　《北齐书》卷36《邢邵传》，第476页。有学者将北魏后期文士分作两代，参见袁济喜、李俊：《论北魏后期两代士人文学旨趣之异同》，《求是学刊》2011年第2期。

②　胡国瑞：《魏晋南北朝文学史》第六章第一节《北朝文学的发展趋势》，上海文艺出版社1980年版，第147—148页。

③　周建江：《北朝文学史》第三章第三节《北魏前期文学》，中国社会科学出版社1997年版，第85、93页。

④　曹道衡、沈玉成编著：《南北朝文学史》第二十章第一节《北魏初期的文学》，人民文学出版社1991年版，第371页。

⑤　唐长孺：《论南朝文学的北传》，《武汉大学学报》1993年第6期。

⑥　萧纲：《诫当阳公书》，《艺文类聚》卷23《人部七·鉴诫》引，上海古籍出版社1999年版，第424页。

齐时才在理论上有了文章与文学的区分①，但自太和年间学习江左"新风"起，抒发性情已经成为北方文学创作的主流之一，甚至成为推动北朝后期文学发展的主要动力。

在北魏后期的文学创作中，诗歌形式由五言诗取代四言诗；诗歌题材也出现了感知生命的山水玄言诗；赋的内容也大都集中在自我情怀的抒张上②。发展至北齐，不仅士人诗歌创作脱离了政治内涵，而且抒发军人情感的"六镇兵歌"也成为主要诗派之一，官方御用诗歌反而少见。在散文方面，兴起了山水散文，它是作者自由表达的新途径③。即便是西魏北周文学，也重在表现个人的生命意识④。

可见太和"新风"并不仅仅是文学上的新风，它代表了一种新的文化精神的兴起，那就是尊重个体生命的独立价值。赵翼《廿二史札记》卷十四"魏孝文帝文学条"在列举了诸多孝文帝的文学事迹后，称：

> 可见帝深于文学，才藻天成……虽亦才人习气，然聪睿固不可及已。其急于迁洛，欲变国俗，而习华风，盖发于性

① 周建江：《北朝文学史》第一章第一节《"文章""文学"之辨》，中国社会科学出版社 1997 年版，第 22—23 页。
② 周建江：《北朝文学史》第四章《北魏文学（下）》，第二节《北魏后期诗歌》，第 98—101 页；第三节《北魏后期文章》，第 105—108 页。
③ 周建江：《北朝文学史》第五章《东魏北齐文学》，第二节《东魏北齐诗歌》，第 118—126 页；第三节《东魏北齐散文》，第 127—130 页。
④ 周建江：《北朝文学史》第六章《西魏北周文学》第二节《西魏北周本土文学》，第 142—149 页。

灵而不自止也。①

　　赵翼将"习华风"看作是"性灵"所致，虽然以此解释孝文帝改革未免失之偏颇，但他却敏锐地看到了"性灵"与"华风"之间的内在关系，正是"华风"尊重"性灵"、表现"性灵"，所以"性灵"才会"不自止"地"习华风"。如果说江左重人物是重个体生命的独立性与独特性，那么孝文帝"习华风"也将这种文化精神导入北方社会，最为突出的表现是人物议论开始关注个体生命的文化意涵。如阳诠之"少著才名""早为门生所害""时人悼惜之"②。辛休、辛脩"俱有学尚""早卒""时人伤惜之"③。舆论惋惜的态度反映了时人对才学的敬重、对生命的珍惜。

　　在这样的舆论氛围中，人物评价突破了名教的评价体系。生活在献文帝、孝文帝时代的崔辩"风仪整峻"，而他的儿子，生活在宣武帝、孝明帝世的崔楷则"美风望"④。"整峻"是名教的仪表标准，"风望"之美则体现了玄学风范。⑤

　　李谐"风流闲润，博学有文辩，当时才俊，咸相钦赏"，李邕"俊秀才藻之美，为时所称"⑥。李氏兄弟除了才学外，风度也为时人所称。"风流""俊秀"都不属于名教论人的范围，而属于

---

①　（清）赵翼著、王树民校证：《廿二史札记校证》卷 14，中华书局 1984 年版，第 309 页。

②　《魏书》卷 72《阳固传》，第 1612 页。

③　《魏书》卷 77《辛雄传》，第 1702 页。

④　《魏书》卷 56《崔辩传》，第 1250、1253 页。

⑤　王永平：《北朝时期之玄学及其相关文化风尚考述》，《学术研究》2009 年第 11 期。

⑥　《魏书》卷 65《李平传》，第 1456、1461 页。

玄学范畴。玄学论人重内在精神，关注性与天道的问题，所以它更加尊重个体的独立价值。北朝后期人物评价中玄学观念的出现，其实就是注重个体的文化精神的出现。

再如，卢元明"风彩闲润，进退可观"，元彧"钦爱之"，元熙见而叹曰："卢郎有如此风神，唯须诵离骚，饮美酒，自为佳器。"① 这是引用东晋玄学名士王恭之言②。元彧"姿制闲裕，吐发流靡，琅邪王诵有名人也，见之未尝不心醉忘疲"③，卢道将称之"风流沉雅"，他的政敌于忠也要誉之"风流可观"，甚至连皇帝的诏书都称其"风神运吐"④。

士人也都企羡这样的风度。甄琛"形貌短陋"，少"风仪"，当他迎送南齐使者刘缵时，"钦其器貌，常叹咏之"⑤。王肃之侄王诵"宣读诏书，音制抑扬，风神疏秀，百僚倾属，莫不叹美"⑥。

裴粲"善风仪"，曾有事得罪元雍，元雍"含怒待之"，裴粲"神情闲迈，举止抑扬"，元雍"目之不觉解颜""及坐定，谓粲曰：'相爱举动，可更为一行。'粲便下席为行，从容而出"。

"后世宗闻粲善自标置，欲观其风度，忽令传诏就家急召之，须臾之间，使者相属，合家怔惧，不测所以，粲更恬然，神色不

---

① 《魏书》卷47《卢玄传附卢元明传》，第1060—1061页。

② （南朝宋）刘义庆著，（南朝梁）刘孝标注，余嘉锡笺疏，周祖谟等整理：《世说新语笺疏》卷23《任诞》，第897页。

③ 《魏书》卷18《拓跋彧传》，第419页。

④ 《魏书》卷18《太武五王传》，第419—420页。

⑤ 《魏书》卷68《甄琛传》，第1514页。

⑥ 《魏书》卷63《王肃传附王诵传》，第1412页。

变。世宗叹异之"。

"又曾诣清河王怿，下车始进，便属暴雨，綦容步舒雅，不以霑濡改节。怿乃令人持盖覆之，叹谓左右曰：'何代无奇人！'"①

裴綦的玄学风度不仅为元雍、元怿所赏爱，甚至连宣武帝都"叹异"而欲"观其风度"。此又类同于褚渊以容止风则为宋明帝所赏，称其"迟行缓步，便持此得宰相"②。由此可见时风之所趋。魏末士人多有玄学风范：河东裴询"美仪貌"③。范阳卢道裕"风仪兼美"④。荥阳郑严祖"颇有风仪"⑤。河东裴氏、范阳卢氏、荥阳郑氏，都是北方士族中的名门。

北齐接续了这一趋向：杨愔"早著声誉，风表鉴裁，为朝野所称"⑥。封孝琰"以风流自立，善于谈谑，威仪闲雅，容止进退，人皆慕之"⑦。崔瞻"善容止"，卢思道称"举世重其风流"⑧。李谐子李庶"方雅好学，风流规检，甚有家风"⑨。王昕"母清河崔氏，学识有风训，生九子，并风流蕴藉，世号王氏九龙"⑩。

从"人皆慕之""举世重其风流""世号九龙"这些评价可见，

---

① 《魏书》卷71《裴叔业传附裴綦传》，第1573页。
② 《南齐书》卷23《褚渊传》，第429页。
③ 《魏书》卷45《裴骏传附裴询传》，第1021页。
④ 《魏书》卷47《卢玄传附卢道裕传》，第1051页。
⑤ 《魏书》卷56《郑羲传附郑严祖传》，第1242页。
⑥ 《北齐书》卷34《杨愔传》，第456页。
⑦ 《北齐书》卷21《封隆之传附封孝琰传》，第308页。
⑧ 《北齐书》卷23《崔瞻传》，第335—336页。
⑨ 《北齐书》卷35《李构传附李庶传》，第468页。
⑩ 《北齐书》卷31《王昕传》，第417页。

魏末北齐时，玄学风度已成为士论的重要标准。不仅士人以此高自标置，勋贵也以此附庸风雅，如段孝言"黩货无厌，恣情酒色"，却"举止风流，招致名士""世论复以此多之"①，可见"世论"对"举止风流"的看重。值得注意的是，对个人性情的评价常常与选官舆论相关。

刘懋"性沉雅厚重，善与人交，器宇渊旷，风流甚美，时论高之"，元怿"爱其风雅，常目而送之曰：'刘生堂堂，搢绅领袖，若天假之年，必为魏朝宰辅。'"②"渊旷""风流"都是以玄学论人的话语，刘懋以"风雅"被元怿看重，认为可以为"宰辅"，这也似乎隐含着玄学的政治观。

李奖，宋游道称之为"襟怀放畅，风神爽发，实廊庙之瑚琏，社稷之桢干"③。

崔光每见元显和，曰："元参军风流清秀，容止闲雅，乃宰相之器"④。

元彧"少有才学，时誉甚美"，崔光称："黑头三公，当此人也"⑤。

杨愔"能清言，美音制，风神俊悟，容止可观。人士见之，莫不敬异，有识者多以远大许之"⑥。

在南朝，人物风流是"宰相"的必要条件，那么北朝后期也

---

① 《北齐书》卷16《段荣传附段孝言传》，第216页。
② 《魏书》卷55《刘芳传附刘懋传》，第1229—1230页。
③ 《魏书》卷65《李平传附李奖传》，第1455页。
④ 《魏书》卷19上《景穆十二王传》，第449页。
⑤ 《魏书》卷18《太武五王传》，第419页。
⑥ 《北齐书》卷34《杨愔传》，第454页。

以"风流"许"宰相"，是否意味着玄学在北方社会的影响已由探讨个人性情扩展到政治思想领域。

北魏献文帝禅位时，高闾曾上表称颂，其中有辞："玄化外畅，惠鉴内悟。遗此崇高，挹彼冲素。道映当今，庆流后祚。"①这句是典型的玄学政治语言。《魏书·显祖纪》称献文帝"雅薄时务，常有遗世之心"②。《资治通鉴》卷一百三十三亦称献文帝"好黄、老、浮屠之学，每引朝士及沙门共谈玄理，雅薄富贵，常有遗世之心"③。虽然献文帝禅让是不得已而为之，但他并没有反抗，恐怕也与他在思想上接受了玄理有关。正如他在禅让诏书中所言，他是"希心玄古，志存澹泊"④。

北齐时王晞"在并州，虽戎马填间，未尝以世务为累。良辰美景，啸咏遨游，登临山水，以谈宴为事，人士谓之物外司马"⑤。王晞虽然"旷达不羁""简于造次"，但若结合北齐后期的政治气氛，"不以世务为累"全身避祸的成分可能更多。他在苦辞侍中时曾表白心迹：

> 我少年以来，阅要人多矣，充诎少时，鲜不败绩。且性实疏缓，不堪时务，人主恩私，何由可保，万一披猖，求退无地。非不爱作热官，但思之烂熟耳。⑥

---

① 《魏书》卷 54《高闾传》，第 1197 页。
②④ 《魏书》卷 6《显祖纪》，第 131 页。
③ 《资治通鉴》卷 133，宋太宗泰始七年，第 4164 页。
⑤ 《北齐书》卷 31《王晞传》，第 422 页。
⑥ 同上书，第 421 页。

可见王晞不任世务也并非是出于玄学"无为而治"的政治理念。当然，与北朝前期将玄学看作"不切实要，弗可以经世"的观点相比，北朝后期政治多少受到玄学影响。《魏书·高祖纪》在记述了孝文帝一系列的丰功伟绩后，称其"悠然玄迈，不以世务婴心"。孝文帝"善谈庄老"①，他受到玄学思想影响，但不能据此认为玄学政治观是他施政的指导思想。魏收是按照圣人无为而治天下的玄学观念来记述孝文帝的。

玄学政治观从未成为北朝政治思想的主流，即便是士论中将"风流"与"宰相"相联，它所侧重的是"风流"而非"宰相"，以能够当宰相来说明"风流"之佳，而不是论证宰相须得"风流"。玄学政治观并不扎根于政治实践中，它只是一种文化趣尚，用来对人物风度进行说明。

当北方兴起对个体文化精神的关注后，玄学的一些表现虽然也被北朝士人接受，但也仅限于个人的思想与生活。如高谦之"留意老易"，但玄学丝毫未影响到他的政治实践，"父子兄弟并著当官之称"②。就个人生活领域而言，北方士人在习得容止风仪的玄学风范外，还在一定程度上接受了玄学的人生态度。

邢邵"脱略简易，不修威仪，车服器用，充事而已""天姿质素，特安异同，士无贤愚，皆能顾接，对客或解衣觅虱，且与剧谈"。"有书甚多，而不甚雠校，见人校书，常笑曰：'何愚之甚，天下书至死读不可遍，焉能始复校此。'"及爱侄卒，"人士

---

① 《魏书》卷 7 下《高祖纪下》，第 187 页。
② 《魏书》卷 77《高谦之传》，第 1708 页。

为之伤心，痛悼虽甚，竟不再哭，宾客吊慰，抆泪而已""其高情达识，开遣滞累，东门吴以还，所未有也"。[1]

"脱略简易""特安异同"都是玄学的处世风范。邢邵对待校书，秉持道家"生有涯而知无涯"的知识论观点。对待侄子之卒，类同于庄子丧妻鼓盆而歌。

再如著名的儒士李谧，他隐居不仕被博士孔璠等人看作是"欲训彼青衿，宣扬坟典，冀西河之教重兴、北海之风不坠"，但据李谧所作《神士赋》，他隐居的真正原因是受玄学观念的影响：

> 周孔重儒教，庄老贵无为。二途虽如异，一是买声儿。生乎意不惬，死名用何施。可心聊自乐，终不为人移。脱寻余志者，陶然正若斯。[2]

李谧认为周孔与庄老殊途同归，持论类同名教与自然"将无同"的观点。李谧不论身后而只管"可心""自乐"的人生态度，也与张湛《列子注》的玄学人生相合。

三、南北合流

孝文帝以后的北朝"新风"主要是江左的文学趣尚与玄学风

---

[1]　《北齐书》卷 36《邢邵传》，第 478—479 页。
[2]　《魏书》卷 90《逸士·李谧传》，第 1937—1938 页。

范，二者的盛行代表了同一种文化精神的兴起，那就是北方社会开始出现尊重个体生命的思潮。注重性情的文学与玄学都盛行于南朝，孝文帝改革以南朝为榜样，南朝士风得以北传，这已是人所周知之事 ①。但倘若社会没有内在的需求，对外来风气的仿学往往只会是浮光掠影，就文学而言，来自江左的"新风"不仅在北方扎下根来，而且北朝末期的创作水平已经赶上了南方 ②，这就不能将北朝后期新的文化思潮简单地看作是学习南朝的结果，它必定与北方社会内部的变化有关。

不论是文学的自觉还是玄学的兴起，汉晋之际都是一个非常重要的时期，这一时期也是门阀制度开始形成并得以发展的时期。李泽厚、刘纲纪先生认为，门阀制度的建立是个体性情得到尊重的关键。由于士族的政治特权受到门阀制度的保护，原先包含在政治品藻中的关于"性情之理"的探究，对人物的个性、智慧、才能的高度重视和观察品评，获得新的意义，朝着哲学与审美两个方面发展。品藻人物性情的政治功利色彩大为减弱，而审美的色彩则成为主色调。玄学关于有情与无情、名教与自然的讨论，比过去更为突出地考察了个体的情感、人格与外在的事物、自然的欲望及社会伦理道德的关系，强调了个体的情感、人格的

---

① 唐长孺：《论南朝文学的北传》，《武汉大学学报》1993 年第 6 期。牟发松：《从社会与国家的关系看唐代的南朝化倾向》，《江海学刊》2005 年第 5 期。王永平：《南朝人士之北奔与江左文化之北传》，《南京师范专科学校学报》2000 年第 1 期。王永平：《论北魏孝文帝任用南士及其对南朝文化之汲引》，《学习与探索》2009 年第 5 期。
② 曹道衡、沈玉成：《南北朝文学史》第二十七章《南北文风的融合》，第528、532—533 页。

纯粹。任自然的表现具有超出外物、欲望、伦理的独立意义和价值，使个体的情感、人格地位得到了空前的提高。个体性情的价值不再被规定在儒家伦理的维度上，而是具有了独立的价值①。田余庆先生也认为由儒入玄是东汉世家大族转化为门阀士族的指标②。由此可见，尊重个体性情之文化精神的出现与门阀制度的建立之间，有着密切的关联。

　　孝文帝改革的主要内容之一是建立门阀制度③，尊重个体性情之文化精神的兴起是北方社会转型的必然结果。北方在独立发展一百多年后，还是走上了东汉通往魏晋的旧路，在文化发展方向上与继承魏晋传统的南方趋同。但由于北朝门阀势力的局限，玄学政治主张并没有在北方得到共鸣，其文化上开创性仅限于在个人与社会的关系上，强调个体人格的独立性。与此同时，南朝的玄学政治观由实践领域退缩到观念领域，魏晋以来的文化精神，在北朝是在逐渐发展，而在南朝则是逐渐退缩，最后二者趋同。

---

① 李泽厚、刘纲纪：《中国美学史：魏晋南北朝编》上，安徽文艺出版社 1999 年版，第 76—77、145—146 页。

② 田余庆：《东晋门阀政治》，北京大学出版社 1989 年版，第 348—353 页。

③ 近年通过个案对北魏门阀进行细致考察的相关研究可参见刘军：《北魏门阀士族制度窥管——以新见封之秉墓志为中心》，《社会科学》2018 年第 9 期；《北朝士族门阀制度探微——以勃海李氏家族为例》，《内蒙古社会科学》2021 年第 6 期；《论北魏后太和时代元姓宗女婚配与胡汉门阀秩序》，《历史教学（下半月刊）》2023 年第 1 期。彭丰文：《国家治理视野下的北魏孝文帝门阀政策探究》，《西南民族大学学报（人文社科版）》2020 年第 5 期。

结　语

　　以玄学为指导的士风从魏末晋初到隋灭陈延续了近三百年。但这种士风的流行有着地域特征，魏末西晋主要盛行于以洛阳为中心的河南地区，东晋南朝流播于以建康为中心的江南地区。北朝士风则在经学的思想指导下呈现出经明行修、当官任事的特征，其指向是保存文化传统，恢复政治秩序，与魏晋南朝有着目标层次上的差异。孝文帝改革后，士族政治地位得到门阀制度的保障，这一方面促使了士族的腐化，出现了背离经学思想的腐化风气，另一方面又出现了崇尚江左文学与玄学风范的风气。后者的出现表明北方在一百多年后，重新走上了东汉通往魏晋的旧路，在文化发展方向上与继承魏晋传统的南方趋同。

一、从汉末到魏晋

　　汉末危机来自两个方面：一方面是以皇权为中心的政治模式

的崩溃；一方面是崇尚儒家名节的统治方式的瓦解。前一方面的危机使士大夫开始反思其社会政治理想，后一方面的危机使士大夫开始反省自身的存在方式。二者交汇的结果是在魏晋之交出现了旨在思想革新、社会革新与政治革新的风潮。

东汉末年天下大乱，怀抱匡复之志的士人试图利用割据势力恢复汉朝的统治，荀彧之死表明这种权谋终归失败。这种迂回曲折的途径既然难以实现其政治理想，士大夫不得不由关心天下安危转而关心身家性命。在混乱的时局中，他们与割据群雄以利益相结合，立身行事无不以保身全家为出发点。这就使他们的处世态度转变为"颐志澹泊"，不问是非。

与此同时，也有一部分士大夫不适应政治生态的转变，他们充满了困惑，并试图批判和抗争，同时也进行着人生价值的探求。竹林名士继承汉末以来的任率传统，援引《庄子》赋予其玄学意义，造成很大的社会影响。高平陵政变后，阮籍不再怀抱"济世志"，悲观的情绪使他转变看待世界的方式，寻求得到内心的安宁，阮籍的名士风度很快得到士林的推崇，成为两晋的普遍风气。

两晋门阀士风接续魏末玄学思潮而来，表现出强烈的反传统色彩，主要体现在三个方面：思想上崇尚玄学，行为上崇尚放达，任官崇尚不尽职守。其形成经历了西晋建国初期、晋武帝执政后期与晋惠帝元康时期这三个阶段。至元康年间，晋代士风的典型形态出现。指导门阀士风的是在朝与在野两种玄学。在朝玄学试图以"无为"为手段维护名教秩序，主张以"无措"应对礼义；在野玄学否认差别、否认秩序，"越名教而任自然"。两种玄学虽有差别，但都在反传统的方向上推进士风。门阀士风的盛行实际上是士大夫按照其玄学理想对思想意识、社会伦理、政治统治方式进行革新的一场运动。玄学理想之所以能被付诸实践，乃在于门阀士族拥有前所未有的政治权力与社会权威。

至此，士风完成了其形态的转变。门阀士风无论是在思想层面还是在行为层面都与东汉迥异。不论是对应然的社会秩序、政治秩序和统治方式的构想，还是士人对自身所扮演角色的界定；不论是学术风气、社会生活风气还是政治风气，两晋与东汉都不相同。

简而言之，东汉到魏晋有两大变化：一是社会政治理想的变化；二是皇权与士大夫关系的变化，东汉士人向魏晋士族的转变，使士大夫拥有了相当的政治权力与相对独立于皇权权威之外的社会地位。正是这两大变化促成士风形态由东汉向魏晋的转变。

二、江左士风的变化

江左士风大体上延续了洛阳的士风形态，但晋宋之际出现了重要变化。从刘宋开始，士大夫对魏晋传统的坚守，旨在维护士大夫相对独立于皇权的社会地位，以及他们对社会意识的领导权。如果说玄学理想在两晋时期的实践是因为士大夫拥有相当的政治权力与社会权威，那么南朝士大夫不再关注玄学理想的实践，则是因为士大夫失去了相应的政治权力，甚至连他们传统的社会地位、社会权威也面临皇权的侵夺。所以南朝士风最大的主题是士大夫如何处理好与皇权的关系，维系他们的社会地位与社会权威。

　　晋宋之际的变化始于门阀政治的危局。高门士族在义熙八年（412 年）以前试图利用时局恢复东晋门阀政治，但随着刘裕独掌大权及刘宋的建立，他们开始接受皇权的复兴。士大夫以其思想、舆论直接干预现实政治运作的途径被切断，魏晋之际兴起的以玄学社会政治构想重新安排人间秩序的思想运动、政治运动和社会运动都停顿了下来。玄风虽然在行为层面继续存在，但其变化是明显的。就清谈而言，一方面是清谈的地位下降，它不再占据士大夫精神生活的全部，转而与文学、佛学等并立；另一方面是对玄学义理的探讨淡化下来，对文学辞韵的关注上升。晋宋之际士风的变化主要发生在思想意识层面，而不是行为层面。士大夫因治道理想与现实的政治运作之间出现了鸿沟，转而重新界定自己的角色，其天下公义意识、政治责任意识都被淡化，而自利意识却得到强化。

　　从刘宋孝武帝到南齐的这一段时间里，主题仍然是皇权与士大夫对文化领导权的争夺。对于士大夫而言，延续魏晋以来的传统实际上是在彰显士人独立于皇权权威之外的人格，以及他们对社会的主导权。所以这一时期名士风度展现的意义在于它在士大夫与皇权之争中的政治价值。

　　刘宋后期皇权严密控制社会舆论，以政治立场来衡量士林言行，压制士林基于道德传统的社会评价，但由于未能提出超越玄学的政治理念，所以士大夫在屈从于皇权的同时，他们的文化传统依然引导着社会观念。

在南齐，士大夫与皇权开始相互妥协，皇权尊重士大夫的文化传统，而士大夫也开始谋求与皇权的融合，其结果是永明儒风的兴起。这其实是修改了社会政治理想。永明儒风的兴起是南朝士风的转折点，在此前，士大夫与皇权还处于对抗与斗争的阶段，而此后，二者开始了融合。这种融合是以回归儒家皇道意识为前提的。

陈朝的逻辑已不同于以往。陈朝是不同于以前江左王朝的新政权，陈寅恪先生称之为"此为江左三百年政治社会上之大变动"，非士族人物成为王朝的支撑力量，这是东晋以来未曾有过的现象。而士族则在梁末丧乱中受到沉重打击，幸存的士人在梁末陈初的政治中不仅没有表现出举足轻重的政治影响力，反而要依附新兴的政治军事集团。这本该是江左士风的终结点。然而，陈朝利用士大夫在社会意识中的权威地位为王朝作合法性辩护，这也是士大夫在这个时代的价值。士大夫与陈朝的融合在陈文帝时代完成。在融合过程中，占据主导地位的是皇权。正因为皇权能够控制住士大夫，又需要他们的合作，所以陈朝不仅没有以政权的力量整顿士林，反而优待士大夫，使梁朝士风在陈朝继续存在下去。后主对文化的兴趣进一步鼓动了这样的士风。

三、北方士风与南、北合流

与江左相比，北方士风的基本特征是学术上专经、言行上有儒者之风、政治上当官任事。孝文帝改革以后出现的"浮薄"士林风气，它其实包括两类，一类是背离经学思想的腐化之风，另一类则是新的文学趣尚和玄学风范。

腐化之风的出现是因为门阀制度建立以后，士族政治处境改善，经学已逐渐不像以前那样内在于士人的心灵生活、社会生活与政治生活，它由通往人生、社会真理的桥梁变为"稽博古今"的工具，所以才会在实践层面出现知与行之间的断裂。这种社会风气的出现只是孝文帝改革的一个结果，而不是目标。腐化之风，也只是实践层面的腐化，它并没有动摇经学的权威地位。

新的文学趣尚与玄学风范代表了一种新的文化精神，那便是尊重个体的性情。这种文化精神的兴起也与门阀制度的建立有关。北方在独立发展一百多年后，走上了东汉通往魏晋的旧路，在文化发展方向上与继承魏晋传统的南方趋同。但由于北朝门阀势力的局限，玄学政治主张并没有在北方得到共鸣，其开创性也就仅限于个人与社会的关系层面。

四、士风的演变线索

士风的演变可以从以下四条线索来把握：一是士大夫的社会政治理想与实践之间的矛盾及其解决；二是士大夫天下意识与自利意识的彼此消长，此二者均取决于士大夫与皇权关系的变动；三是士大夫对本阶层的反省与批判；四是社会政治环境的重大变动，如门阀制度的建立及演变，对士风发展的影响。前三条线索并非单独行进，而是相互牵扯，彼此缠绕，这三条线索都是从士大夫的角度来阐释士风的变化。第四条线索则是从外部（社会环境的变动）来说明士风的变化。虽然这四条线索贯穿于六朝始终，但在不同时期，其轨迹之隐显，对士风影响之强弱，是不同的。在东汉至魏晋的演变中，这四条线索都很显著；在南朝的演变历程中，第一条、第二条和第四条线索最为明显，北朝的变化主要表现为第四条线索。可见，士风演变并非单一逻辑。

就士风而言，它包括思想与行为两个层面，思想层面又包括对应然的社会秩序、政治秩序和统治方式的构想，与士人对自我的理解与界定。行为层面包括士人在学术生活、社会生活与政治生活等领域的实践活动。士风的变化也不总是发生在同一层面、同一方面。东汉至魏晋的变化是士风形态的变化，即整体性的变化。江左士风是对魏晋的继承，变化主要是士人政治角色自我界定的变化，其间还有社会政治理想的修正和行为层面的变化。北朝后期士风的变化则是思想与行为层面的分离，以及思想层面上对个体人格看法的改变。

通观士风的历史走向，其内在理路是明晰的：从东汉到魏晋而大变，再从魏晋延续到南朝；北朝在停滞了百余年后，又走上东汉通往魏晋的旧路，与南朝趋同。如果以玄风来标志这个时代的话，东汉到魏晋是其形成与鼎盛期，南朝是其衰弱与消歇期，北朝后期不过稍习玄风末流，未尝展开也不可能展开，因为承托并鼓荡玄风的特定背景和内在动力已不复存在。

从最后的走向来看，魏晋南朝的玄学政治观由实践领域退缩到观念领域，玄学的影响逐步退缩到个体思想与生活领域。北朝后期虽然重新绍续魏晋以来的文化精神，开始尊重个体，但由于门阀势力的局限，玄学的政治主张并没有引起共鸣，其文化上的开创性也就仅限于个人与社会关系层面上。南北双方虽是一退一进，但最后的趋同点都是将魏晋玄学的影响限定在个人思想和生活领域。

六朝玄风的兴起、鼎盛、衰弱、消歇与门阀士族的发展历程相一致，士风主体在精神领域、社会地位上的变化必然影响到士风的变化。门阀制度的建立和士族特权的取得，使士大夫人格的独立性、文化垄断及社会权威，都达到前所未有的高度，玄风近三百年的流行即基于此。尽管玄学在政治上的实践不太成功，其政治构想也在隋唐以后被官方排除，但它在个人精神领域是成功的，尊重个体性情、开拓内在精神空间，培养了独立人格。这便是那个时代留给后世最有价值的遗产。

参考文献

一、基本史料

《十三经注疏》，中华书局 1980 年版。

（清）王先谦著，吴格点校：《诗三家义集疏》，中华书局 1987 年版。

（清）孙希旦著，沈啸寰、王星贤点校：《礼记集解》，中华书局 1989 年版。

（西汉）司马迁：《史记》，中华书局 1982 年版。

（东汉）班固：《汉书》，中华书局 1962 年版。

（南朝宋）范晔：《后汉书》，中华书局 1965 年版。

（西晋）陈寿：《三国志》，中华书局 1982 年版。

（唐）房玄龄等：《晋书》，中华书局 1974 年版。

（南朝梁）沈约：《宋书》，中华书局 1974 年版。

（南朝梁）萧子显：《南齐书》，中华书局 1972 年版。

（唐）姚思廉：《梁书》，中华书局 1973 年版。

（唐）姚思廉：《陈书》，中华书局 1972 年版。

（北齐）魏收：《魏书》，中华书局 1974 年版。

（唐）李百药：《北齐书》，中华书局 1972 年版。

（唐）令狐德棻：《周书》，中华书局 1971 年版。

（唐）李延寿：《南史》，中华书局 1975 年版。

（唐）李延寿：《北史》，中华书局 1974 年版。

（唐）魏徵等：《隋书》，中华书局 1973 年版。

（五代）刘昫等：《旧唐书》，中华书局 1975 年版。

（北宋）欧阳修等：《新唐书》，中华书局 1975 年版。

（北宋）司马光等：《资治通鉴》，中华书局 1956 年版。

（东汉）荀悦：《前汉纪》，中华书局 2002 年版。

（东晋）袁宏：《后汉纪》，中华书局 2002 年版。

（唐）许嵩：《建康实录》，中华书局 1986 年版。

周天游辑：《八家后汉书辑注》，上海古籍出版社 1986 年版。

（清）王先谦集解：《后汉书集解》，中华书局 1984 年版。

卢弼：《三国志集解》，中华书局 1982 年版。

吴士鉴：《晋书斠注》，嘉兴，戊辰（1928 年）孟春吴兴刘氏嘉业堂刊。

《二十五史补编》，中华书局 1955 年版。

《二十五史三编》，岳麓书社 1994 年版。

《后汉书三国志补表三十种》，中华书局 1984 年版。

（唐）李林甫等著，陈仲夫点校：《唐六典》，中华书局 1992 年版。

（唐）杜佑：《通典》，中华书局 1988 年版。

（东汉）应劭著，吴树平校释：《风俗通义校释》，天津人民出版社 1980 年版。

（曹魏）皇甫谧著，刘晓东校点：《高士传》，辽宁教育出版社 1998 年版。

（东晋）习凿齿著，黄惠贤校补：《襄阳耆旧记》，中州古籍出版社 1987 年版。

（南朝宋）刘义庆著，（南朝梁）刘孝标注，余嘉锡笺疏，周祖谟等整理：《世说新语笺疏》，中华书局 2007 年版。

（北魏）杨衒之著，范祥雍校注：《洛阳伽蓝记校注》，上海古籍出版社 1978 年版。

（唐）欧阳询：《艺文类聚》，上海古籍出版社 1982 年版。

（唐）徐坚：《初学记》，中华书局 1962 年版。

（唐）虞世南著，（明）陈禹谟补注：《北堂书钞》，学苑出版社 1998 年版。

（唐）林宝著，岑仲勉校记：《元和姓纂》，中华书局 1994 年版。

（北宋）王钦若等：《册府元龟》，中华书局 1960 年版。

（北宋）李昉等：《太平御览》，中华书局 1960 年版。

（北宋）李昉等：《文苑英华》，中华书局 1982 年版。

（北宋）陈彭年等：《广韵》，四部丛刊本。

（南宋）王应麟：《玉海》，江苏古籍出版社 1987 年版。

（南朝梁）萧统编，（唐）李善注：《文选》，中华书局 1977 年版。

（南朝梁）徐陵编，吴兆宜笺注：《玉台新咏笺注》，中华书局 1985 年版。

严可均：《全上古三代秦汉三国六朝文》，中华书局1958年版。

逯钦立：《先秦汉魏晋南北朝诗》，中华书局1983年版。

董诰等编：《全唐文》，中华书局1987年版。

《全唐诗》，中华书局1999年版。

（西汉）扬雄著，汪荣宝注疏，陈仲夫点校：《法言义疏》，中华书局1987年版。

（东汉）王充著，黄晖校释：《论衡校释》，中华书局1990年版。

（东汉）王符著，（清）汪继培笺，彭铎校正：《潜夫论笺校正》，中华书局1985年版。

（东汉）荀悦著，黄省曾注：《申鉴》，上海古籍出版社1990年版。

（曹魏）徐幹著，孙启治解诂：《中论解诂》，中华书局2014年版。

（曹魏）刘劭著，李崇智校笺：《人物志校笺》，巴蜀书社2001年版。

（曹魏）曹植著，赵幼文校注：《曹植集校注》，人民文学出版社1984年版。

（曹魏）王弼著，楼宇烈校释：《王弼集校释》，中华书局1980年版。

（曹魏）阮籍著，陈伯君校注：《阮籍集校注》，中华书局1987年版。

（曹魏）嵇康著，戴明扬校注：《嵇康集校注》，中华书局2014年版。

（曹魏）嵇康著，鲁迅辑：《嵇康集》，载《鲁迅全集》第9卷，人民文学出版社1973年版。

（清）郭庆藩著，王孝鱼点校：《庄子集释》，中华书局1961年版。

（西晋）向秀、郭象：《庄子注》，郭庆藩《庄子集释》本，中华书局1961年版。

（西晋）陆云：《陆云集》，中华书局1988年版。

（东晋）张湛注，杨伯峻集释：《列子集释》，中华书局1979年版。

（东晋）葛洪著，杨明照校笺：《抱朴子外篇校笺》上册，中华书局1991年版。

（东晋）葛洪著，杨明照校笺：《抱朴子外篇校笺》下册，中华书局1997年版。

（东晋）陶潜著，龚斌校笺：《陶渊明集校笺》，上海古籍出版社1996年版。

（南朝宋）鲍照：《鲍参军集》，上海古籍出版社1980年版。

（南朝齐）谢朓著，曹融南校注：《谢宣城集校注》，上海古籍出版社1991年版。

（南朝齐梁）刘勰著，刘永济校释：《文心雕龙校释》，中华书局1982年版。

（南朝齐梁）刘勰著，王利器校证：《文心雕龙校证》，上海古籍出版社1980年版。

（南朝齐梁）刘勰著，范文澜注：《文心雕龙注》，人民文学出版社1958年版。

（南朝梁）钟嵘著，陈延杰注：《诗品注》，人民文学出版社1961年版。

（南朝梁）钟嵘著，曹旭集注：《诗品集注》，上海古籍出版社1994年版。

（南朝梁）萧统著，俞绍初校注：《昭明太子集校注》，中州古籍出版社2001年版。

（南朝梁）萧绎：《金楼子》，丛书集成初编本。

（南朝梁）江淹著，（明）胡之骥注：《江文通集汇注》，中华书局1984年版。

（南朝梁）何逊著，李伯齐校注：《何逊集校注》，齐鲁书社1989年版。

（北周）庾信著，倪璠注：《庾子山集注》，中华书局1980年版。

（北齐）刘昼著，傅亚庶校释：《刘子校释》，中华书局1998年版。

（北齐）颜之推著，王利器集解：《颜氏家训集解》，上海古籍出版社1980年版。

（东晋）干宝著，汪绍楹校注：《搜神记校注》，中华书局1979年版。

（南朝梁）慧皎著，汤用彤校注：《高僧传》，中华书局1992年版。

（南朝梁）僧佑：《弘明集》，上海古籍出版社1991年版。

（唐）道宣：《广弘明集》，上海古籍出版社1991年版。

（唐）道世著，周叔迦、苏晋仁校注：《法苑珠林校注》，中华书局 2003 年版。

（宋）张君房：《云笈七签》，中华书局 2003 年版。

（北宋）欧阳修：《集古录跋尾》，上海书画出版社 2002 年版。

（北宋）赵明诚著，金文明校正：《金石录校正》，上海书画出版社 1985 年版。

（北宋）洪适：《隶释》《隶续》，中华书局 1985 年版。

（清）王昶：《金石萃编》，中国书店影印扫叶山房本，1985 年。

（清）陆耀遹、陆增祥校订：《金石续编》，中国书店影印扫叶山房本，1985 年。

（清）方履篯：《金石萃编补正》，中国书店影印扫叶山房本，1985 年。

（清）陆增祥：《八琼室金石补正》，文物出版社 1985 年版。

赵超：《汉魏南北朝墓志汇编》，天津古籍出版社 1992 年版。

赵万里：《汉魏南北朝墓志集释》，科学出版社 1956 年版。

罗新、叶炜：《新出魏晋南北朝墓志疏证》，中华书局 2005 年版。

周绍良：《唐代墓志汇编》，上海古籍出版社 1992 年版。

二、研究专著

（清）王夫之著，舒士彦点校：《读通鉴论》，中华书局 1975 年版。

（清）顾炎武著，（清）黄汝成集释，栾保群、吕宗力点校：《日知录集释》，花山文艺出版社 1990 年版。

（清）赵翼著，王树民校证：《廿二史札记校证》，中华书局1984年版。

（清）赵翼：《陔余丛考》，商务印书馆1957年版。

（清）钱大昕著，吕友仁标校：《潜研堂集》，上海古籍出版社1989年版。

（清）王鸣盛：《十七史商榷》，商务印书馆1959年版。

刘汝霖：《汉晋学术编年》，中华书局1987年版。

容肇祖：《魏晋的自然主义》，东方出版社1996年版。

梁启超：《论中国学术思想变迁之大势》，上海古籍出版社2001年版。

刘大杰：《魏晋思想论》，上海古籍出版社1998年版。

鲁迅：《魏晋风度及文章与药及酒之关系》，载《鲁迅选集》第二卷，人民文学出版社1983年版。

贺昌群：《魏晋清谈思想初论》，商务印书馆1999年版。

贺昌群：《贺昌群文集》，商务印书馆2003年版。

汤用彤：《魏晋玄学论稿》，人民出版社1957年版。

汤用彤、任继愈：《魏晋玄学中的社会政治思想略论》，上海人民出版社1956年版。

汤用彤：《汉魏两晋南北朝佛教史》，北京大学出版社1997年版。

汤用彤：《汤用彤全集》，河北人民出版社2000年版。

侯外庐：《中国思想通史》，人民出版社1957年版。

冯友兰：《中国哲学史》，华东师范大学出版社2000年版。

冯友兰：《中国哲学史新编》，人民出版社 1984 年版。

任继愈：《中国哲学发展史》，人民出版社 1988 年版。

钱穆：《国史大纲》，商务印书馆 1994 年版。

钱穆：《国学概论》，商务印书馆 1997 年版。

钱穆：《庄老通辨》，生活·读书·新知三联书店 2005 年版。

钱穆：《中国学术思想史论丛》卷三，安徽教育出版社 2004 年版。

徐复观：《两汉思想史》，华东师范大学出版社 2001 年版。

李泽厚：《美的历程》，文物出版社 1981 年版。

李泽厚、刘纲纪：《中国美学史》（先秦两汉编），安徽文艺出版社 1999 年版。

李泽厚、刘纲纪：《中国美学史》（魏晋南北朝编），安徽文艺出版社 1999 年版。

钱锺书：《管锥编》，中华书局 1986 年版。

陈启云：《中国古代思想文化的历史论析》，北京大学出版社 2001 年版。

陈启云：《荀悦与中古儒学》，辽宁大学出版社 2000 年版。

葛兆光：《七世纪前中国的知识、思想与信仰世界》，复旦大学出版社 1998 年版。

王晓毅：《中国文化的清流》，中国社会科学出版社 1991 年版。

徐斌：《魏晋玄学新论》，上海古籍出版社 2000 年版。

许建良：《魏晋玄学伦理思想研究》，人民出版社 2003 年版。

王志平：《中国学术史》（三国两晋南北朝卷），江西教育出版社 2001 年版。

刘惠琴：《北朝儒学及其历史作用》，陕西人民出版社 2003 年版。

丁冠之：《中国古代著名哲学家评传续编二》，齐鲁书社 1982 年版。

高晨阳：《阮籍评传》，南京大学出版社 1995 年版。

皮元珍：《嵇康论》，湖南人民出版社 2000 年版。

钟仕伦：《〈金楼子〉研究》，中华书局 2004 年版。

吕思勉：《秦汉史》，上海古籍出版社 1983 年版。

吕思勉：《两晋南北朝史》，上海古籍出版社 1983 年版。

杨筠如：《九品中正与六朝门阀》，民国丛书第三编，上海书店出版社 1991 年版。

陈寅恪：《隋唐制度渊源略论稿》，生活·读书·新知三联书店 2001 年版。

陈寅恪：《唐代政治史述论稿》，生活·读书·新知三联书店 2001 年版。

陈寅恪：《金明馆丛稿初编》，生活·读书·新知三联书店 2001 年版。

陈寅恪：《金明馆丛稿二编》，生活·读书·新知三联书店 2001 年版。

陈寅恪：《寒柳堂集》，生活·读书·新知三联书店 2001 年版。

陈寅恪：《陈寅恪读书札记》，生活·读书·新知三联书店 2001 年版。

陈寅恪：《读书札记二集》，生活·读书·新知三联书店2001年版。

陈寅恪：《读书札记三集》，生活·读书·新知三联书店2001年版。

陈寅恪著，万绳楠整理：《陈寅恪魏晋南北朝史讲演录》，黄山书社1987年版。

唐长孺：《魏晋南北朝史论丛》，生活·读书·新知三联书店1955年版。

唐长孺：《魏晋南北朝史论丛续编》，生活·读书·新知三联书店1959年版。

唐长孺：《魏晋南北朝史论拾遗》，中华书局1983年版。

唐长孺：《山居存稿》，中华书局1989年版。

唐长孺：《魏晋南北朝隋唐史三论》，武汉大学出版社1993年版。

周一良：《魏晋南北朝论集》，北京大学出版社1997年版。

周一良：《魏晋南北朝史论集续编》，北京大学出版社1991年版。

周一良：《魏晋南北朝史札记》，中华书局1985年版。

缪钺：《读史存稿》，生活·读书·新知三联书店1963年版。

田余庆：《秦汉魏晋史探微》，中华书局1993年版。

田余庆：《东晋门阀政治》，北京大学出版社1989年版。

田余庆：《拓跋史探》，生活·读书·新知三联书店2003年版。

祝总斌：《两汉魏晋南北朝宰相制度研究》，中国社会科学出版社 1990 年版。

陈仲安、王素：《汉唐职官制度研究》，中华书局 1993 年版。

牟发松：《唐代长江中游的经济与社会》，武汉大学出版社 1989 年版。

牟发松：《汉唐历史变迁中的社会与国家》，上海人民出版社 2011 年版。

牟发松：《湖北通史·魏晋南北朝卷》，华中师范大学出版社 2018 年版。

牟发松、毋有江、魏俊杰：《中国行政区划通史·十六国北朝卷》，复旦大学出版社 2017 年版。

牟发松主编：《社会与国家关系视野下的汉唐历史变迁》，华东师范大学出版社 2006 年版。

牟发松、陈江主编：《历史时期江南的经济、文化与信仰》，华东师范大学出版社 2014 年版。

刘啸：《魏晋南北朝九卿研究》，花木兰出版社 2017 年版。

刘啸：《隋代三省制及相关问题研究》，中华书局 2021 年版。

万绳楠：《魏晋南北朝史论稿》，安徽教育出版社 1983 年版。

牟润孙：《注史斋丛稿》，中华书局 1987 年版。

简修炜、庄辉明、章义和：《六朝史稿》，华东师范大学出版社 1994 年版。

章义和：《地域集团与南朝政治》，华东师范大学出版社 2002 年版。

张金龙：《北魏政治与制度论稿》，甘肃教育出版社 2003 年版。

王大建：《古史新论》，齐鲁书社 2004 年版。

邢义田、黄宽重、邓小南总主编：《台湾学者中国史研究论丛》，中国大百科全书出版社 2005 年版。

胡秋原：《古代中国文化与中国知识分子》，学术出版社 1988 年版。

毛汉光：《两晋南北朝士族政治之研究》，台北中国学术著作奖助委员会，1966 年。

毛汉光：《中国中古政治史论》，上海书店出版社 2002 年版。

毛汉光：《中国中古社会史论》，上海书店出版社 2002 年版。

余英时：《士与中国文化》，上海人民出版社 1987 年版。

余英时：《朱熹的历史世界——宋代士大夫政治文化的研究》，生活·读书·新知三联书店 2004 年版。

阎步克：《士大夫政治演生史稿》，北京大学出版社 1996 年版。

阎步克：《察举制度变迁史稿》，辽宁大学出版社 1997 年版。

阎步克：《品位与职位：秦汉魏晋南北朝官阶制度研究》，中华书局 2002 年版。

阎步克：《乐师与史官——传统政治文化与政治制度论集》，生活·读书·新知三联书店 2001 年版。

陈爽：《世家大族与北朝政治》，中国社会科学出版社 1998 年版。

王兴振：《北魏王言制度研究》，甘肃人民美术出版社 2018 年版。

刘驰：《六朝士族探析》，中央广播电视大学出版社 2000 年版。

陈明：《儒学的历史文化功能——士族：特殊形态的知识分

子研究》，学林出版社 1997 年版。

张承宗、魏向东：《中国风俗通史》（魏晋南北朝卷），上海文艺出版社 2001 年版。

王永平：《六朝江东世族之家风家学研究》，江苏古籍出版社 2003 年版。

王永平：《中古士人迁移与文化交流》，社会科学文献出版社 2005 年版。

吴正岚：《六朝江东士族的家学门风》，南京大学出版社 2003 年版。

马良怀：《崩溃与重建中的困惑：魏晋风度研究》，中国社会科学出版社 1993 年版。

马良怀：《士人 皇帝 宦官》，岳麓书社 2003 年版。

于迎春：《秦汉士史》，北京大学出版社 2000 年版。

蓝旭：《东汉士风与文学》，人民文学出版社 2004 年版。

罗宗强：《玄学与魏晋士人心态》，南开大学出版社 2003 年版。

马小虎：《魏晋以前个体"自我"的演变》，中国人民大学出版社 2004 年版。

宁稼雨：《魏晋风度——中古文人生活行为的文化意蕴》，东方出版社 1992 年版。

宁稼雨：《魏晋士人人格精神：〈世说新语〉的士人精神史研究》，南开大学出版社 2003 年版。

范子烨：《中古文人生活研究》，山东教育出版社 2001 年版。

查屏球：《从游士到儒士——汉唐士风与文风论稿》，复旦大学出版社 2005 年版。

　　李军：《士权与君权》，广西师范大学出版社 2001 年版。

　　葛荃：《权力宰制理性》，南开大学出版社 2003 年版。

　　刘师培：《中国中古文学史讲义》，上海古籍出版社 2002 年版。

　　逯钦立：《汉魏六朝文学论集》，陕西人民出版社 1984 年版。

　　王瑶：《中古文学史论》，北京大学出版社 1998 年版。

　　胡国瑞：《魏晋南北朝文学史》，上海文艺出版社 1980 年版。

　　罗宗强：《魏晋南北朝文学思想史》，中华书局 1996 年版。

　　曹道衡、沈玉成：《南北朝文学史》，人民文学出版社 1991 年版。

　　曹道衡：《中古文学史论文集》，中华书局 1986 年版。

　　曹道衡：《南朝文学与北朝文学研究》，江苏古籍出版社 1998 年版。

　　曹道衡：《中古文史丛稿》，河北大学出版社 2003 年版。

　　曹道衡、沈玉成：《中古文学史料丛考》，中华书局 2003 年版。

　　周勋初：《魏晋南北朝文学论丛》，江苏古籍出版社 1999 年版。

　　孙明君：《汉魏文学与政治》，商务印书馆 2003 年版。

　　葛晓音：《汉唐文学的嬗变》，北京大学出版社 1990 年版。

　　周建江：《北朝文学史》，中国社会科学出版社 1997 年版。

　　刘跃进：《门阀士族与永明文学》，生活·读书·新知三联书店 1996 年版。

　　［日］内藤湖南著，夏应元等译：《中国史通论》，社会科学

出版社 2004 年版。

〔日〕宫崎市定：《宫崎市定全集》第七卷，日本，岩波书店 1992 年版。

〔日〕吉川幸次郎：《阮籍の"咏怀诗"につて》，日本，岩波书店 1983 年版。

〔日〕吉川忠夫：《六朝精神史研究》，日本，同朋社出版 1984 年版。

〔日〕谷川道雄著，马彪译：《中国中世社会与共同体》，中华书局 2002 年版。

〔日〕谷川道雄著，李济沧译：《隋唐帝国形成史论》，上海古籍出版社 2004 年版。

〔日〕谷川道雄，耿立群译：《世界帝国的形成——后汉—隋·唐》，稻香出版社 1998 年版。

〔日〕越智重明：《魏晋南朝の贵族制》，日本，研文出版社 1982 年版。

〔日〕渡邊義浩：《后汉国家の支配と儒教》，日本，雄山阁出版株式会社 1995 年版。

〔日〕渡邊義浩：《三国政权の构造と"名士"》，日本，汲古书院 2004 年版。

刘俊文主编：《日本学者研究中国史论著选译》，中华书局 1992 年版。

刘俊文主编：《日本中青年学者论中国史》（六朝隋唐卷），上海古籍出版社 1995 年版。

崔瑞德、鲁惟一编：《剑桥秦汉史》，中国社会科学出版社

1992 年版。

许理和：《佛教征服中国——佛教在中国中古早期的传播与适应》，江苏人民出版社 2003 年版。

包弼德：《斯文：唐宋思想的转型》，江苏人民出版社 2001 年版。

三、重要参考论文

唐长孺：《论南朝文学的北传》，《武汉大学学报》1993 年第 6 期。

祝总斌：《刘裕门第考》，《北京大学学报》1982 年第 1 期。

祝总斌：《试论东晋后期高级士族之没落及桓玄代晋之性质》，《北京大学学报》1985 年第 3 期。

祝总斌：《晋恭帝之死和刘裕的顾命大臣》，《北京大学学报》1986 年第 2 期。

毛汉光：《中国中古贤能观念之研究——任官标准之观察》，《中央研究院历史语言研究所集刊》第四十八本第三分册，1977 年。

林甘泉：《中国古代知识阶层的原型及其早期历史行程》，《中国史研究》2003 年第 3 期。

牟发松：《略论唐代的南朝化倾向》，《中国史研究》1996 年第 2 期。

牟发松：《从社会与国家的关系看唐代的南朝化倾向》，《江海学刊》2005 年第 5 期。

牟发松：《王融〈上疏请给虏书〉考析》，《武汉大学学报》1995 年第 5 期。

牟发松：《〈后汉书·班固传〉论平议》，《魏晋南北朝隋唐史资料》第 17 辑，武汉大学出版社 2000 年版。

牟发松：《旧齐士人与周隋政权》，《文史》2003 年第 1 辑。

牟发松：《梁陈之际南人北迁及其影响》，载《北朝史研究》，商务印书馆 2004 年版。

牟发松：《说"达"——以魏晋士风问题为中心》，《许昌学院学报》2003 年第 1 期。

牟发松：《陈朝建立之际的合法性诉求及其运作》，《中华文史论丛》2006 年第 3 期。

牟发松：《说"风流"——其涵义的演化与汉唐历史变迁》，《历史教学问题》2010 年第 2 期。

牟发松：《略论诸葛亮的名士风范》，《社会科学战线》2011年第 1 期。

牟发松：《侠儒论：党锢名士的渊源与流变》，《文史哲》2011 年第 4 期。

牟发松：《范晔〈后汉书〉对党锢成因的认识与书写——党锢事件成因新探》，《华东师范大学学报（哲学社会科学版）》2012 年第 6 期。

赵园：《关于"士风"》，《中国文化研究》2005 年夏之卷。

王萍：《道家思想在东汉中后期的发展》，《东岳论丛》2001年 9 月。

郝虹：《东汉儒家忠君观念的强化》，《孔子研究》2000 年第 3 期。

郝虹：《汉魏之际忠君观念的演变及其影响》，《山东大学学报》1999 年第 3 期。

胡秋银：《关于郭泰生平的几个问题》，载《魏晋南北朝隋唐史资料》第 17 辑，武汉大学出版社 2000 年版。

姚静波：《试析东汉末年太学生离心倾向之成因》，《史学集刊》2001 年第 1 期。

高兵：《东汉末皇权对三大政治集团的态度》，《齐鲁学刊》1998 年第 5 期。

胡宝国：《汉晋之际的汝颍名士》，《历史研究》1995 年第 5 期。

黄宛峰：《东汉颍川、汝南、南阳士人与党议始末》，《中国史研究》1995 年第 4 期。

孟繁治、李昱皎：《试论汉魏时期颍川士风的时代特征》，《郑州大学学报》1997 年第 4 期。

孟祥才：《评东汉时期的隐者群》，《聊城师范学院学报》1999 年第 6 期。

孟祥才：《论荀彧》，《史学月刊》2001 年第 1 期。

王永平：《论荀彧——兼论曹操与东汉大族的关系》，《扬州大学学报》1997 年第 3 期。

王永平：《论北魏后期的奢侈风气——从一个侧面看北魏衰亡的原因》，《学术月刊》1996 年第 6 期。

王永平：《南朝人士之北奔与江左文化之北传》，《南京师范专科学校学报》2000 年第 1 期。

王晓毅：《论曹魏太和"浮华案"》，《史学月刊》1996 年第 2 期。

王晓毅：《汉魏之际士族文化性格的双重裂变》，《史学月刊》1994 年第 6 期。

余敦康：《阮籍、嵇康玄学思想的演变》，《文史哲》1987 年第 3 期。

柳春新：《"魏文慕通达"试释》，《魏晋南北朝隋唐史资料》第 15 辑，武汉大学出版社 1997 年版。

柳春新：《崔琰之死与毛玠之废》，《武汉大学学报》1997 年第 2 期。

张廷银：《论曹操与魏晋玄学》，《清华大学学报》2001 年第 3 期。

景蜀慧：《魏晋重实之风浅议》，《文史哲》1993 年第 3 期。

杨德炳：《西晋的崩溃与门阀的分化》，《武汉大学学报》1995 年第 3 期。

杨洪权：《两晋之际士族迁徙与"门户之计"浅论》，《武汉大学学报》1998 年第 1 期。

张琳：《东晋南朝时期襄宛地方社会的变迁与雍州侨置始末》，《魏晋南北朝隋唐史资料》第 15 辑，武汉大学出版社 1997 年版。

徐茂明：《东晋南朝江南士族之心态嬗变及其文化意义》，《学术月刊》1999 年第 12 期。

夏毅辉：《东晋门阀政治存在的思想文化省察》，《学术月刊》2001 年第 12 期。

林校生：《桓温与玄学》，《中国史研究》1998 年第 4 期。

黄圣平：《逍遥与政治——谢安玄学人格探微》，《南京社会科学》2004 年第 6 期。

徐国荣：《六朝名士的情礼之争》，《文史哲》2000 年第 3 期。

曹文柱：《六朝时期江南社会风气的变迁》，《历史研究》1988 年第 2 期。

卜宪群：《东晋南朝家族的分化与士族的衰落研究》，《南都学坛》2004 年第 3 期。

陈群：《刘宋建立与士族文人的分化》，《中国史研究》2002 年第 3 期。

何德章：《宋孝武帝上台与南朝寒人之得势》，《西南师范大学学报》1990 年第 3 期。

孙丽：《晋宋之际门阀士族由竞进到退让的历程》，《洛阳师范学院学报》2001 年第 1 期。

孙丽：《王俭与南齐初儒学的复兴》，《临沂师范学院学报》2004 年第 5 期。

邵春驹：《南朝齐初崇文政治与社会风尚的转变》，《南京师范大学文学院学报》2005 年第 2 期。

孔毅：《南朝刘宋时期门阀士族从中心到边缘的历程》，《江海学刊》1999 年第 5 期。

孔毅：《论齐梁士族对政治变局的回应》，《重庆师范大学学报》2000 年第 3 期。

孔毅：《从刘峻〈广绝交论〉看萧梁士人的交往状态》，《贵州师范大学学报》1999 年第 1 期。

孔毅：《北魏前期北方世族"以夏变夷"的历程》，《中国史研究》1998 年第 2 期。

〔日〕东晋次:《后汉时代の故吏と故民》,载中国中世史研究会编《中国中世史研究　续编》,日本,京都大学出版会 1995 年版。

〔日〕东晋次:《后汉帝国的衰亡及人们的"心性"》,载牟发松主编《社会与国家关系视野下的汉唐历史变迁》,华东师范大学出版社 2006 年版。

〔日〕斋木哲郎:《汉代における知识の性格と知识人》,载渭阳会编集《东洋的知识人——士大夫、文人、汉学家》,日本,朋友书店 1995 年版。

〔日〕加藤徹:《曹操政权の名士》,载《中央大学アジア史研究》第 27 号,2003 年 3 月。

〔日〕佐竹保子:《隐士皇甫谧の论理と文体》,载渭阳会编集《东洋的知识人——士大夫、文人、汉学家》,日本,朋友书店 1995 年版。

〔日〕葭森健介:《六朝贵族制形成期の吏部官僚——汉魏革命から魏晋革命に至る政治动向と吏部人事》,载中国中世史研究会编《中国中世史研究　续编》,日本,京都大学出版会 1995 年版。

〔日〕葭森健介:《中国中世の士大夫—三国西晋政治史军师・清谈家—》,载渭阳会编集《东洋的知识人——士大夫、文人、汉学家》,日本,朋友书店 1995 年版。

〔日〕小南一郎:《〈世说新语〉の美学——魏晋の才と情を

めぐって》，载中国中世史研究会编《中国中世史研究　续编》，日本，京都大学出版会 1995 年版。

　　［日］川合安：《刘裕の革命と南朝贵族制》，《东北大学东洋史论集》第 9 辑，2001 年 1 月。

　　［日］小尾孝夫：《刘宋前期における政治构造と皇帝家の姻族・婚姻关系》，《历史》第 100 辑，2003 年 4 月。

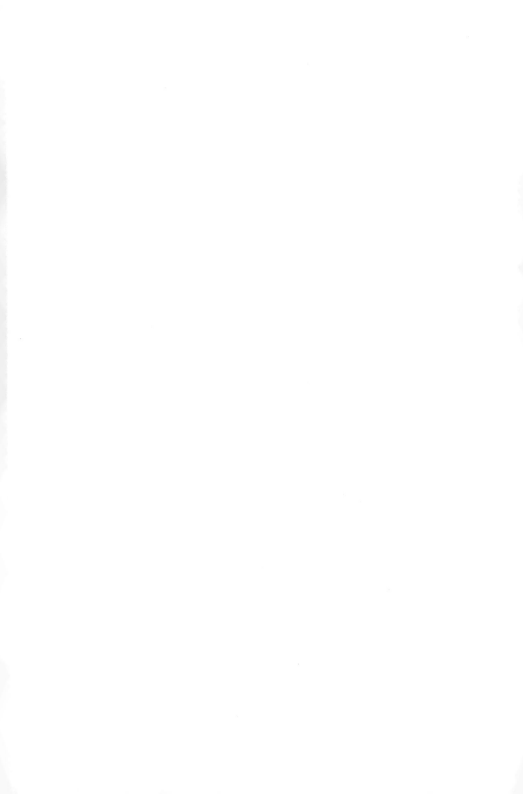